Friedrich Paul Theodor Sarre

Erzeugnisse islamischer Kunst

Teile I und II

Verlag
der
Wissenschaften

Friedrich Paul Theodor Sarre

Erzeugnisse islamischer Kunst

Teile I und II

ISBN/EAN: 9783957006516

Auflage: 1

Erscheinungsjahr: 2015

Erscheinungsort: Norderstedt, Deutschland

© Verlag der Wissenschaften in Vero Verlag GmbH & Co. KG. Alle Rechte beim Verlag und bei den jeweiligen Lizenzgebern.

Webseite: http://www.vdw-verlag.de

Verlag
der
Wissenschaften

SAMMLUNG F. SARRE

ERZEUGNISSE ISLAMISCHER KUNST

BEARBEITET VON

FRIEDRICH SARRE

MIT EPIGRAPHISCHEN BEITRÄGEN VON

EUGEN MITTWOCH

BERLIN 1906

KOMMISSIONSVERLAG VON KARL W. HIERSEMANN IN LEIPZIG

SAMMLUNG F. SARRE

ERZEUGNISSE ISLAMISCHER KUNST

TEIL I

METALL

MIT 10 TAFELN UND 54 TEXTABBILDUNGEN

BERLIN 1906

KOMMISSIONSVERLAG VON KARL W. HIERSEMANN IN LEIPZIG

VORWORT

Der vorliegende Katalog behandelt eine Sammlung, die aus orientalischen, vor allem persisch-islamischen Kunstwerken zusammengesetzt ist.

Im Gegensatz zu den Denkmälern früherer Epochen, wurden bis vor kurzem die künstlerischen Erzeugnisse des muhammedanischen Vorderasiens nicht ihrer Bedeutung entsprechend geschätzt; und doch können sich z. B. die mittelalterlichen persischen Lüster-Fayencen und silbertauschierten Bronzen, die syrischen emaillierten Glasgefäße, die persischen Miniaturen, Teppiche und Stoffe mit den abendländischen Arbeiten ähnlicher Art wohl messen und verdienen in künstlerischer und technischer Hinsicht die größte Beachtung. Man schien völlig vergessen zu haben, daß der Orient schon dem mittelalterlichen Europa als die Heimat jedes feineren Lebensgenusses und höherer wissenschaftlicher und künstlerischer Tätigkeit galt, daß orientalische Luxusgegenstände, vor allem textile Erzeugnisse, die dekorative Formenwelt des Abendlandes teilweis bestimmt und z. B. auf die künstlerische Entwicklung der italienischen Malerei von bedeutendem Einfluß gewesen sind. Auf allen Gebieten der Kunst lernen wir dank der wissenschaftlichen Forschung den Orient als Lehrmeister des Abendlandes von Tag zu Tag sicherer erkennen.

Die großen Museen von London und Paris sind infolge der jahrhundertelangen Beziehungen Frankreichs und Englands zum Orient schon lange im Besitz von hervorragenden Kunstwerken und bemühen sich in jüngster Zeit, sie nach Möglichkeit zu vermehren. Auch Privatsammler haben seit kurzem dort und in Amerika dem islamischen Orient ihr Interesse zugewandt. Welche reichen Schätze auf diesem Gebiet der Pariser Privatbesitz aufweist, zeigte die vor drei Jahren von der Union des Arts décoratifs ausgehende Exposition des Arts Musulmans, die im Pavillon de Marsan des Louvre auch dem

Fernstehenden die Bedeutung des islamischen Kunstgebietes erfolgreich vor Augen führte.

In deutschen Museen haben verhältnismäßig selten einzelne Zweige der orientalischen Kunst Beachtung gefunden. Im Berliner Kunstgewerbe-Museum hat Julius Lessing eine reiche Sammlung orientalischer Stoffe und türkischer Wandfliesen zusammengebracht; auch das Kaiser Friedrich-Museum beginnt dank der Initiative von Wilhelm Bode, die gesamten Kunsterzeugnisse der islamischen Kultur zu sammeln und ihnen im Anschluß an die Prachtfassade von Mschatta eine vorläufige Unterkunft zu gewähren.

Die ersten Anfänge meiner Sammlung reichen in das Jahr 1895 zurück, als ich zuerst Konstantinopel und auf einer Forschungsreise zum Studium der seldschukischen Baudenkmäler das Innere von Kleinasien besuchte. Die folgenden Jahre führten mich mehrmals in den Orient; ich bereiste zweimal Persien und lernte fast das ganze Gebiet der islamischen Kultur, von Indien und Turkestan bis nach Spanien kennen. Auf diesen Reisen, die vor allem der muhammedanischen Architektur galten, mich aber auch mit den sonstigen Kunstdenkmälern jener Länder vertraut machten, hatte ich vielfach Gelegenheit, Beispiele älterer Kunstfertigkeit zu erwerben, die ich dann auf dem europäischen Kunstmarkt zu ergänzen suchte.

So ist im Laufe von elf Jahren eine Sammlung entstanden, die vielleicht den Anspruch erheben darf, die Entwicklung der persischen Kunst innerhalb der muhammedanischen Epoche einigermaßen übersichtlich vor Augen zu führen. Ein paar Gegenstände heben sich aus den übrigen hervor und geben einen Begriff von der künstlerischen und technischen Vollkommenheit, deren die persisch-islamische Kunst fähig war. Auch einige wenige altorientalische Kunstwerke sind deshalb von Interesse, weil sie Elemente zeigen, die wir in der späteren Kunst durch die Tradition übermittelt wiederfinden.

Der Katalog zerfällt in drei Teile; der erste behandelt das Metall, der zweite die Keramik, der dritte Glas, Miniaturmalerei und Textilkunst. Der Katalog will mehr geben wie eine trockene Beschreibung der einzelnen Gegenstände, indem er die einander verwandten Objekte zusammenfaßt und den einzelnen Gruppen kurze Einführungen voraufschickt. Hier wird auch die Literatur angegeben und auf Vergleichsmaterial in anderen Sammlungen, öffentlichen und privaten, hingewiesen. So hofft der Verfasser, daß der Katalog auch teilweis den Zweck zu erfüllen imstande ist, Freunden und Sammlern orientalischer Kunst als Handbuch zu dienen.

Die große Bedeutung, die die Schrift in der orientalischen Kunst einnimmt, ist bekannt. Sie hat oft nur einen rein dekorativen Zweck, gibt aber auch in anderen Fällen erwünschten Aufschluß über Herkunft und Entstehungszeit des Kunstwerks, ja sie ist manchmal von historischem Interesse. Der Entzifferung des inschriftlichen Materials der Sammlung hat sich mein Mitarbeiter Herr Dr. Eugen Mittwoch unterzogen.[1]) Bei den einzelnen Stücken ist jedesmal Text und Übersetzung der Inschriften mitgeteilt und durch Kursivschrift wiedergegeben. Wo den Inschriften nähere erläuternde Ausführungen zugefügt werden mußten, ist dies nicht im Text des Katalogs, sondern in einem besonderen Anhange geschehen, in dem Dr. Mittwoch die Inschriften mit Berücksichtigung des sonstigen epigraphischen Materials behandelt hat.

Bei der Beschreibung der Kunstwerke hat mich Herr Albert Brinckmann in dankenswerter Weise unterstützt.

Von einer Abbildung des gesamten Materials ist Abstand genommen worden. Die hervorragendsten Stücke sind auf besonderen Tafeln, ein großer Teil der Gegenstände ist im Text wiedergegeben worden, wobei es sich empfahl, die Stücke teilweis zeichnen zu lassen, um charakteristische Dekorationsformen und Details, Meistermarken usw. klarer, wie es auf mechanischem Wege möglich wäre, zum Abdruck zu bringen. Bei diesen Zeichnungen ist nicht auf eine genaue Wiedergabe der Inschriften Rücksicht genommen worden, da es hier nur darauf ankam, den allgemeinen und den dekorativen Eindruck wiederzugeben.

Abgesehen von dem weiteren Zweck des Katalogs, eine Art Handbuch der persisch-islamischen Kunst zu sein, besteht seine engere Bestimmung darin, einen brauchbaren Führer für die Sammlung selbst abzugeben, die dank dem Entgegenkommen der General-Verwaltung der Kgl. Museen für einige Jahre im Kaiser Friedrich-Museum (Erdgeschoß Saal 10) Aufstellung gefunden hat. Während in den meisten kunstgewerblichen Museen bei der üblichen technologischen Gruppierung die verschiedenen Kunsterzeugnisse des

---

[1]) Einige persische Inschriften (Teil I. Nr. 40. 79. 88. 95) sind von Herrn Lektor Muhammed Hassan in Berlin gelesen worden.

Orients nicht geschlossen zur Geltung kommen, war es in diesem Falle möglich, den natürlichen, lebendigen Zusammenhang der orientalischen Kultur in ihren einzelnen Kunsterzeugnissen vor Augen zu führen. Es konnte hier im kleinen eine Aufstellung vorgenommen werden, die Justus Brinckmann empfiehlt, wenn er von der persisch-islamischen Abteilung eines Zukunftsmuseums in seinem Führer schreibt: „Die Anordnung wird die Fayencen der Perser, vereint aufgestellt mit deren Gläsern, Metallarbeiten und Teppichen, vorführen und uns dann in viel eindringlicherer Weise, als bei der bisherigen Zersplitterung des Stoffes möglich war, über ihr gemeinsames Wachstum aus dem Boden einer bestimmten Gesittung und eines altüberlieferten Geschmackes belehren."

Neubabelsberg, im August 1906   Friedrich Sarre

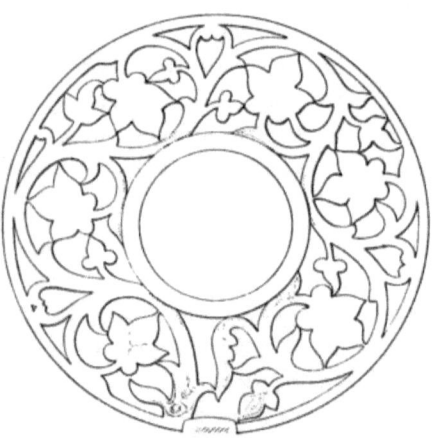

BLATTRANKE AUF EINER SASSANIDISCHEN KANNE
zu Nr. 4 — Taf. II.

TEIL I

METALL

INHALT

	Seite
Vorwort für den Gesamtkatalog	V — VIII
Vorwort für Teil I, Metall	3 — 4
Nr. 1— 4. Vor-islamische Arbeiten	4 — 5
Nr. 5—13. Früh-islamische Arbeiten verschiedener Herkunft mit Gravierung und Reliefschmuck, doch ohne Tauschierung	5 — 8
Nr. 14—17. Arbeiten des 12.—13. Jahrhunderts nordpersischer Herkunft mit Reliefschmuck, Gravierung und spärlicher Tauschierung in Kupfer und Silber	8 — 12
Nr. 18—43. Arbeiten des 13.—14. Jahrhunderts mesopotamischer oder persischer Herkunft mit Gravierung und Silbertauschierung	12 — 21
Nr. 44—58. Arbeiten des 14. Jahrhunderts persischer Herkunft mit Gravierung, Silber- und Goldtauschierung	22 — 27
Nr. 59—78a. Arbeiten des 14.—15. Jahrhunderts syrischer und ägyptischer Herkunft mit Gravierung und Silbertauschierung	27 — 37
Nr. 79— 95. Arbeiten des 16.—18. Jahrhunderts persischer, zentral-asiatischer und ägyptischer Herkunft, mit Gravierung und, in seltenen Fällen, mit Tauschierung	37 — 42
Nr. 96—101. Arbeiten des 15. und 16. Jahrhunderts, von Orientalen oder unter orientalischem Einfluß in Venedig gearbeitet	43 — 45
Nr. 102—140. Indische Arbeiten	45 — 49
Nr. 141—169. Metallarbeiten verschiedener Technik und Bestimmung, teils für den christlichen Kult, teils als Schmuck- und Gebrauchsgegenstände in Kleinasien, Persien und Zentralasien dienend	50 — 57
Nr. 170—203. Waffen kaukasischer, türkischer, indischer und zentralasiatischer Herkunft	57 — 66
Epigraphischer Anhang von Eugen Mittwoch	67 — 82
Tafeln I—X	

Verbesserungen und Bemerkungen

S. 5, bei Nr. 4 (B 73) zu ergänzen: „Sassanidisch, Vorderasien oder Persien", und die Abbildung auf S. VIII

S. 12, Zeile 4: lies والعبيد anstatt والعذيذ

S. 13, Zeile 6, 22 und 24: lies „Sanǵar" anstatt „Sinǵar"

S. 23, Zeile 5 v. u.: lies „Hochherzigkeit" für „Vorzüge"

S. 33, Zeile 6: lies „Kāmil" anstatt „Ṭawil"

Abb. 13 und 16 sind mit gütiger Erlaubnis des G. Grote'schen Verlags dem Jahrbuch der Kgl. Preuß. Kunstsammlungen 1904 entnommen

Abb. 43—46 sind mit gütiger Erlaubnis des D. Reimer'schen Verlags dem Buch „Sarre, Reise in Kleinasien 1895" entnommen

METALL

Die künstlerischen Metallerzeugnisse der ostislamischen Welt stehen mit denen früherer Epochen des Orients in engstem Zusammenhange. Vor allem kommt die sassanidische Zeit mit ihren kunstvollen Silbergeräten in Betracht, deren Form und Dekoration vorbildlich gewesen sind. Gebrauchsgeräte aus edlem Metall verbietet der Koran. Als Ersatz tritt nun das mit Edelmetall nur verzierte Gerät aus unechtem Material ein, die mit Gold und Silber tauschierten Arbeiten aus Eisen, Kupfer, Bronze und Messing, die sogen. Mossul-Bronzen. Die im erzreichen oberen Tigristal gelegene Stadt soll diese Fabrikation seit dem Ende des 12. Jahrhunderts besonders gepflegt haben, und hier scheint der Ausgangspunkt zu sein, von dem aus sich die Technik sowohl nach Osten, nach Armenien und Persien, als auch nach Westen, nach Syrien, Ägypten, dem Yemen und dann auch nach Venedig verbreitet hat. Datierte Inschriften, sowie technische und künstlerische Merkmale ermöglichen es, besondere, nach Ort und Zeit getrennte Gruppen aufzustellen. Erschwert wird das erst in jüngster Zeit begonnene Studium durch den Umstand, daß das Kunsthandwerk der islamischen Welt im allgemeinen und besonders in diesem Falle nicht in dem Maße, wie das des christlichen Abendlandes, an bestimmte Örtlichkeiten gebunden ist.

Das bisher zugängliche Material befindet sich besonders an folgenden Stellen: Paris (Louvre, M. des Arts Décoratifs, verschiedene Privatsammlungen, vereinigt 1903 auf der Expos. des Arts Musulmans), London (British M., South Kensington M.), Lyon (M. de la Ville), Kairo (M. National), Berlin (Kaiser Friedrich-M.).

Literatur: M. Reinaud (Monuments arabes du Cabinet de M. le Duc de Blacas. II. Paris 1828), M. Lanci (Delle iscrizioni sopra metalli intagliate. Paris 1846), St. Lane-Poole (The Art of the Saracens in Egypt. London 1886. p. 180—246), G. Migeon (Les Cuivres arabes. Gaz. des Beaux-Arts XXII. p. 462 ff. XXIII. p. 119 ff.), H. Lavoix (Les Azziministes; ebendort XII. p. 64 ff.), F. R. Martin (Kupferarbeiten aus dem Orient. Stockholm 1902), F. Sarre (Ein oriental. Metallbecken des 13. Jahrh., Jahrb. d. Kgl. Preuß. Kunstsammlungen 1904), M. van Berchem (Etude sur les Cuivres damasquinés, Journal Asiatique

1904; Monum. et inscript. de l'atābek Lu'lu' de Mossoul. Gießen 1906); Exposition des Arts Musulmans, Paris 1903 (G. Migeon: Catalogue descriptif, Les Arts 1903 Nr. 16 und Tafelwerk; F. Sarre im Repertorium für Kunstwissenschaft, XXVI; M. Sobernheim in der Zeitschr. d. deutschen Palästina-Vereins 1905: Arabische Gefäßinschriften).

Vor-islamische Arbeiten

1 BEKRÖNUNG EINES FELDZEICHENS. Bronze, in der verlorenen Form
B 203 gegossen und ziseliert. H. 22,5 cm. Dm. 15,6 cm. Erw. 1898 in Teheran. Taf. I.

Ein geriefelter, 18 mm breiter Ring wird von zwei Rücken an Rücken stehenden Stieren getragen und ist außen mit sechs kleinen schlafenden Entenfiguren und mit einem ruhenden Tier (Hirsch oder Steinbock) als Bekrönung besetzt. Das durchbrochen gearbeitete Innere des Ringes nimmt eine sternartige symmetrische Komposition ein, die aus vier doppelseitigen, dämonenartigen, im Typus des Laufens dargestellten Figuren gebildet wird. Die leicht nach unten gebogene Fußplatte der tragenden Stiere enthält eine Öffnung, durch die die Befestigung mit dem Schaft hergestellt wurde.

Die körnige, lebhaft graue Oxydation des Metalls macht die ursprüngliche Formgebung teilweise unkenntlich; dünne Metallteile sind mehrfach zerstört und abgebrochen.

Altorientalische Arbeit.

Abgebildet und behandelt in den Beiträgen zur alten Geschichte, Bd. III S. 333 ff.: „F. Sarre: Die altorientalischen Feldzeichen, mit besonderer Berücksichtigung eines unveröffentlichten Stückes." Ein fast gleiches Feldzeichen, zu dem noch eine durchbrochene, für den Schaft bestimmte Hülse gehört, befindet sich im Louvre in Paris, abgebildet und behandelt von Léon Heuzey, Revue d'Assyriologie. 1902 p. 103 ff. Ähnliche, doch anscheinend jüngere Feldzeichen kommen auf den assyrischen Reliefs des 9. und 8. Jahrhunderts v. Chr. vor.

2 STUHL- ODER TISCHFUSS. Bronze, gegossen. H. 9 cm. Erw. 1895 in
B 48 Sardes (Kleinasien).

Tierfuß mit vier Krallen, dessen oberer gehöhlter Teil als Schuh zur Aufnahme eines hölzernen Stuhl- oder Tischbeins gedient hat.

Ähnlich gestaltete Tierfüße befanden sich an den Prunktischen der assyrischen Könige, sowie am Thron der achämenidischen Großkönige; vgl. die Reliefs von Khorsabad im British Museum und die Felsreliefs von Persepolis und Nakschi-Rustem.

3 HENKELKANNE. Bronze, unverziert (oxydiert). H. 31 cm. Dm. 13,5 cm.
B 174 Erw. 1904 in Paris.

Eiförmiger Körper mit engem Halse und vorspringendem Ausguß. Auf dem gebogenen Henkel ein Knopf. Als Fuß ein ringförmiger Rand. Die Bodenplatte fehlt.

Sassanidisch. Vorderasien oder Persien.
Für den sassanidischen Ursprung vergleiche: Silberkanne mit Löwen in der Bibliothèque Nationale in Paris (Guide de E. Babelon p. 274), Kanne mit figürlichen Darstellungen im Museum von Lyon (Catal. p. 350 Nr. 360), und die Abbildungen bei N. Kondakof, Antiquités de la Russie méridionale, fig. 376 und 385.

4 HENKELKANNE. Bronze, gegossen, mit geschnittenem Muster und Gravierung. H. 38 cm. Dm. 18 cm. Erw. 1897 in Tiflis. Taf. II.
B 73

Walzenförmiger, horizontal geriefelter Körper, auf drei Füßen ruhend. Hoher, vertikal geriefelter Hals, aus einem unteren geschweiften und einem oberen geraden Stück bestehend. Der geschwungene Henkel strickartig gedreht. Auf der Schulterfläche der Walze mit vertieftem Grunde eine ornamentale Blattranke eingeschnitten. Spuren von Gravierungen hier auf den Blättern und Blüten, sowie auf zwei Randstreifen, die oben und unten die Walze umziehen (Abb. 1), ferner auf beiden Teilen des Halses. Ausgestellt Exp. d. Arts Musulmans. Paris 1903. Cat. Nr. 64.

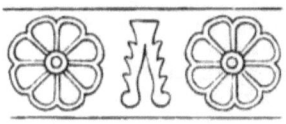

Abb. 1 — zu Nr. 4

Früh-islamische Arbeiten mit Gravierung und Reliefschmuck, doch ohne Tauschierung

Diese Gruppe vereinigt eine Reihe von Metallarbeiten, deren Dekoration durch Gravierung der Umrisse oder durch Ausheben und Vertiefen des dann mit schwarzer Masse ausgefüllten Hintergrundes der Zeichnung zum Ausdruck gebracht ist. Meist gegossen und in seltenen Fällen getrieben, zeigen diese Arbeiten schwere, einfache Formen und häufig rohe, stark hervortretende Reliefverzierungen, z. B. Tierköpfe. Die Herkunft ist, abgesehen von wenigen Ausnahmen, wo Ägypten und Syrien in Frage kommen, im weiteren Osten zu suchen, vor allem in Turkestan. Eine genaue Datierung ist bei der rohen Ausführung schwierig. Die spätesten Arbeiten stammen aus dem 16. Jahrhundert.

5 MÖRSER. Bronze, mit Reliefschmuck. H. 9 cm. Dm. 12 cm. Erw. 1897
B 36 in Kairo.

Nach oben etwas ausladende Wandung mit Profilen am Rande und Fuß. Auf der Wandung undeutliches Relief, zwei Rosetten, ein Vogel und ein Vierfüßler (Tiger?). Kleiner Henkel mit eisernem Ring.
Mittelalterliche Arbeit des Orients.

6 MÖRSER. Bronze, rötlich patiniert, mit tiefgeschnittenen Verzierungen.
B 204 H. 12,5 cm. Dm. 19 cm. Erw. 1897 in Teheran. Taf. III.

Die nach außen achtseitige Wandung oben und unten mit einer Abschrägung in den vorspringenden, scharfkantigen Rand übergehend. Die Mittelfläche, von

umlaufenden Profilen eingefaßt, zeigt Rechteckfelder mit Ornamenten, während die Randstreifen oben wie unten mit dekorativen Schriftzeichen gefüllt sind. Außerdem auf der oberen Randfläche Reste feiner, mit schwarzer Masse gefüllter Gravierungen, desgleichen am durchbohrten Griff, wo ein Tierkopf dargestellt ist.
Mittelalterliche, wahrscheinlich persische Arbeit.
Ähnlich der Henkel eines ägyptischen Mörsers bei F. R. Martin a. a. O. Taf. 24.

Die ,,Inschriften" haben dekorativen Charakter. Oben: in grosser ornamentaler Schrift العز الدائم *(d. i.* العز الدائم = *dauernde Macht) stetig wiederkehrend. Unten: Wiederholungen der Buchstabenverbindung lām, ʿain und alif, also* لعا لعا لعا*, wie sie rein dekorativ öfter vorkommt. Vgl. Lane-Poole, The art of the Saracens S. 217 und 220 und Nr. 9.*

7 **MÖRSER.** Bronze, mit Gravierungen und vorspringenden Löwenköpfen.
B 205 H. 10 cm. Dm. 13 cm. Erw. 1905 in Paris.

Gerade Wandung mit oben und unten gleichmäßig ausladendem Rand. Auf ersterer graviertes Rautenmuster mit vertieftem Grunde, dazwischen zwei Reihen von je sechs hervorstehenden Löwenköpfen und eine Reihe von hervorstehenden Rautenfeldern. Auf dem oberen Rande ornamentale Inschriften, auf dem unteren Ornamentfelder, oben wie unten durch drei mit Kupfer ausgelegte runde Rosetten unterbrochen.
Mittelalterliche, wahrscheinlich persische Arbeit.

Am oberen Rande, sich stetig wiederholend, die drei Buchstaben الر *a. l. r.*

8 **LEUCHTER.** Bronze. H. 20 cm. Dm. 19 cm.
B 82 Erw. 1897 in Teheran. Abb. 2.

Drei hohe Füße tragen eine mit sechs runden Näpfchen versehene Platte, über der ein profilierter Kandelaber emporsteigt. Die ganze Oberfläche ist graviert: Ornamentale und Schriftborten, in den napfartigen Vertiefungen abwechselnd Vögel und Kreisornament.
Mittelalterliche, wahrscheinlich persische Arbeit.
Der aus Buchara stammende „Untersatz einer Lampe" (Martin a. a. O. Taf. 25) zeigt ähnliche Formgebung.

Ornamentale Inschriften, unterbrochen von reinem Buchstabenornament. Jene bieten in ständiger Wiederholung die Worte العز والاقبـل *,,Macht und Wohlergehen"; vgl. Nr. 12, 25, 26. — Das zwischen den Inschriften befindliche Ornament setzt sich aus den Buchstaben alif, kāf und alif zusammen, also* ا ك ا*.*

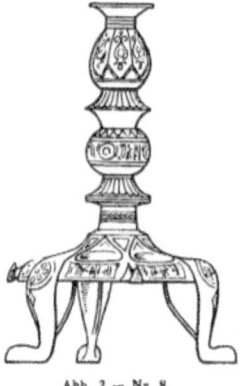

Abb. 2 — Nr. 8

9 **DREIFUSS.** Bronze, graviert. H. 8 cm. Dm. 18 cm. Erw. 1900 in Teheran.
B 206

Drei Füße in Form von roh gebildeten Elefanten tragen eine runde, flache Schale mit breitem Rand. Die Schale auf der Außenwandung, dem oberen Rande und im Boden graviert. Auf der Außenwandung: sechs schleichende Vierfüßler (Tiger?), dazwischen runde Medaillons mit ornamentalen Blumen. Auf dem oberen Rande ein Flechtband, unterbrochen durch Medaillons mit T-Muster. In dem sehr

verwischten Boden ein Schriftfries (undeutlich zu erkennen), dazwischen sechs runde Medaillons mit abwechselnd ornamentalem und T-Muster.
Mittelalterliche, wahrscheinlich persische Arbeit.
Derartige Dreifüße werden jetzt als Ständer für Wasserpfeifen gebraucht, müssen aber schon vor dem Aufkommen des Rauchens für einen anderen, jetzt nicht mehr festzustellenden Zweck gefertigt worden sein.

1. Um den Rand des inneren Bodens: mehrere Male لَعَ لَعَ, also Wiederholung der drei Buchstaben lām, ʿain und alif; vgl. Nr. 6. ١٢١٩

2. Auf der Unterseite des Bodens zwei Medaillons: in dem einen جعفر بدوي "Erinnerung an Ǵaʿfar, Jahr 1219" (H. = 1804/5); ١٢١٩

in dem anderen صاحب محمد جعفر ابن عبد "Besitzer Muhammad Ǵaʿfar, Sohn des ʿAbd 1219" (H. = 1804/5).

10 DREIFUSS. Bronze, graviert. H. 8 cm. Dm. 18 cm. Erw. 1900 in Teheran.
B 207
Vgl. Nr. 9. Die Füße in Form von sehr roh gestalteten, nicht näher kenntlichen Tieren. Die gravierte Musterung sehr verwischt. Auf der Außenfläche eine Borte: sechs runde Medaillons mit Vögeln (?); dazwischen abwechselnd drei stilisierte Sphinxe und undeutliche Gravierungen, anscheinend eine Reihe von eng gestellten, senkrechten Buchstaben wiedergebend.
Auf der überstehenden Randfläche und im Boden Reste von ornamentalen Borten.
Vgl. Nr. 9, Zweck und Zeitbestimmung betreffend.

11 STREITKOLBEN. Bronze, teilweise mit
W 13 Kupfer überfangen, an eisernem Stiel. H. 16,5 cm. Dm. 8 cm. Erw. 1898 in Buchara. Abb. 3.

Knauf aus drei Reihen je vier vierkantiger Zacken, zwischen denen in der untersten Reihe vier stilisierte Löwen, in der mittleren vier Widderköpfe und in der obersten vier Fassungen zu ausgebrochenen Steinen (?) angebracht sind.
Mittelalterliche Arbeit, wahrscheinlich aus Zentralasien.

12 HENKELKANNE. Bronze, mit Gravierun-
B 173 gen, oxydiert. H. 36 cm. Dm. 5 cm. Erw. 1904 in Paris. Taf. IV.

Bauchiger Körper auf Ringfuß. Hoher, wenig erweiterter Hals, mit überstehender Randfläche. Auf dem geschwungenen und gerippten Henkel ein Knopf. Gravierte ornamentale Borten auf dem Ringfuß, auf dem Körper unter dem Henkelansatz und auf der Randplatte des Halses; Schriftborten oben und unten am Halse, vertikal dazwischen

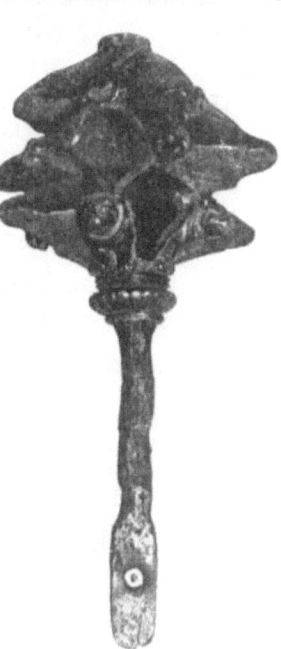

Abb. 3 — Nr. 11

eine Schrift- und zwei Ornamentborten. Die Bodenplatte fehlt. Der Körper an mehreren Stellen verletzt. Der teilweise abgebrochene Knopf auf dem Henkel hatte ursprünglich die Form einer kleinen Vase.

Mittelalterliche Arbeit, vielleicht aus Zentralasien.

Ähnliches aus Kokand (Zentralasien) stammendes Stück bei F. R. Martin a. a. O. Taf. 28; ein anderes in London im South Kensington M. (758—1889), aus dem 15.—16. Jahrhundert datiert.

Am Halse unten: . . . العزّ والاقبال والنصر *„Macht, Wohlergehen und Sieg . . ."*; *am Halse oben: verwischt, zu erkennen* والسعد.. *„und Glückseligkeit"*.

Dazwischen querlaufend: البركة *d. i.* البركة البركة *„Segen, Segen"*.

13 BECKEN. Bronze, graviert. H. 5 cm. Dm. 48 cm. Erw. 1905 in Paris.
B 208

Flacher Boden mit geriefeltem Rande. In der Mitte rundes Medaillon mit sitzender Sphinx, deren Flügelfedern und Schweif in Löwenköpfe auslaufen. Den Hintergrund bildet Rankenwerk, ebenso wie bei dem das Medaillon umgebenden Inschriftenbande.

Mittelalterliche Arbeit, vielleicht aus Zentralasien.

Ähnliches, aus Buchara stammendes Stück bei F. R. Martin a. a. O. Taf. 30.

Das Schriftband lautet:

العزّ الدائم والاقبال الزائد والدولة الباقية انعم السبغه الكرامة الشاملة الدملة
السلامة السعدة (¹القاهرة لصحبه.

„Dauernde Macht und zunehmendes Wohlergehen und bleibende Herrschaft, reichliche Güter, umfassender, vollkommener Edelsinn, Wohlbehaltenheit, siegreiches Glück dem Besitzer."

Das verbindende ۅ fehlt vom vierten Gliede ab.

Arbeiten des 12.—13. Jahrhunderts mit Reliefschmuck, Gravierung und spärlicher Tauschierung in Kupfer und Silber

Bei den frühesten, noch dem 12. Jahrhundert angehörenden Stücken ist das Kupfer oder Silber nur in schmalen Streifen in vorher gerauhte Furchen eingehämmert; letztere nehmen dann gewöhnlich die Mitte der langgestreckten Schriftzüge und Ornamentranken ein, deren Hintergrund häufig ausgehoben und mit schwarzer Masse ausgefüllt ist. Im 13. Jahrhundert wird die Tauschierung umfangreicher; die Silberplättchen werden jetzt in den vertieften und an den Rändern oft in doppelten Reihen von Haftlöchern aufgerauhten Grund eingehämmert. Die feinere Gravierung der Innenzeichnung findet erst dann statt. Besondere Merkmale dieser frühen Gruppe, die vor allem aus senkrecht gerippten Kannen besteht, sind in hohem Relief herausgearbeitete Löwen und Vögel, die einzeln und paarweis angebracht oder in Reihen geordnet sind. Die

---

¹) *statt* القاهرة *mit falscher Stellung der beiden ersten Buchstaben* لاقاهره.

tauschierte Dekoration zeigt zu Borten angeordnete einfache Ranken und Flechtbänder, Medaillons mit Tierfiguren und Sternrosetten, die gleichsam als unterscheidende Fabrikationsmarken angesehen werden können, Schriftborten und Friese mit Reihen von Jagd- und Fabeltieren. Auch die Darstellung des Menschen beginnt im 13. Jahrhundert als Schmuck von runden, durch Flechtbänder gebildeten Medaillons; einzeln oder paarweis kommen hier Musikanten, Zecher oder Tänzer vor, sowie die symbolischen Repräsentanten des Tierkreises. Die frühesten bekannten Arbeiten scheinen nicht in Mossul, sondern auf dem armenischen und nordpersischen Hochlande gefertigt zu sein.

14 TEIL EINES LEUCHTERHALSES (?). Bronze, gegossen, mit geschwärzten
B 117 Gravierungen und Einlagen in Silber und Kupfer. H. 7 cm. Dm. 8 cm. Erw. 1899 in Teheran.

Senkrecht geripptes Zierstück, an eine Melonenkuppel erinnernd. Oben und unten runde Öffnungen, die untere nachträglich geschlossen. Auf den senkrechten Feldern zweierlei Arten von Schriftstreifen und Vasen mit Lilien (Abb. 4). Auf der oberen Platte Inschriftborte, durch runde Medaillons mit Vogeldarstellungen (Abb. 5) unterbrochen. Auf der Unterseite rundes Medaillon mit Sphinx (Abb. 6), umgeben von einer Borte mit Vögeln und laufenden Wölfen.

Arbeit des 'Abd ar-Razzāq aus Nisabur in Persien, Ende des 12. Jahrhunderts.

Ausgestellt Exp. d. Arts Musulmans. Cat. No. 172.

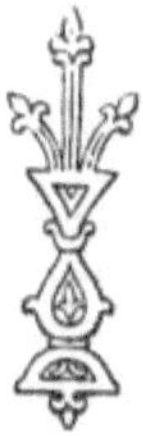

Abb. 4

Oben: العزّ والاقبال والدولة والعافية لصاحبه

„Macht, Wohlergehen, Herrschaft und Gesundheit dem Besitzer."

Darunter acht von oben nach unten laufende Zeilen in eckigen Charakteren, von denen je vier und vier zusammengehören, nämlich:

a) البركة والدولة والعافية والنصرة والشرف والنعمة والسعادة لصاحبه

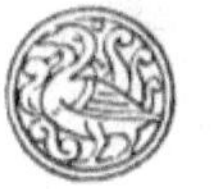

„Segen, Herrschaft, Gesundheit, Sieg, Erhabenheit, Vollkommenheit, Glückseligkeit dem Besitzer."

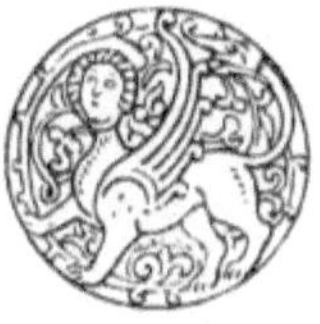

Abb. 5 Abb. 6

b) نقش .... عمل عبد الرزّاق النيسابوري

.... Ciselierung .... Werk des 'Abd ar-Razzāq aus Nisabur.

15 KANNE. Bronze, mit Gravierungen, Reliefs und Einlagen in Silber und
B 160 Kupfer. H. 32 cm. Dm. 13 cm. Erw. 1902, aus Persien. Abb. 7.

Vertikal gerippter Körper mit röhrenförmigem, seitlich zum Ausguß erweitertem Hals. Am Hals sitzende Löwen in Relief. Auf dem Körper graviert abwechselnd vertikale Ornamentborten (Abb. 8) und durch Rosetten (Abb. 9) geteilte Inschriften, ursprünglich in Silber und wenig Kupfer tauschiert. Der Fuß ergänzt; alter, aber nicht gleichzeitiger Henkel. Inschriftborten auch auf der breiten Schulterfläche und am Halse.

Arbeit aus dem Beginn des 13. Jahrhunderts. Nordpersien.
Ausgestellt Exp. des Arts Musulmans. Paris 1903. Cat. No. 66.

Ähnliche, mit Relieflöwen am Hals verzierte Kannen in London, zwei im British M., zwei andere im South Kensington M. (Nr. 81—97 und 592—98); in Paris im Louvre und in den Kollektionen Homberg und Piet-Lataudrie. Ähnlich gestaltete Leuchter in derselben Sammlung und im South Kensington M.

Um den Hals, auf der flachen Oberfläche des Körpers, in grossen, schmalen Buchstaben:

العز والاقبـال والـدوام
والسـلام والسـعـدة
والشفـعـة والشـكـرة
والشـكـرة والشفـعـة
والـكـرامـة والبـقـ[ـا]
نصـ[ـر][حبـ]

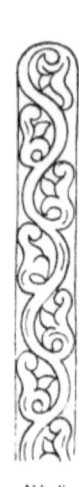

„Macht, Wohlergehen, Dauer, Heil, Glückseligkeit, Fürsprache, Dank, Belohnung, Fürsprache, Edelsinn, Bestand dem Besitzer."

Abb. 8

والشفـعـة „und Fürsprache" zweimal; vgl. Nr. 16.

Abb. 9 u. 11

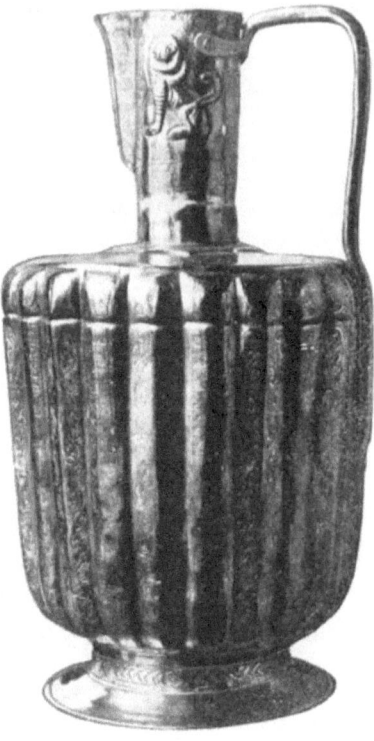

Abb. 7 — Nr. 16

11 Längsinschriften in mittelgrosser, eckiger, steiler Schrift, in der Mitte stets durch ein Medaillon unterbrochen:

النصر والبركة والدولة والشرفة

„Sieg, Segen, Herrschaft, Erhabenheit."

Mitunter geringfügige Varianten.

16 KANNE. Bronze, tauschiert in Silber und Kupfer, sowie Verzierungen in
B 167 Relief. H. 30 cm. Erw. 1902, aus Persien. Abb. 10.

Leicht ausladender Körper mit röhrenförmigem, geradem Hals. Reliefverzierungen: Um den Hals acht frei herausgearbeitete, sitzende Vögel (Enten?);

am Halse in teilweisem Relief zwei geflügelte Löwen und vier Vögel. Auf dem Körper, ursprünglich in Silber und Kupfer tauschiert, Bandverschlingungen, zwischen denen figürliche Darstellungen: Oben und unten laufende Tiere, dazwischen zwei Reihen von Medaillons mit musizierenden, trinkenden und tanzenden Personen und mit Vogelpaaren; in der Mitte Jäger zu Pferde. Oben am Körper und Halse Inschriften. Henkel und Fuß später ergänzt.
Arbeit aus dem Beginn des 13. Jahrhunderts. Nordpersien.

Oben (am Hals) in kleinen Buchstaben:

العز والاقبال والدولة والسعدة والسلامة
والنعمة والبركة والسلامة لصاحبه

„Macht, Wohlergehen, Herrschaft, Glückseligkeit, Wohlbehaltenheit, Gunst, Segen, Wohlbehaltenheit dem Besitzer."

والسلامة „und Gesundheit" deutlich zweimal. — Vgl. Nr. 15.

Darunter (am oberen Rande des Gefässkörpers): .... السيد الاجل
...... العدل المقبل المكرم العزيز
...... الاسلام والمسلمين

„⟨... Gemacht auf Befehl des⟩ ..... des Herrn, des berühmten, grossen .... gerechten, glücklichen, geehrten, berühmten, ausgezeichneten .... des Islams und der Muslime."

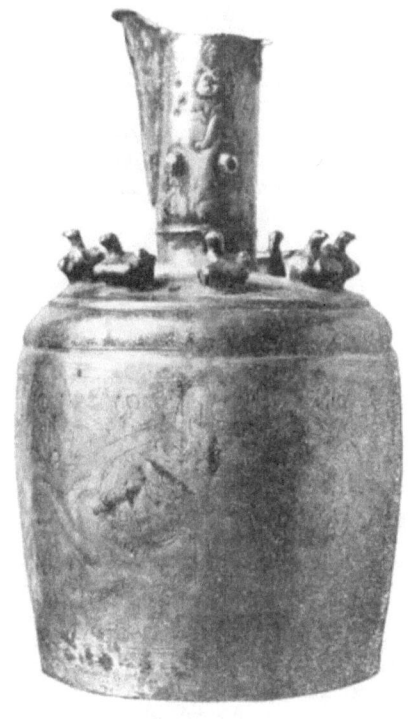

Abb. 10 — Nr. 16

17 KANNE. Bronze, tauschiert in Silber, sowie Verzierungen in Relief.
B 209 H. 38 cm. Dm. 20 cm. Erw. 1905 in London, angeblich aus Persien. Taf. V.

Ähnliche Form wie Nr. 15. Auf den zwölf halbrunden Kannelierungen abwechselnd Schriftbänder, die in der Mitte ein aus Bändern gebildetes Medaillon (Abb. 11) tragen, und laufende Tiere; dazwischen ornamentale Borten. Auf dem Halse zwischen ornamentalem Rankenwerk zwei sitzende Löwen in starkem Relief (wie bei Nr. 15), auf dem Ausguß ein liegender Löwe. Um den oberen Rand läuft ein Fries von 24 sitzenden Löwen in Relief, die zu je zwei einander zugekehrt sind. Die Inschriften auf der geraden Deckplatte des Körpers und auf den Kannelierungen, ebenso wie das Rankenwerk in Silber tauschiert, das sich nur noch in dünnen Streifen erhalten hat. Gebogener Henkel mit Spuren von Ornamentation.

Arbeit aus dem Beginn des 13. Jahrhunderts. Nordpersien.

Oben: العز والاقبال والدولة والسعادة والسلامة والشفعة والنعمة والعفية والعبانة والبق[ء] دائما لصاحبه

„Macht, Wohlergehen, Herrschaft, Glückseligkeit, Wohlbehaltenheit, Fürsprache, Gunst, Gesundheit, Hilfe, Bestand dauernd dem Besitzer."

In den sechs senkrechten Reihen sind die ersten fünf Worte dieser Inschrift stets wiederholt. Wo der Platz nicht ausreichte, bricht die Inschrift mitten im Worte ab.

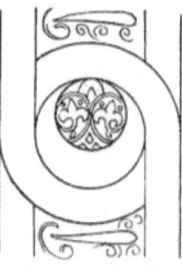

Abb. 11 — zu Nr. 17

Arbeiten des 13.—14. Jahrhunderts mesopotamischer oder persischer Herkunft mit Gravierung und Silbertauschierung

Während die Tauschierung mit Kupfer aufhört, wird die Silbereinlage reicher. Der vertiefte Grund ist schraffiert oder mit schwarzer Masse ausgefüllt. Das Muster besteht aus eng übereinander gereihten Borten mit ornamentaler Verzierung, Ranken, laufenden Tieren und Inschriften. Breitere Borten setzen sich abwechselnd aus ovalen Medaillons mit Inschriften und aus runden Medaillons mit figürlichen Darstellungen zusammen, beide durch Flechtbänder miteinander verbunden. Die vollständig mit Silber ausgelegten Buchstaben zeigen häufig, wenigstens in der frühen Zeit, die Eigentümlichkeit, daß Menschenköpfe und Figuren auf ihnen eingezeichnet sind. Die Figuren sind kleiner gezeichnet und stellen mit Vorliebe Reiter dar, die jagen oder Polo spielen. Das Vorkommen von gleichen Sternrosetten erleichtert die Gruppierung. Die am häufigsten vorkommenden Formen sind bauchige Kannen mit profiliertem Hals und gerader Ausgußröhre, halbkugelförmige Schalen, Becken mit gezacktem Rande und Leuchter mit Kegelfuß und hoher Kerzenhülse. Mesopotamien und Persien kommt als Heimat dieser Arbeiten in Betracht, die sich vor allem dort finden, aber auch bis nach Ägypten ausgeführt zu sein scheinen. Der Atabek Lu'lu' von Mossul (1233—1259 n. Chr.) scheint die künstlerische Entwicklung besonders gefördert zu haben.

18 EIMER. Bronze, mit Gravierungen und Silbereinlagen. H. 17,5 cm.
B 151 Dm. 19,5 cm. Erw. 1902, aus Persien. Taf. III.

Zwölfseitiger, geradwandiger, sich nach unten verjüngender Körper auf drei kleinen, ornamentierten Füßen. Die Wandung in drei umlaufenden Streifen mit Gravierungen bedeckt. In den oberen und unteren Streifen Medaillons mit figürlichen Darstellungen (Repräsentationen des Tierkreises, Reiter usw.), in der Mitte eine fortlaufende Reihe von je zwei musizierenden Figuren in einem Felde. Am oberen Rande ein schmaler Tierfries, durch Rosetten und Medaillons mit einem Halbmond unterbrochen. Das Silber ist bis auf geringe Reste verschwunden. Alte, aber nicht gleichzeitige Montierung in Kupfer.
13. Jahrhundert. Angeblich aus Herat.

19 BECKEN. Bronze, graviert und mit Silber tauschiert. H. 16 cm.
B 124 Dm. 41 cm. Erw. 1902, aus Persien. Taf. VI.

Gleichmäßig abfallende, kugelförmig geschlossene Wandung. Oben auf dem schmalen, flachen Rande sechs Inschriften durch kleine Medaillons mit einem Halbmond unterbrochen. Außen um den Rand eine größere fortlaufende Inschrift. Im Innern Spuren einer ornamentalen Rosette. Geringe Reste von Silber; ein Loch innerhalb der letzten Inschrift.

Anfang des 13. Jahrhunderts, für den Atabeken von Ġazīra Muʿizz ad-din Maḥmūd b. Sinġar Schah gefertigt.

Fortlaufende Inschrift:

عزّ لمولانا الملك المعظم العلم العدل المؤيد المنفّر المنصور المجاهد
المرابط معزّ الدنيا والدين ركن الاسلام والمس[لمين ن‍]ه[؟] الحقّ بالبراهين
القئم بؤ[ا]مر الدين قمع الكفرة والمشركين محيي العدل فى العلمين نصر
المجاهدين ملك امراء الشرق والغرب بهلوان جيهان خسرو ايران ايغنج
قتلغ طغرلتكين اتابك ابو القسم محمود بن سنجر شاه بن غزى نصر
امير المؤمنين

„Ruhm unserem Herrn, dem mächtigen König, dem gelehrten, gerechten, ⟨von Gott⟩ unterstützten, siegreichen, siegerprobten, dem Glaubensstreiter, dem Grenzkämpfer Muʿizz ad-dunjā wad-dīn (der der Welt und Religion zum Siege verhilft), der Säule des Islams und der Muslime, der die Wahrheit durch Beweise unterstützt, der bei den Befehlen der Religion verharrt, der die Ungläubigen und Götzendiener bezwingt, der die Gerechtigkeit in den Welten belebt, der Hilfe der Glaubensstreiter, dem Könige über die Emire des Ostens und Westens, dem Pehlevan der Welt, dem Chosro von Iran, dem Ināng Qotluġ Toġrultekīn Atābek Abūʾl Qāsim Maḥmūd b. Sinġar Šāh b. Ġāzī, dem Helfer des Emirs der Gläubigen."

Der Herrscher, von dem die Inschrift spricht, ist der Atabeke von Ġazīra Muʿizz ad-dīn Maḥmūd b. Sinġar Šāh, der 605 H (= 1208 Chr.) zur Regierung kam. Sein Todesjahr ist unsicher. Vgl. St. Lane-Poole, The Mohammadan Dynasties, 1894, S. 163.

Oben auf dem Rande in archaisierender Schrift eine Wunsch- und Segensinschrift. Von der Menge der Synonyma sind nur wenige noch mit Sicherheit zu erkennen.

20 LEUCHTER. Bronze, graviert
B 74 und in Silber tauschiert. Der Kerzenhals fehlt. H. 20 cm. Dm. 29 cm. Erw. 1897 in Tiflis Abb. 12.

Achtseitige Kegelform mit eingezogener Wandung. Auf der Mitte jeder Seite ein runder Buckel. Die Oberseite vertieft. Das Muster der Wandung wird oben

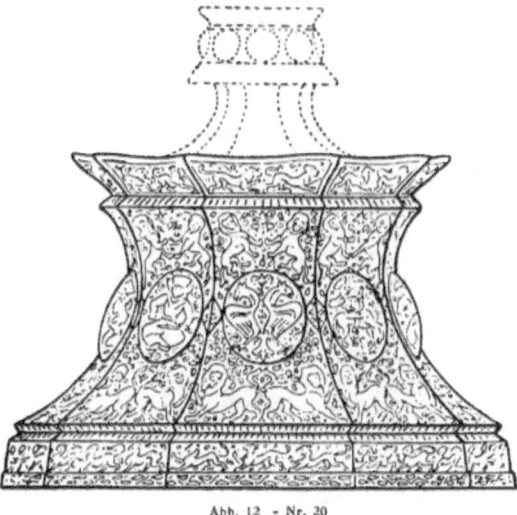

Abb. 12 - Nr. 20

und unten von einem Tierfries begrenzt, dazwischen Rankenwerk mit Vögeln und Fabeltieren, die paarweis geordnet sind. Auf den Buckeln abwechselnd der Doppelgreif (Abb. 13, Wappen der Ortokiden) und figürliche Darstellungen (Fürst auf dem Thron). Rosetten mit T-Muster, wie bei Nr. 9.

Erste Hälfte des 13. Jahrhunderts. Nordmesopotamien.

Vgl. F. Sarre: Ein orientalisches Metallbecken a. a. O. S. 11. 19.

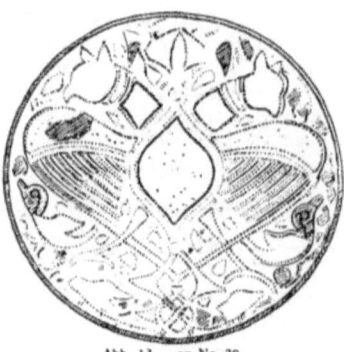

Abb. 13 — zu Nr. 20

21 **WEIHRAUCHGEFÄSS.** Bronze, graviert und mit Silber tauschiert. Der Deckel fehlt. H. 10 cm. Dm. 8 cm. Erw. 1902 in Paris.

Auf drei Füßen ruhender Körper von der Form eines sich nach oben wenig verjüngenden Zylinders. Die Oberseite ist durch einen Trichtereinsatz geschlossen. Die Wandung zeigt auf einem Hintergrund von Ranken neun Heiligenfiguren unter Arkadenbögen, teils in betender Haltung, teils mit einem Buch, einem Räuchergefäß oder im Gespräch miteinander. Eine Rosette in Vierpaßform ist freigelassen, auf ihr sollte wohl der Deckelverschluß befestigt werden. Das Silber meist abgerieben.

Arbeit aus der Mitte des 13. Jahrhunderts. Mesopotamien oder Syrien.

Andere für christliche Kirchen gefertigte Bronzen aufgezählt bei Migeon a. a. O. p. 21 ff. Eine dieser Bronzen, ein Leuchter aus der Kollektion Goupil (Catal. Nr. 80, abgeb.) im Musée des Arts décoratifs in Paris zeigt Friese mit ganz gleichartig gekleideten Heiligenfiguren. Das Stück ist inschriftlich im Jahre 646 d. H. (= 1248 n. Chr.) von Da'ud ben Salāma aus Mossul gefertigt worden. Eine Kanne im Besitz von M. Homberg in Paris (Exp. d. Arts musulm. Cat. Nr. 90; abgeb. in Migeon's Tafelwerk Pl. 15), und ein großes Bassin beim Herzog von Arenberg in Brüssel (ebendort Cat. Nr. 70; Migeon's Tafelwerk Pl. 11. 12) zeigen Friese mit Heiligenfiguren unter Säulenarkaden, die denen des Weihrauchgefäßes sehr ähnlich sind. Das Bassin ist für al-Malik aṣ-Ṣāliḥ, Sultan von Damaskus (1239—1249) gefertigt worden.

Die Form der Füße ist archaisch und erinnert an die Vorderfüße des in Spanien gefundenen frühen Bronzelöwen aus dem Besitz von Mme Ernesta Stern in Paris (Exp. des Arts mus. Cat. Nr. 231. Migeon's Tafelwerk Pl. 27).

Ein ähnliches, aus der Henderson-Kollektion stammendes Weihrauchgefäß mit hohem, kuppelförmigem Deckel im British Museum. (St. Lane-Poole a. a. O. p. 213 No. 6.)

22 **HENKELKANNE.** Kupfer, in Silber tauschiert, der Grund
B 166 mit schwarzer Masse ausgefüllt. H. 31 cm. Erw. 1902, aus Persien. Taf. IV.

Form ähnlich wie Nr. 16. Getriebene Reliefverzierungen. Gerade, schräg aufsteigende Ausgußröhre, gebogener Henkel. Die ganze Oberfläche konzentrisch mit ornamentalen und einigen

Abb. 14

ornamental behandelten Schriftborten bedeckt. Zwei Borten auf dem Körper aus runden Medaillons mit sitzenden, musizierenden Figuren bestehend. Am Halse Rosetten (Abb. 14). Die Fußplatte ergänzt.
13. Jahrhundert.
Als Ornament verwendet die Buchstaben lām, alif.

23 **BECKEN.** Bronze, graviert und in Silber tauschiert. H. 11 cm. Dm. 52 cm.
B 137 Erw. 1902, aus Persien. Abb. 15.

Ausladender Rand mit 18 gespitzten Ecken. Im Spiegel: rundes Medaillon mit thronendem Fürsten, zur Seite zwei Diener und ein Jagdfalke zu Füßen (Abb. 16); zwölf kleinere Medaillons, mit Darstellungen von musizierenden und trinkenden

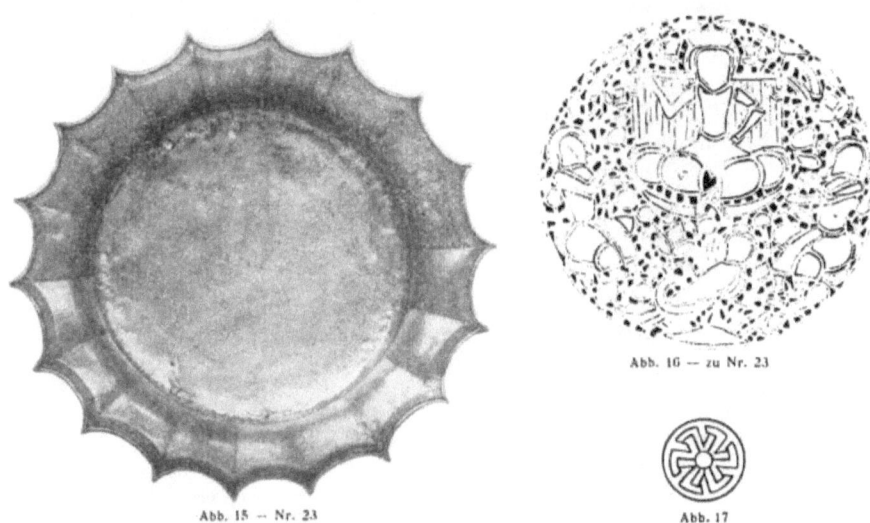

Abb. 15 — Nr. 23   Abb. 16 — zu Nr. 23

Abb. 17

Figuren; Band mit ornamentalen, geradlinigen Buchstaben. Auf dem Rande 18 ornamentale Medaillons, zwischen denen je zwei sitzende Figuren mit Bechern und Musikinstrumenten. Rosetten mit **T**-Muster, wie bei Nr. 9 und Nr. 20 (Abb. 17).
13. Jahrhundert.
Ausgestellt Exp. d. Arts Musulm. Paris 1903 (Cat. Nr. 173).

24 **BECKEN.** Bronze, graviert und mit Silber tauschiert. H. 11,5 cm.
B 138 Dm. 51,5 cm. Erw. 1902, aus Persien.

Dieselbe Form wie Nr. 23. Im Spiegel ein rundes Medaillon mit figürlicher Darstellung (Sphinx), umgeben von ornamentalem Schriftband, das durch sechs Medaillons geteilt ist; in letzteren Darstellungen des Tierkreises. Auf dem Rande ornamentale geradlinige Schriftborte. Ausgebessert.
13.—14. Jahrhundert.
Die Inschriften auf den 18 Zacken sind rein dekorativ; es kommt nur auf die vielen alif und lām an; mitunter العافية *„Gesundheit". Vgl. Nr. 25.*

25 BECKEN. Bronze, graviert und ursprünglich mit Silber tauschiert.
B 142 H. 14 cm. Dm. 51 cm. Erw. 1902, aus Persien.

Dieselbe Form wie Nr. 23 und Nr. 24, mit 16 zackigem Rande. Im Spiegel verschlungenes Bandornament und Inschriftborte; eine andere auf dem Rande. Vielfach beschädigt und ausgebessert.
14. Jahrhundert.

Auf 15 von den 16 Zacken des Gefässes je zweimal das Wort العفية *„Gesundheit", auf der 16. Zacke* العزّ والاقبـل *„Macht und Wohlergehen".*

Rings um den inneren Boden ornamentale Inschriftenborten, in eckigen Charakteren; darin häufig wiederkehrend البركة *„Segen". Vgl. Nr. 24.*

26 BECKEN. Bronze, graviert und ursprünglich mit Silber tauschiert.
B 1.6 H. 11,5 cm. Dm. 52 cm. Erw. 1902, aus Persien.

Dieselbe Form wie Nr. 23—25; mit 18 zackigem Rande. In der Mitte des Spiegels grosses Medaillon mit figürlicher Darstellung: thronende Herrscher, aufwartende Diener, Löwen, Pfauen; ferner Schriftband, durch sechs Medaillons mit musizierenden Figuren getrennt. Eine ähnliche Inschriftborte mit Medaillons auf dem Rande. Vielfach beschädigt und ausgebessert.
14. Jahrhundert.

Um den Rand und auf dem äusseren Ring am Boden Ц Ц Ц *, also buchstabenähnliches Ornament, ähnlich wie Nr. 22. Auf dem inneren Ring am Boden: von Ornamenten unterbrochene Wiederholungen von* (العز الدائم =) العز الدا والاقبـل *„dauernder Ruhm und Wohlergehen". Vgl. Nr. 6 und 8.*

27 BECKEN. Bronze, graviert und mit Silber tauschiert. H. 11 cm.
B 125 Dm. 36,5 cm. Erw. 1902, aus Persien.

Rund, eingezogener und dann ausladender Rand. Auf dem Spiegel um einen mittleren Stern drei aus figürlichen Medaillons zusammengesetzte, konzentrische Kreise. Auf dem Rande Schriftband, das durch acht Medaillons mit trinkenden und musizierenden Personen geteilt ist. Rosetten mit T-Muster wie bei Nr. 9. 20. 23. Beschädigt und abgerieben.
13.—14. Jahrhundert.

Schrift zierlich; ohne Punkte:

العزّ والبقـ[ء] والبرّ والعدـ[ء] والعلوّ [و]العلاـ[ء] والحلم ولـحبيـ[ة] والـجود والسنـاـ[ء]

والمـجد والنـمـ[ء] والنـور والـصفـ[ء] والعبر والـرتـضـ[ء] والدهر والوفـ[ء]

والنصر على الاعداـ[ء] [و]العلوّ [و]العلاـ[ء] والحلم والحبيـ[ة] والـجود وال

„Macht, Dauer, Rechtschaffenheit, Freigebigkeit, Höhe, Erhabenheit, Milde, Leben, Opferfreudigkeit, Grossmut, Ruhm, Wachstum, Licht, Reinheit, Geduld, Wohlgefallen, Geschick, Treue, Sieg über die Feinde, Höhe, Erhabenheit, Milde, Leben, Opferfreudigkeit."

Ein Teil der Worte wiederholt sich in derselben Reihenfolge. Vgl. besonders Nr. 48.

METALL 17

28 **WASSERSCHALE MIT KLAPPDECKEL.** Bronze, graviert und in Silber
B 99 und Gold tauschiert. H. 19 cm. Dm. 26 cm. Erw. 1897 in Kairo.

Auf der Außenwandung der gewölbten Schale zwischen zwei schmalen Ornamentborten eine breite Zone mit 16 figuralen Medaillons. Im Innern Muster aus konzentrisch geordneten schwimmenden Fischen. Den Knauf des Deckels bildet eine achtseitige Rosette, dann umlaufende Borte mit Tieren und breitere ornamentale Zone mit sechs Medaillons, in denen Gruppen von je zwei Figuren. Dieselbe Rosette wie bei Nr. 22.

Der mit Gold und Silber tauschierte Deckel aus dem 14. Jahrhundert, die silbertauschierte Schale jünger.

29 **WASSERSCHALE.** Bronze, graviert und mit Silber tauschiert. H. 13,5 cm.
B 126 Dm. 17,5 cm. Erw. 1902, aus Persien.

Muster ähnlich wie Nr. 28.
14. Jahrhundert.

30 **WASSERSCHALE.** Bronze, graviert und mit Silber tauschiert, der Grund
B 127 ursprünglich mit schwarzer Masse ausgefüllt. H. 11 cm. Dm. 17 cm. Erw. 1902, aus Persien.

Muster ähnlich wie Nr. 28 und 29. Breite ornamentale Borte, in der 20 runde Medaillons mit sitzenden musizierenden Figuren oder mit kleineren Rosettenmedaillons, die denen auf den Stücken Nr. 22 und 28 gleichen.
14. Jahrhundert.

31 **KANNE.** Bronze, in Silber tauschiert, sowie mit Relief. H. 37 cm.
B 159 Dm. 14,5 cm. Erw. 1902, aus Persien.

Birnförmiger Körper mit geradem, etwas ausladendem Hals, Klappdeckel und Ausguß in Form eines Vogelkopfes. Um den profilierten Hals und den Körper mehrere ornamentale und drei Inschriftborten; die mittelste durch zwei runde Medaillons mit sitzenden musizierenden Figuren unterbrochen. Das Silber bis auf geringe Spuren abgerieben. Die Fußplatte und das falsch eingesetzte Ausgußrohr ergänzt.
14. Jahrhundert.

a) *Inschrift am Halse:* لصاحبه السعادة والسلامة * ودوام العمر ما غنت حمامة

„*Dem Besitzer Glück und Wohlbehaltenheit und langes Leben, solange eine Taube girrt.*"

Diese Worte bilden im Arabischen einen Vers mit Binnenreim (Metrum Wāfir); vgl. Nr. 36 und 37 und Lanci II S. 108 und 121.

b) *oben am Körper:* .... [ء]العز والبقاء [ء] والنصر [ء] والشكر [ء] والثنا [ء] والظفر بلاعدا
.... [ء] والعلا [ء] والعلم

„*Macht, Dauer, Dank, Lob, Sieg über die Feinde, ...
Erhabenheit, Wissen ...*";

c) *unten am Körper:* Ornament in eckigen Charakteren.

32 WASSERSCHALE. Bronze, graviert und mit Silber tauschiert. H. 14,5 cm.
B 128 Dm. 20 cm. Erw. 1902, aus Persien.

    Muster ähnlich wie Nr. 28. Der Ringfuß später angesetzt.
    14. Jahrhundert.

33 WASSERSCHALE. Bronze, graviert und mit Silber tauschiert. H. 11 cm.
B 163 Dm. 20 cm. Erw. 1902, aus Persien.

    Muster ähnlich wie Nr. 28. In der breiteren Borte ornamentale Buchstaben, zwischen denen sechs Medaillons mit sitzenden musizierenden Figuren (wie 30). Stempelmedaillons, Rosetten mit T-Muster wie bei Nr. 9. 20. 23. 27. Beschädigt und ausgebessert.
    14. Jahrhundert.

    Das Buchstabenornament in der breiteren Borte besteht fast nur aus alifs. Die Köpfe derselben haben wohl ursprünglich wirkliche Köpfe dargestellt; doch ist die Silbertauschierung nicht mehr erhalten.

34 LEUCHTER. Bronze, graviert und mit Silber tauschiert. Der Kerzenhals
B 148 fehlt. H. 18 cm. Dm. 17 cm. Erw. 1902, aus Persien.

    Über einer schmalen Fußplatte nach innen eingezogener Körper. Unten Inschriftenband, dann Mäanderborten und Blattranken, zwischen denen sechs runde Medaillons mit Reitern angebracht sind. Rosetten mit T-Muster wie bei Nr. 9. 20. 23. 27. 33.
    14. Jahrhundert.

35 LEUCHTER. Bronze, graviert und mit Silber tauschiert. Der Kerzenhals
B 150 fehlt. H. 13 cm. Dm. 17 cm. Erw. 1902, aus Persien. Abb. 18.

    Form ähnlich wie Nr. 34. Auf der Fußplatte und um den Rand Inschriftborte; dazwischen zwei Reihen je neun fünfeckiger Medaillons mit Arabeskenranken. Rosetten mit T-Muster wie bei Nr. 9. 20. 23. 27. 33. 34.
    14. Jahrhundert.

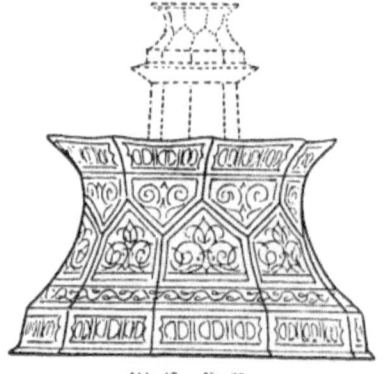

Abb. 18 — Nr. 35

36 WASSERSCHALE. Bronze, graviert und mit Silber tauschiert; der
B 88 Grund ursprünglich mit schwarzer Masse gefüllt. H. 12,5 cm. Dm. 28 cm. Erw. 1897 in Kazwin (Persien).

    Form ähnlich wie Nr. 28. Borten mit Ornamenten und Tierfiguren; ferner breite Inschriftborte, die durch acht Medaillons mit Reiterfiguren geteilt ist. Im Boden Fischmuster. Rosetten mit T-Muster wie bei Nr. 9. 20. 23. 27. 33—35.
    14. Jahrhundert.

Die Inschrift ist völlig verrieben, derart, dass die Buchstaben kaum noch hervortreten. Der Anfang lautet:

.... لصاحبه السعادة والسلامة وطول العمر ما ناحت حمامة

„Dem Besitzer Glück und Wohlbehaltenheit und langes Leben, solange eine Taube girrt ......" Vgl. Nr. 31 und 37.

Das Stück gehört aufs engste mit dem folgenden zusammen (derselbe Vers, Fische auf dem Boden, ähnliches Ornament).

37 WASSERSCHALE. Bronze, graviert und mit Silber tauschiert. H. 12 cm.
B 133 Dm. 19,5 cm. Erw. 1902, aus Persien.

Form ähnlich wie Nr. 28. Muster ähnlich wie Nr. 36. Breite Borte mit Blattranken, zwischen denen acht ovale Inschriften-Medaillons und acht runde Medaillons mit Reiterfiguren. Rosetten mit T-Muster wie bei Nr. 9. 20. 23. 27. 33—36. Beschädigt. 14. Jahrhundert.

Kleine, sehr verriebene Schrift:

لصاحبه السعادة والسلامة * وطول العمر ما ناحت حمامة * لوا واقبل الى يوم القيامة ...... الشامل العزّ الوافر والعمر

„Dem Besitzer Glück und Wohlbehaltenheit und langes Leben, solange eine Taube girrt, und Wohlergehen bis zum Tage der Auferstehung." — Die unterpunktierten Buchstaben sind überschüssig. Auf den Vers folgen hier noch ein paar Wunschworte in Prosa. Vgl. Nr. 31 und 36. Besonders nahe steht dieses Stück dem vorhergehenden.

38 LEUCHTER. Bronze, graviert und mit Silber tauschiert. H. 21 cm.
B 152 Dm. 15 cm. Erw. 1902, aus Persien.

Auf dem kegelförmigen Fuß zwischen zwei schmalen Borten breite Zone mit vier Medaillons, in denen sitzende Figuren; dazwischen ovale Medaillons mit Inschriften. Um den Kerzenhals weitere Inschrift. Sternrosette. Das Muster sehr abgerieben. 14. Jahrhundert.

Kleine zierliche Schrift:

المقرّ العالي المالكي العلمي الع

„Seine hohe Exzellenz, der Gebieter, der Gelehrte".

Zwischen المالكي und العلمي noch die Buchstaben المر. Mit العا bricht die Inschrift ab.

39 LEUCHTER. Bronze, graviert und mit Silber tauschiert. Der Kerzenhals
B 149 fehlt. H. 10,5 cm. Dm. 15 cm. Erw. 1902, aus Persien.

Form ähnlich wie Nr. 34. Unten Borte mit jagenden Tieren; die breite Zone mit Blattranken, zwischen denen sechs Medaillons mit Reitern; auf der Oberseite paarweis sitzende Figuren. Dieselbe Sternrosette wie bei Nr. 38. 14. Jahrhundert.

40 LEUCHTER. Bronze, graviert und ursprünglich mit Silber tauschiert.
B 83   H. 21 cm. Dm. 19,5 cm. Erw. 1897, im Kunsthandel. Abb. 19.

Form ähnlich wie Nr. 34. Das Muster besteht aus ornamentalen Streifen, aus Tier- und Inschriftborten und aus Medaillons mit den Figuren des Tierkreises. Dieselbe Sternrosette wie bei Nr. 38 und 39.
14. Jahrhundert.

Persische Verse im oberen Schriftbande:

اى شمع بگریه خند بر خود خندى
تو سوز دل مرا دَچ مننّدى

فرقست میان سوز تَرَجَ‌رٍ خبرد
ب آنكه بریسمنش بر خود بندى

„O Kerze, lache unter Tränen; du lachst (ja) über dich selbst! Wieso gleichst du dem Brande meines Herzens?

Es ist ein Unterschied zwischen dem Brande, der sich aus der Seele erhebt, und dem, den du durch den Faden (Docht) an dich selbst bindest."

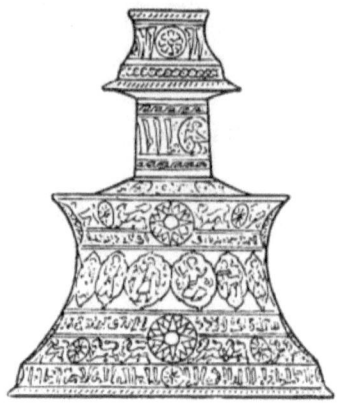

Abb. 19 — Nr. 40

Am Halse und am unteren Rande (hier in eckiger Schrift) arabische Wunschinschrift, beginnend

العزّ الدائم والاقبال الزائد

„Dauernde Macht und steigendes Wohlergehen".

Der Künstler scheint diese arabischen Worte nicht alle verstanden zu haben; es kommt ihm im wesentlichen auf die senkrechten Striche der alifs und lāms an.

41 WASSERSCHALE. Bronze, graviert und mit Silber tauschiert. H. 13 cm.
B 97   Dm. 25 cm. Erw. 1897 in Kairo.

Form ähnlich wie Nr. 28. Das Muster besteht aus ornamentalen Borten und einer breiten Zone in der Mitte, die aus sechs ovalen Medaillons mit Inschriften und aus sechs runden Medaillons mit Figuren gebildet wird.
13.—14. Jahrhundert.

Inschrift in den Medaillons:

العزّ لمولانا الملك‌ا • لمعظّم السلطين الاعظم • ملك رقب الامم السلطين
السلاطين العالم ولا • العادل المَیّد المُوَیَّد ا • لمجاهد المرابط المعزّ (ا)لمدا ...

„Ruhm unserem Herrn, dem machtvollen Könige und mächtigen Sultan, der die Nacken der Völker regiert, dem Sultan der Sultane, dem gelehrten, . . . gerechten, (siegreichen?) ⟨von Gott⟩ unterstützten, dem Glaubensstreiter, dem Grenzkämpfer, dem geehrten . . . ."

Die Ausführung der Inschrift ist wenig sorgfältig. Im vierten Medaillon sind die Buchstaben لا *überschüssig, im fünften nach* العدل *noch* المـ, *ein Buchstabenkomplex, der offenbar zu* المـتـ *zu ergänzen ist. Hier, wie häufig das barbarische* السلاطين ,السلطـن; *vgl. Nr. 42, 43, 45, 46.*

Besitzerinschriften auf dem Boden:

منيع محمد *Muṭiʿ Muḥammad; eine andere unsicher.*

Besitzerinschriften oben auf dem schmalen Rande:

صاحبه عبد الله كريم *ʿAbdallāh Karīm und* صاحبه سيّد قسم *Saijid (Herr) Qāsim.*

42 WASSERSCHALE. Bronze, graviert und mit Silber tauschiert. H. 11,5 cm.
B 100 Dm. 24 cm. Erw. 1897 in Kairo.

Form ähnlich wie Nr. 28. Das Muster besteht aus einer breiten Zone, die aus vier ovalen Medaillons mit Inschriften und aus vier runden Medaillons mit Reiterfiguren gebildet wird. Auf dem Boden Fischmuster.

14. Jahrhundert.

Schrift mittelgross, ineinander geschlungen:

العزّ لمولانا السلطـن ٭ [ا]لاعظم ملك رقاب الامم
السلطـن السلاطين ٭ العرب العجم العالم المكرّم.

„*Ruhm unserem Herrn dem mächtigen Sultan, der die Nacken der Völker regiert, dem Sultan der Sultane der Araber [und] Perser, dem gelehrten, geehrten.*"

In den Medaillons ebenfalls einige Worte, in sehr kleiner Schrift, wie اقبـل „*Wohlergehen*". *Vgl. Nr. 41.*

Besitzermarke auf dem Boden:

عبده علي قلي حجّي نوروز „*ʿAbduh (Knecht Gottes) ʿAlī Qulī Ḥāǧǧī Naurūz.*"

43 WASSERSCHALE. Bronze, graviert und mit Silber tauschiert, der
B 87 Grund mit schwarzer Masse ausgefüllt. H. 11,5 cm. Dm. 23 cm. Erw. 1897 in Kazwin (Persien).

Form ähnlich wie Nr. 28. Muster ähnlich wie Nr. 42: Breite Inschriftborte, unterbrochen durch fünf runde Medaillons, in denen Reiterfiguren.

14. Jahrhundert.

لمولانا [ا]لسلطـن ٭ [ا]لاعظم ملك رقابا ٭ لامم السلطـن ٭
السلاطين العرب ٭ العجم العالم.

„*Unserem Herrn dem mächtigen Sultan, der die Nacken der Völker regiert, dem Sultan der Sultane der Araber [und] Nichtaraber, dem gelehrten.*"

Vgl. Nr. 41.

Arbeiten des 14. Jahrhunderts persischer Herkunft mit Gravierung, Silber- und Goldtauschierung.

Aus der zweiten Hälfte des 13. Jahrhunderts fehlen fast gänzlich datierte mesopotamische und persische Metallarbeiten, wohl eine Folge der durch die Mongoleneinfälle hervorgerufenen politischen Umwälzungen (1258 Sturz des Chalifats von Bagdad). Das 14. Jahrhundert zeitigt in Persien einen mit dem der vorhergehenden Epoche nur lose zusammenhängenden, eigentümlichen Dekorationsstil. Das Muster bedeckt die gesamte Oberfläche der Gefäße; verschlungenes Bandornament bildet Medaillons, die mit figurenreichen Kompositionen gefüllt sind, namentlich Szenen aus dem höfischen Leben, Darstellungen von Jagd, Turnier, Polospiel, Thronszenen usw. Die Figuren, schlanke Gestalten in persischer Tracht, sind sorgfältig gezeichnet; sogar das Gewandmuster durch Gravierung zum Ausdruck gebracht. Besonders charakteristisch ist die Vorliebe für kleinblättriges Pflanzenwerk, das den Hintergrund der figürlichen Szenen bildet, und ferner für Stauden mit lappigen Blättern und päonienartigen Blüten, die in weiterer Stilisierung zur Kelchpalmette werden. In letzterer Art sind eine Reihe von tiefen Becken mit vielfach gezacktem Rande dekoriert, wo derartige Blatt- und Blütenmotive den Hintergrund für Tierfiguren abgeben. Kleinere und größere Inschriftborten finden sich besonders häufig an den Leuchtern.

44 WASSERSCHALE. Bronze, graviert und mit Silber und Gold reich tauschiert.
B 108 H. 10,5 cm. Dm. 24 cm. Erw. 1899 in Venedig. Taf. VII.

Form ähnlich wie No. 28. Auf dem Oberteile zwischen ornamentalem Rankenwerk sechs runde Medaillons, in denen Figuren in einer Landschaft, dazwischen je ein Polo spielender Reiter. Auf der Unterseite sternförmiges Bandmuster, mit Blumen und Blättern als Hintergrund.
14. Jahrhundert.

45 LEUCHTER. Bronze, graviert und in Silber tauschiert. Der Kerzenhals
B 143 fehlt. H. 18,5 cm. Dm. 20 cm. Erw. 1902, aus Persien.

Form ähnlich wie Nr. 34. Am oberen Rande zwei schmale Borten, darunter ein Schriftband, das durch vier runde Medaillons geteilt ist, in denen figürliche Darstellungen: ein Fürst auf dem Thron mit zwei Dienern zur Seite. Restauriert. Oberplatte erneuert.
14. Jahrhundert.

Grosse, schmale Buchstaben:

العزّ لمولانا السلطـن, السلاطين ملك رقب الامم السلطـن,
السلاطين العرب العاجم العلم العـل . . . . .

„*Ruhm unserem Herrn, dem Sultan der Sultane, der die Nacken der Völker regiert, dem Sultan über die Sultane der Araber [und] Perser, dem gelehrten . . . .*"
Vgl. Nr. 41.

46 BECHER. Bronze, graviert und mit Silber tauschiert. H. 14 cm. Dm. 10 cm.
B 165 Erw. 1902, aus Persien.

Kugelförmiger Körper mit kurzem, geradem Hals. Muster: auf dem Körper verschlungene Flechtbänder, die vier größere und ebenso viel kleinere Medaillons bilden, in ersteren Gruppen von je fünf Personen (Thronszenen), in letzteren Reiterfiguren; auf dem Halse Schriftband, das durch runde Rosetten geteilt ist. Verbeult und durchlöchert.
14. Jahrhundert.

Schrift sehr undeutlich:

عزّ لمولانا السلطـٰن الاعظم ملك رقب الامم السلطـٰن السلاطين العرب العجم العلم.

„*Ruhm unserem Herrn, dem mächtigen Sultan, der die Nacken der Völker regiert, dem Sultan der Sultane der Araber und Nichtaraber, dem gelehrten.*"

Vgl. die Nummern 41—43 und 45.

47 BECHER. Bronze, graviert und mit Silber tauschiert. H. 8,5 cm. Dm. 11 cm. Erw. 1902,
B 158
aus Persien.

Nach unten spitz zulaufender Körper mit schmalem, geradem, sich nach oben verjüngendem Rande. Muster: auf dem Rande eine Borte aus vier ovalen Schriftmedaillons und vier ornamentalen runden Medaillons (Abb. 20); auf dem Körper breite Borte mit Rautenmuster und vier Kreisrosetten. Durch modernen Unterteil zu einem Pokal ergänzt.
14. Jahrhundert.

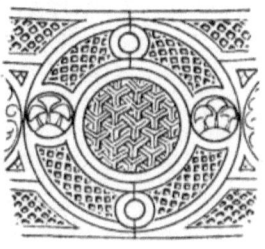

Abb. 20 — zu Nr. 47

48 BECKEN. Bronze, graviert und mit Silber tauschiert. H. 13 cm. Dm. 51 cm.
B 132 Erw. 1902, aus Persien.

Gerade, später eingesetzte Bodenfläche, ausladender Rand. Muster: auf der inneren Randfläche ornamentale Borten und eine Inschriftborte, die durch sechs runde Medaillons geteilt ist, in denen abwechselnd ein Pfau und eine Reiterfigur (Falkenjäger mit Hasen, Löwenjäger, Drachentöter) dargestellt sind.
14. Jahrhundert.

Mittelgrosse Buchstaben ohne Punkte:

العزّ والنصر والاقبـٰل والنعم والبجـد والمجد والفضل والكرم
[و]النصر والرتـد[ء] والمجد والنمـٰ[ء] [و]العلم والعـلا[ء] والحلم والحيـٰ[ة]
[و]النصر على العدا[ة] والبرّ والعنـٰ[ء] والدوام لصاحبه ابدا

„*Macht, Sieg, Wohlergehen, Güter, Glück, Ruhm, Vorzüge, Edelsinn, Geduld, Wohlgefallen, Ruhm, Höhe, Wissen, Erhabenheit, Milde, Leben, Sieg über die Feinde, Rechtschaffenheit, Freigebigkeit, Bestand dem Besitzer immerdar.*"

Die ersten acht Worte bilden einen Vers mit Binnenreim (Metrum Basiṭ). Vgl. Nr. 55.

Alles in Klammern stehende, also durchweg das ṣ und ġ am Ende der Worte, fehlt. Je zweimal kommen die Worte alnaṣr „Sieg" und almaġd „Ruhm" vor. Unsicher sind die Worte والنصب und والبر.
Vgl. Nr. 27.

49 BECKEN. Bronze, graviert und mit Silber tauschiert. H. 16,5 cm.
B 134 Dm. 40 cm. Erw. 1902, aus Persien.

Form ähnlich wie Nr. 48. Gerade, auf drei Knopffüßen ruhende Bodenfläche. Auf der inneren Randfläche Borten und Inschriftbänder.
14. Jahrhundert.
Schrift: mittelgross, zierlich.
Eine der häufigen Inschriften, die nur Segenswünsche enthalten. Der betreffende Handwerker scheint aber den Sinn dieser arabischen Worte nicht immer verstanden (denn ein Teil wiederholt sich mehrere Male, in der zweiten Hälfte ist vieles sinnlos), und die Inschrift aus rein dekorativen Gründen nach Vorlagen zusammengestellt zu haben. Es genüge daher folgende Probe:

العزّ الدائم والعمر السلم والاقبال الزائد والدولة البقية والسلام الغلب
والنجد السعد ... السلم ... الدائم ... الدائم ......

„Dauernde Macht, wohlbehaltenes Leben, zunehmendes Wohlergehen, bleibende Herrschaft, überwiegendes Heil, aufsteigendes Glück .... vollkommenes .... dauerndes .... dauerndes ......"

50 BECKEN. Bronze, graviert und mit Silber tauschiert. H. 19,5 cm.
B 139 Dm. 66 cm. Erw. 1902, aus Persien.

Form wie Nr. 23. Ausladender Rand mit zwölf Ecken. In der Mitte des Spiegels rundes Medaillon mit thronendem Fürsten, zur Seite zwei Diener, von denen einer einen Sonnenschirm hält, zu Füßen zwei Musikanten, den Hintergrund bilden Blattranken; ferner eine Borte mit sechs runden Medaillons, in denen sitzende und schreitende Figuren, dazwischen Blattranken mit Tieren (Hasen, Rehe). Auf dem Rande Blattranken, zwischen denen musizierende und trinkende Figuren, sowie Tiere. Stark verrieben.
14. Jahrhundert.

51 BECKEN. Bronze, graviert und mit
B 140 Silber tauschiert. H. 17 cm. Dm. 57 cm. Erw. 1902, aus Persien.

Form und Dekoration ähnlich wie Nr. 50, zwanzigzackiger Rand. Das mittlere Muster des Spiegels sehr verrieben, sechs runde Medaillons mit musizierenden Figuren und sechs ovale Medaillons mit Blattwerk, auf dem Rande Vögel zwischen Blattranken (Abb. 21).
14. Jahrhundert.

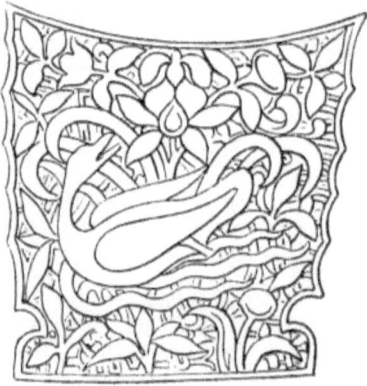

Abb. 21 — zu Nr. 51

METALL

52 BECKEN. Bronze, graviert und mit Silber tauschiert. H. 17 cm. Dm. 58 cm.
B 141 Erw. 1902, aus Persien.

Form und Dekoration ähnlich wie Nr. 50, zwanzigzackiger Rand. Das mittlere Muster des Spiegels stark verrieben, anscheinend ein ornamentaler Stern, darum sechs runde Medaillons mit je zwei sitzenden Figuren. In der Hohlkehle und auf dem Rand Blattwerk mit Medaillons, in denen verschiedenartige Tiere.
14. Jahrhundert.

53 LEUCHTER. Bronze, graviert und mit Silber tauschiert, der Kerzenhals
B 147 fehlt. H. 14 cm. Dm. 19,5 cm. Erw. 1902, aus Persien.

Form und Dekoration ähnlich wie Nr. 34. Muster: Blattranken mit Schriftband in der Mitte, das durch drei Medaillons unterbrochen wird.
14. Jahrhundert.

Schrift mittelgross.

انعز الدائم والعمر السلم والسعد القصد و * الدهر المساعد والجد الصعد والتخير
الوا * فر وانعم التخلدة والنصر الغلب لصحبه ابدا.

„Dauernde Macht, wohlbehaltenes Leben, rechtes Glück, förderndes Geschick, aufsteigendes Glück, Gutes in Überfluss, ewige Wohltaten, überwindender Sieg dem Besitzer immerdar."

Die Inschrift hat deutlich الوافد, *verschrieben für* الوافر *und anstatt* لصحبه *irrtümlich* ولصحبه.

54 LEUCHTER. Bronze, graviert und mit Silber tauschiert. Der Kerzenhals
B 145 fehlt. H. 18,5 cm. Dm. 17 cm. Erw. 1902, aus Persien.

Form ähnlich wie Nr. 34. Am oberen und unteren Rande eine schmale Borte, dazwischen breites Band mit Blattranken, in dem vier runde Medaillons mit Vögeln und vier ovale mit Inschriften.
14. Jahrhundert.

Die Buchstaben in den ovalen Medaillons (alif, lām, rā) sind rein dekorativ.

55 LEUCHTER. Bronze, graviert
B 144 und in Silber tauschiert. Der Kerzenhals fehlt. H. 14,5 cm. Dm. 18 cm. Erw. 1902, aus Persien. Abb. 22.

Form ähnlich wie Nr. 34. Am oberen und unteren Rande ornamentale Borten, dazwischen große Inschrift. Auf der Platte drei Knöpfe, die als Füße des zum Kessel umgewandelten Leuchters dienen.
14. Jahrhundert.

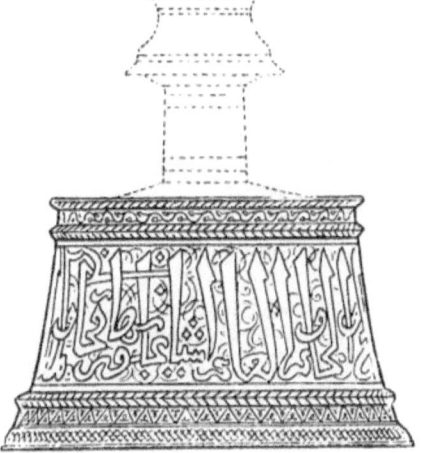

Abb. 22 — Nr. 55

Grosse, meist punktierte Buchstaben; die Wörter vielfach übereinander.

وَالجَدُّ وَالمَجْدُ وَالافْضَالُ وَالكَرَمُ   العِزُّ وَالنَّصْرُ وَالاقْبَالُ وَالنِّعَمُ

فَحَارَ فى وَصْفِكَ الأعْرُبُ وَالعَجَمُ   وَالحِلْمُ وَالعِلْمُ أَشْيَـ[ـاءُ] عَلَوْتَ بِهَا

„Macht und Sieg und Wohlergehen und Güter und Glück und Ruhm und Hochherzigkeit und Adel und Milde und Wissen — sind Dinge, in welchen du hervorragend bist, und es geraten in Verwirrung bei deiner Schilderung die Araber und Nichtaraber."

Auf dem Gefäss sind die Worte fortlaufend, ohne jeden Absatz, geschrieben. Sie bilden aber zwei Verse (Metrum Basiṭ), deren erster den Binnenreim aufweist. Vgl. Nr. 48.

56 LEUCHTER. Bronze, graviert und in Silber tauschiert. Der Kerzenhals
B 146 fehlt. H. 14 cm. Dm. 15,5 cm. Erw. 1902, aus Persien. Abb. 23.

Form ähnlich wie Nr. 34. Oben und unten zwei schmale Borten, in der Mitte auf Arabeskenranken als Hintergrund Schriftband, das durch drei runde Rosetten geteilt ist.

14. Jahrhundert.

Grosses Inschriftband:

العِزُّ لِمَوْلانَا المَلِكِ ٭ [ا]لاعْظَم والسلطا[ن]

[ا]لعَلَم ٭ العَدل المجـ[ـد] [ا]لمكرّم]

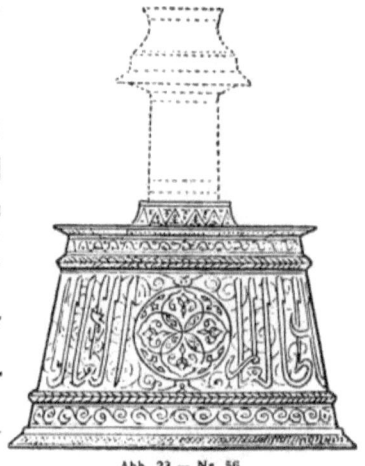

„Ruhm unserem Herrn, dem mächtigen König, dem Sultan, dem Gelehrten, dem Gerechten, dem Glaubensstreiter, dem Geehrten."

Die Ausführung ist sehr wenig sorgfältig; die Worte vielfach unvollständig.

Auf dem letzten alif von مولانا in kleiner Schrift, persisch:

يادكار محمد زمان Erinnerung an Muḥammed Zamān.

Abb. 23 — Nr. 56

57 WASSERSCHALE. Bronze, graviert. H. 11,5 cm. Dm. 20 cm. Erw. 1902,
B 135 aus dem italienischen Kunsthandel.

Form ähnlich wie Nr. 28. Das Muster bedeckt die ganze Oberfläche der Schale: Am Rande eine Borte, durch Kreismedaillons geteilt, mit Inschriften, Ornamenten und Flechtmustern; es folgen Bandverschlingungen, die Rundmedaillons mit Tierkreisdarstellungen bilden.

14. Jahrhundert, Persien.

أنَا عَشَرُ الأنَامِلِ صَيَّرَتْنِي ٭ إنْ أَحْتَوِى المـء الزُّلالَ (a
أنـْـف

„Die zehn Finger haben mich zum Gefäss gebildet; ich umfasse kühles Wasser; es umgibt ....."

Diese Verse (Metrum Wāfir) sind auch sonst auf Gefässen beliebt; vgl. die Verse bei Lanci Bd. II. S. 112, 113.

Das Wort انـف bildet auch bei Lanci a. a. O. den Beginn eines neuen Verses, von dem aber hier aus Raummangel nur das erste Wort Verwendung gefunden hat.

Für الزُلالَ hier, wie auch bei Lanci, irrtümlich الزُلالِى.

Dass ein Gefäss redend eingeführt wird, ist nicht selten.

b) Am oberen Rande:

نقش احمد الحكم „ziseliert von Aḥmed el-Ḥakam".

58 DREIFUSS. Bronze, ursprünglich mit Silber tauschiert. H. 5 cm.
B 90 Dm. 14,5 cm. Erw. 1898 in Konstantinopel.

Form wie Nr. 9. Die Füße in Gestalt von Vögeln (Tauben). Auf dem Spiegel, umgeben von Ornamenten, Medaillon mit sitzender Figur. Auf dem Rande Schriftborte, die durch runde Rosetten geteilt ist.

Die Schriftborte besteht aus der Aneinanderreihung von den gleichen ornamental behandelten Buchstaben, ähnlich wie bei Nr. 22.

Arbeiten des 14.—15. Jahrhunderts syrischer und ägyptischer Herkunft mit Gravierung und Silbertauschierung.

Unter den in Ägypten und Syrien herrschenden Mamluken nimmt im 14. und 15. Jahrhundert die Technik der tauschierten Metallgeräte einen besonderen Aufschwung. Die meisten der sogenannten Mossulbronzen sind Arbeiten dieser Herkunft (Kairo, Damaskus, Aleppo usw.) und Zeit. Für das 14. Jahrhundert kommt vor allem die Regierungsperiode der Sultansfamilie Kalaūn (1279—1382 n. Chr.) in Betracht. Auch hier ist ein Zusammenhang mit den früheren Arbeiten aus Mesopotamien und Persien unverkennbar. Als charakteristische Merkmale sind hervorzuheben: Aus Buchstaben zusammengesetzte Rosetten, deren Mitte ein Wappenschild oder ein Spruchband einnimmt; fliegende Enten, die nicht nur einzeln, sondern auch zu Mustern zusammengestellt vorkommen; sowie das Betonen des Ornamentalen und der Schrift im Gegensatz zum Figürlichen. Wo letzteres doch vorkommt, sind die Figuren im Gegensatz zu denen der persischen Arbeiten untersetzter und in größerem Maßstabe gezeichnet. Das bei der vorigen Gruppe charakterisierte Blattwerk mit päonienartigen Blättern und Kelchpalmetten findet besonders im 15. Jahrhundert die ausgiebigste Verwendung. Den syrisch-ägyptischen Arbeiten sind runde Medaillons mit fünf- oder mehrblättriger gedrehter Sternrosette eigentümlich; für die im Yemen zur Rassulidenzeit gefertigten Metallgeräte hat Max van Berchem (Journal Asiatique 1904) eine charakteristische fünfblättrige Sternrosette als unterscheidendes Merkmal nachgewiesen. Zu dieser Zeit arbeiten Syrien und Ägypten auch für Europa, besonders für Venedig, was durch das Anbringen von europäischen Wappenschildern bewiesen wird.

59 **KANNE.** Kupfer, graviert und mit Silber tauschiert. Als Fuß dient der
B 78 untere Teil eines **Leuchters**, der in gleicher Weise gearbeitet und behandelt ist. H. 30 cm. Dm. 17 cm. Erw. 1897 in Kairo.

Die Kanne von kugelförmigem Körper mit geradem, zylindrischem Hals. Der gebogene Henkel scheint eine spätere Zutat zu sein. Der Deckel fehlt. Das Muster zeigt ornamentale und Inschrift-Borten. Die Form des Leuchters wie Nr. 34. Das Muster ähnlich dem der Kanne.
1293—1340 n. Chr.

1. *Am oberen Rand in grosser, ornamentaler Schrift:*

عز لمولانا السلطان ا * الملك الناصر ناصر الد * نيا والدين محمد بن قلاون

عز نصره

„Ruhm unserem Herrn, dem Sultan, dem siegreichen König, (al-Melik an-Nāṣir) Nāṣir ad-dunjā wad-dīn Muḥammad b. Qalā'ūn, sein Sieg sei mächtig."

Nāṣir ad-dīn Muḥ. b. Qalā'ūn, bahritischer Mamlukensultan, regierte mit mehreren Unterbrechungen von 693—741 H (= 1293—1340 Chr.).

Es sind verhältnismässig viele Gefässe erhalten, die seinen Namen tragen.

2. *Die Inschrift in der Mitte, in noch grösserer ornamentaler Schrift, enthält dasselbe wie 1.*

3. *Je drei kleine Medaillons über und unter Inschrift Nr. 2 und eine Rosette am oberen Rande des Gefässbauches enthalten die Worte;* الملك الناصر *„der siegreiche König".*

4. *Drei Rosetten auf dem Gefässbauche, innerhalb Inschrift Nr. 2, sternförmig in steiler, schmaler Schrift:*

عز لمولانا السلطان الملك العالم العادل السلطان الملك الناصر ناصر الدنيا والدين

„Ruhm unserem Herrn, dem Sultan, dem König, dem Gelehrten, Gerechten, dem Sultan, dem siegreichen König, der die Welt und die Religion unterstützt (al-Melik an-Nāṣir Nāṣir ad-dunjā wad-dīn)."

5. *Kleine Medaillons, inmitten der drei Rosetten Nr. 4, enthalten dasselbe wie Nr. 3.*

Während alle bisher genannten Inschriften des Gefässes sich auf den Sultan Muḥammed b. Qalā'ūn beziehen, gehen die nunmehr zu besprechenden Inschriften 6 und 7 (auf dem Fuss des Gefässes) nicht auf diesen, sondern auf einen hohen Beamten. Es ergibt sich also schon aus dem epigraphischen Befund, dass das Gefäss aus zwei nicht zusammengehörigen Stücken zusammengesetzt ist.

6. *Mittlere Inschrift auf dem Fusse:*

الجنذب الكريم العـ ٭ نى المولوى المـلكى ٭ الكبيرى العـلمى الـعـ ٭
ملى الحفيلى القوامى

„Seine hochedle Gnaden, der Herr, der Gebieter, der Grosse, der Gelehrte,
der Regierende, der Gouverneur, der Erhalter."

Das letzte Wort ist mit ziemlicher Sicherheit القوامى *zu lesen.* القوام *bedeutet:* „Leiter; Stütze; jemand, der für den Unterhalt sorgt."

7. *Drei Rosetten, innerhalb Inschrift Nr. 6, enthalten gleichlautend die Worte:*

الجنذب العلى المولوى المـلكى الـسـيّـدى المشهر[ى]

„Seine hohe Gnaden, der Herr, der Gebieter, der Herr, der Berater."

60 LEUCHTER. Bronze, graviert und mit Silber tauschiert. Der Kerzenhals
B 47 fehlt. H. 11 cm. Dm. 24,5 cm. Erw. 1899 in Venedig.

Form wie Nr. 34, doch breit und niedrig. Breites Schriftband. Zum Kessel umgewandelt mit drei Knopffüßen wie Nr. 55. Sternrosetten.
14. Jahrhundert.

المقرّ العلى المـالكى العـلمى العـاملى المـلكى
الملكى الناصر[ى]

„Seine hohe Exzellenz, der Gebieter, der Gelehrte, der Regierende, der Gebieter ⟨aus der Beamtenschaft des⟩ al-Malik an-Nāṣir."

Die Schrift sehr ähnlich der bei Lanci, Tav. XXXII.

61 LEUCHTER. Bronze, graviert und mit
B 110 Silber und Gold tauschiert. H. 31 cm. Dm. 23 cm. Erw. 1899, aus der Grabkapelle der Grafen Colleoni in Tiene bei Vicenza. Abb. 24.

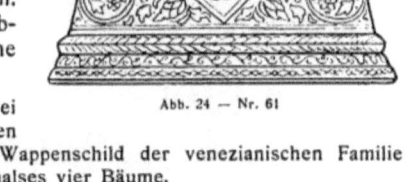

Abb. 24 — Nr. 61

Form wie Nr. 34. Oben und unten zwei vorspringende Reliefborten, dazwischen Blattranken, auf denen dreimal das Wappenschild der venezianischen Familie Surian[1]). Auf dem Schaft des Kerzenhalses vier Bäume.
14.—15. Jahrhundert.

---

[1]) Gütige Mitteilung von Herrn Dr. W. Lenel in Straßburg i. E.

METALL

62 LEUCTHER. Bronze, graviert und mit Silber und Gold tauschiert. H. 26,5 cm. Dm. 22 cm. Erw. wie Nr. 61. Abb. 25.
B 111

Form wie Nr. 34. In der Mitte zwei ovale Medaillons mit Inschriften und zwei runde Medaillons mit Blumen und Sternrosette (Abb. 26). In den Zwickeln Zickzackmuster in Gold (Abb. 27). Auf dem Schaft und am Rande des Kerzenhalses Ornamente, Inschriften und Sternrosetten (Abb. 28).

14.–15. Jahrhundert.

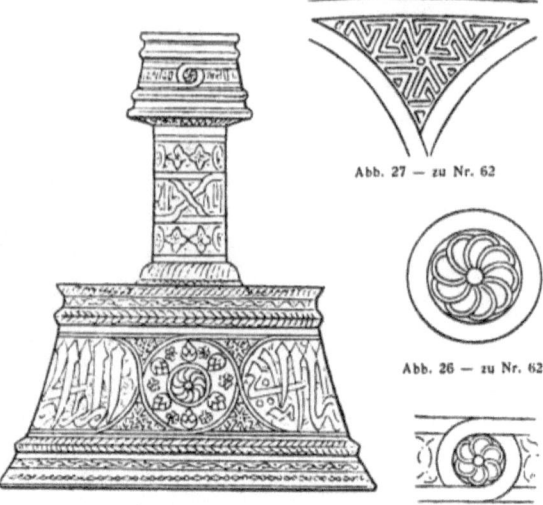

Abb. 25 — Nr. 62

Abb. 27 — zu Nr. 62

Abb. 26 — zu Nr. 62

Abb. 28 — zu Nr. 62

Mittelgrosse, breite Buchstaben:

المقرّ العالى المالكى العلمى العامل (so) العادل (so) العا (so) الاشرفى

„Seine hohe Exzellenz, der Gebieter, der Gelehrte, der Regierende, der Gerechte, der Hochgeehrte."

Wenn der letzte Buchstabenkomplex richtig الاشرفى gelesen ist, dann sind die vorhergehenden Buchstaben العا überschüssig.

Ganz oben: kleine Buchstaben: dreimal die Worte المالكى
„Der Gebieter [aus der Beamtenschaft des] al Malik ..."

Am Hals: drei kleine Medaillons: المالكى المالكى.

63 SCHÜSSEL. Bronze, graviert und ursprünglich mit Silber tauschiert. Dm. 41 cm. Erw. 1900 im Kunsthandel.
B 114

Ebene Spiegelfläche mit schrägem Rand. In der Mitte europäisches Wappenschild, umgeben von ornamentalen Borten und Tierfriesen sowie von einem breiten Flechtbande, das durch runde Medaillons mit Tiergruppen unterbrochen wird. Sternrosetten wie bei Nr. 62.

14.–15. Jahrhundert.

64 WASSERSCHALE. Bronze, graviert und mit Silber tauschiert. H. 10 cm. Dm. 21 cm. Erw. 1897 im Kunsthandel. Taf. VIII.
B 98

Form wie Nr. 28. Eine obere breite Borte, die durch vier runde Medaillons mit Wappenschild[1]) in der Mitte geteilt ist, enthält zwei Inschriften und zwei figürliche

---

[1]) Dieses Wappen, eine Art von Tor wiedergebend, ist bisher nicht bekannt. Es handelt sich wahrscheinlich um das Wappen eines hohen Beamten am Hofe der Mamluken. Vgl. Nr. 66.

METALL 31

Szenen, eine Jagd und ein Turnier oder einen Kampf mit je drei Reitern. Weiter unten Borte mit Inschrift und laufenden Tieren durch Sternrosetten getrennt. Die Unterseite bedeckt ein Muster aus verschlungenen Bändern, zwischen denen Felder mit Arabesken, Blumenranken und Vögeln. Auf dem Boden Fischmuster. Abgeb. bei F. R. Martin a. a. O. Taf. 2. 3.
14. Jahrhundert.

Buchstaben gross, ineinander verschlungen:

مـمـا عمـل برسم . . . . لا زنت يـ مـلـكي مـا دمـت فى دعة وانـت من

كـل قـم خـلى البال

„Gemacht auf Befehl des . . . . Nicht mögest du, o mein Besitzer, aufhören, solange du lebst, in Ruhe [zu leben], von jeglicher Sorge im Herzen frei."

Das letzte Wort ist البلى (mit Jod) geschrieben; vgl. denselben Vers bei Lane-Poole S. 230, Reinaud II. S. 422. Lanci II. S. 169 und 93 (auch hier überall البلى).

Im Medaillon am Boden:

المقر العالي المولوي المـلكي العـلمي الـعـامـلـي العـدلي الملكي

„Seine hohe Exzellenz, der Herr, der Gebieter, der Gelehrte, der Regierende, der Gerechte (aus der Beamtenschaft des) al Malik . . ."

Die letztere Inschrift wiederholt sich bis zum Worte العلمي viermal auf dem schmalen Bande unterhalb der grossen Inschrift.

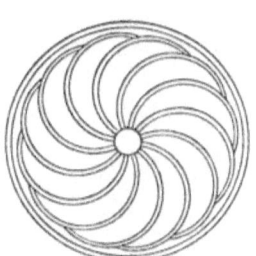

Abb. 29 — zu Nr. 65

65 SCHALE. Bronze, graviert und mit Silber tauschiert. H. 35 cm. Dm. 16 cm. Erw. 1903 in Venedig.
B 172

Ebene Bodenfläche mit geradem, sich nach oben verjüngendem Rand. Muster auf der äußeren Randfläche: Durch sechs Sternrosetten (Abb. 29) getrennte Borte, in der abwechselnd Inschriften und Blattornamente. Auf dem Boden große Sternrosette (Abb. 30).
15. Jahrhundert.

Kleine, breite Schrift:

المقر العالي * المـلكي الـه * العلمي العـ

Abb. 30 — zu Nr. 65

„Seine hohe Exzellenz, der Gebieter, der Gelehrte."
Die Worte sind zum Teil nicht zu Ende geschrieben.

66 TINTENFASS. Bronze, graviert und mit Silber tauschiert. H. 9 cm. Dm. 7,5 cm. Erw. 1902 im italienischen Kunsthandel. Taf. IX.
B 43

Zylinderförmiger Körper mit zwei Deckeln, oben und unten. Muster auf der Wandung: Zwischen Borten mit Blattranken ein breites Schriftband in der Mitte, durch drei runde Medaillons geteilt, in denen das Wappen des Tschugandar, des Chefs des Polospiels am Mamluken-Hofe (Abb. 31; vgl. Lane-Poole: History of Egypt. Fig. 64 und Artin Pacha: Contribution à l'Etude du Blason en Orient. p. 131 ff.). Muster des Deckels: Rosette mit Blattwerk und Vögeln. Im Innern des unteren Deckels runder Aufsatz mit zwei Fächern für Streusand und Tintenstoff. An der Außenwand des Aufsatzes Inschrift. Sternrosetten.

Abb. 31

14. Jahrhundert.

Zweimal (auf der Aussenwandung und an der Innenseite des Deckels) die gleiche Inschrift; mittelgrosse, teilweise punktierte Buchstaben:

المقر الشريف العالى السيدى نائب السلطنة الشريفة بسواحل المحروسة اعز انصاره.

„Seine hochedle Exzellenz, der Erhabene (Himmlische), der Stellvertreter der hohen Regierung (Gouverneur) in den wohlbewahrten Küstenländern (Syrien), Gott mache siegreich seine Helfer."

67 WAGESCHALEN. Bronze, graviert und mit Silber und Kupfer tauschiert.
B 89 H. 2 cm. Dm. 8,5 cm. Erw. 1896 im Kunsthandel.

Zwei flache Schalen mit je drei Löchern für die Schnüre, übereinstimmend gemustert. Innenseite: Bandornament, dazwischen Blumenmuster, in der Mitte Wappen (rundes Schild mit wagerechtem Querbalken; vgl. Artin Pacha a. a. O. p. 135). Außenseite: Kreisborte mit Blumenmuster, durch drei Wappenschilder (wie auf der Innenseite) geteilt.

14. Jahrhundert.

68 WASSERSCHALE. Bronze, graviert und mit Silber und Gold tauschiert.
B 200 H. 4 cm. Dm. 13 cm. Erw. 1905 in Algier.

Form ähnlich wie Nr. 28, doch mit geradem Boden und mit geradflächiger Wandung. Auf dem oberen Teil der Wandung, durch sechs Rosetten mit Schlüsselmuster unterbrochen, sechs Felder, von denen zwei mit Inschriften, zwei mit Blattranken

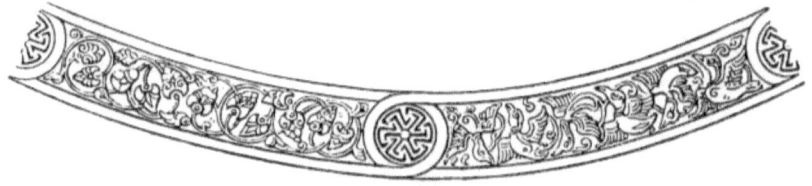

Abb. 32 — zu Nr. 68

und zwei mit fliegenden Vögeln verziert sind (Abb. 32). Auf dem unteren Teil des Gefäßes Arabeskenmuster, das sich teilweise aus Vogelfiguren zusammensetzt. Das Muster auf dem Boden meist abgerieben; im Spiegel Rosette, von Fischen umgeben.

14.—15. Jahrhundert.

METALL 33

Vers in den beiden Inschriften:

مَشْفُوقٌ بَيْنَ الْبَرَابِ بِرُّهُ
قَدْ حُزْتَ وَصْفًا [.] نَبِيهًا [.] مَشْهُورًا

„Weit ausgebreitet ist unter den Geschöpfen seine Frömmigkeit,
Du hast einen guten, dankenswerten Ruf erlangt."

Vor dem ersten Worte dieses Verses (Metrum Ṭawīl) hat die Inschrift noch اِنْ.
Statt نَبِيْب وَصْف, wie die Inschrift hat, ist aus metrischen Gründen نَبِيْهًا وَصْفًا
zu lesen.

69 WASSERSCHALE. Bronze, graviert und mit Silber und Gold tauschiert.
B 168 H. 6,5 cm. Dm. 13,5 cm. Erw. 1901 im italienischen Kunsthandel.

Form wie Nr. 18. Um den Rand eine durch sechs Medaillons unterbrochene Inschriftborte und eine schmalere Borte mit laufenden Tieren. Auf dem übrigen Körper Bandmuster, zwischen dem fliegende Vögel und Blattwerk. Sternrosetten wie bei Nr. 62.

14.—15. Jahrhundert.

Mittelgrosse, zierliche, teilweise punktierte Buchstaben:

مِمَّا عُمِلَ برسم الجذب العلي المولوي الاميري الكبيري المحترمي المخدومي الذخري
العوني الغياثي الاسفهسلاري اله

„Angefertigt auf Befehl Seiner hohen Gnaden, des Herrn, des Grossemirs, des Hochgeehrten, des Wohlbedienten, des Schatzes ⟨der Armen⟩, der Hilfe ⟨des Volkes⟩, der Zuflucht ⟨der Nation⟩, des Generals."

70 WASSERSCHALE. Bronze, graviert und mit Silber tauschiert. H. 18 cm.
B 122 Dm. 32,5 cm. Erw. 1902, aus Persien.

Form ähnlich wie Nr. 28. Um den Rand durch drei runde Rosetten unterbrochene Schriftborte, in den Rosetten kleinere Inschrift; vgl. Nr. 59.

15. Jahrhundert.

Schöne, grosse, steile Schrift ohne Punkte:

المقرّ العلي المولوي المنلي العدل (so) انغزي المنلي العلي العلمي الم[شي]ر[ي]
العدلي المنلي العلي العلمي اله

„Seine hohe Exzellenz, der Herr, der Gebieter, der Hohe, der Krieger, der Gebieter, der Hohe, der Gelehrte, der Berater, der Regierende, der Gebieter, der Hohe, der Gelehrte."

Das fünfte Wort deutlich انعدل, wohl verschrieben aus العني. Dazwischen drei Rosetten, die in kleinen Buchstaben das Wort الملك „des al Melik a . . . ." enthalten.

71 WASSERSCHALE. Bronze, graviert. H. 18 cm. Dm. 43,5 cm. Erw. 1902,
B 123 aus Persien.

Form ähnlich wie Nr. 28. Um den Rand durch sechs runde Sternrosetten unterbrochene Schriftborte. Zwischen den Buchstaben und in den Rosetten Blattranken.
14.—15. Jahrhundert.

Grosse, ornamentale Buchstaben.

المقرّ العالي المولوي الاميري [ى] ٭ الكبيري المجاهدي المرابطي ٭ المثغري العالمي
العاملي ٭ العدلي الهمامي الغياثي ٭ المشيري الذخري العدلي المل *(so)* ٭
المالكي الملكي الصالحي ٭

„Seine hohe Exzellenz, der Herr, der Grossemir, der Glaubensstreiter, der Grenzkämpfer, der Grenzverteidiger, der Gelehrte, der Regierende, der Gerechte, der Angesehene, die Zuflucht ⟨der Nation⟩, der Berater, der Schatz ⟨der Armen⟩, der Gerechte, ... der Gebieter ⟨aus der Beamtenschaft des⟩ al Malik aṣ-Ṣāliḥ."

Vgl. 70, Herz-Bey, Catalog S. 85.

72 WASSERSCHALE. Bronze, graviert. H. 15 cm. Dm. 31 cm. Erw. 1902,
B 121 aus Persien.

Form ähnlich wie Nr. 28. Durch acht runde Sternrosetten unterbrochene Borte, die abwechselnd Inschrift und ornamentale Muster enthält.
14.—15. Jahrhundert.

Schrift mittelgross:

العزّ والاقبال دام وانيف (ول) ٭ نخ أيّد المولى الكبير الشّأن (ا) ٭
والمجد والنصر المجدّد خلدا بعلا ٭ ذ ب ذا [ا] لفضل والاحسن
أنت الّذ [ى]

„Ruhm und Glück mögen dauern und langes Leben dir, o Herr, gross an Macht. Und Ruhm und ewig sich erneuernder Sieg, um deiner Hoheit willen, der du reich bist an Verdienst und Wohltun. Du bist derjenige, welch[er] ..."

Es sind also dieselben Verse, die auch das schöne Becken des Berliner Museums für Völkerkunde (veröffentlicht Jahrbuch der Königl. Preuss. Kunstsammlungen, 1904, S. 49 ff.) zieren. Aus Raummangel bricht die Inschrift zu Beginn des dritten Verses ab. — Die in runden Klammern stehenden Buchstaben sind überschüssig.

73 WASSERSCHALE. Bronze, graviert. H. 11,5 cm. Dm. 23 cm. Erw. 1902,
B 129 aus Persien.

Form ähnlich wie Nr. 28. Schriftband, durch sechs runde Medaillons mit Sternrosetten (wie bei Nr. 111) geteilt.
14.—15. Jahrhundert.

METALL 35

المـقـرّ العـالـي المو * لـوى الـعـنمى العـ * دلـى المـتـجـاهدى المرابطى *
انـتـظـمى البـمـلـى ا * لكبـيرى المـشـغـرى الـعـوني * الـبـنـلى (so) انـدمرى

„Seine hohe Exzellenz, der Herr, der Gelehrte, der Gerechte, der Glaubensstreiter, der Grenzkämpfer, der Ordner ⟨des Reichs⟩, der Angesehene, der Grosse, der Grenzverteidiger, die Hilfe ⟨des Volkes⟩, ⟨aus der Beamtenschaft des⟩ al Malik an-Nāṣir."

Vgl. die Nummern 70. 71.

74 WASSERSCHALE. Bronze, graviert. H. 11 cm. Dm. 22,5 cm. Erw. 1902.
B 130 aus Persien.

Form ähnlich wie Nr. 28. Borte mit sieben runden ornamentalen Medaillons und ebenso vielen ovalen Schriftmedaillons. Rohe Ausführung.
15. Jahrhundert.

In jedem der sieben Medaillons zweimal das Wort العـنمى „der Gelehrte", hier und da ist das Wort auch zum dritten Male begonnen.

Zwischen den Buchstaben lām und alif ist über dem 'ain stets ein senkrechter Strich gesetzt. Hierdurch ist erreicht, dass die langen senkrechten Striche alle in gleichem Abstande einander parallel laufen.

75 WASSERSCHALE. Bronze, graviert. H. 10 cm. Dm. 17 cm. Erw. 1902,
B 131 aus Persien.

Form ähnlich wie Nr. 28. Schriftband, durch acht runde Sternrosetten geteilt.
15. Jahrhundert.

Schrift mittelgross, wenig sorgfältig.
Von der Inschrift gilt dasselbe wie von der an Nr. 49 (s. daselbst).
Anfang:

انـعـز ابـرا (so) انـنـصـر ......
„Dauernde Macht, Sieg ...."

Das zweite Wort ابـرا ist natürlich aus الـدائـم „dauernde" korrumpiert.

76 BECHER. Bronze, mit Silber und Kupfer tauschiert. H. 7,5 cm. Dm. 7,5 cm.
B 113 Erw. 1900 im Münchener Kunsthandel.

Zylindrische Form. Auf der Wandung zwischen zwei schmalen Borten breiter Schriftfries, der durch zwei runde Medaillons mit Sternrosetten geteilt ist.
15. Jahrhundert.

انـا سـقى الـنـفـوس اذا مـ ضـمـئـت الـىّ

„Ich tränke die Seelen, so oft sie durstig sind nach mir."
Vgl. 57, wo ebenfalls das Gefäss redend eingeführt ist.

77 TINTENFASS. Eisen, getrieben, durchbrochen und mit Silber tauschiert.
B 75 H. 7,5 cm. L. 30 cm. B. 10 cm. Erw. 1897 in Ägypten. Taf. IX.

Schmale, lange Hülse zur Aufnahme der Schreibrohre (der Verschluss fehlt), an deren einem Ende die achtseitige Dose für den Tintenstoff angebracht ist (der

Deckel fehlt). Die ganze Oberfläche mit Silber tauschiert, das in dünnen Streifen auf den gerauhten Grund aufgehämmert ist. Auf den Breitseiten des Stieles getriebene Sterne, durch breite Ranken verbunden; durchbrochenes Rankenwerk bildet den Grund. Oben in zwei Medaillons undeutliche Wunschformeln.
15.—16. Jahrhundert.

Ein ganz ähnliches Stück im Besitz von M. Ch. Gillot in Paris (Expos. Musulm. Paris 1893. Catal. Nr. 238). Gleich dekorierte Arbeiten: Bronzeschale des Kait Bey im South Kensington-M. in London (Nr. 1325—1856, abgebildet St. Lane-Poole, fig. 89); Platte, Teil eines Pferdepanzers, im Besitz von Mme Delort de Gléon in Paris (Expos. Musulm. Paris 1893. Catal. Nr. 258 und Migeon: Tafelwerk Pl. 67).

78 **WASSERSCHALE** mit langem, seitlichem Ausguß. Bronze, graviert und
B 171 mit Silber tauschiert. Der Grund mit schwarzer Masse ausgefüllt. H. 9 cm. Dm. 17 cm. L. 25 cm. Erw. 1903 im italienischen Kunsthandel.

Form des Körpers ähnlich wie Nr. 28, doch mit ausladender Wandung, die sich am Rand nach innen zusammenzieht. Muster, außen und auf der unteren Bodenfläche: drei kleine Blattborten und eine größere Arabeskenborte.
15.—16. Jahrhundert.

78a **BECHER.** Bronze, mit Silber tauschiert. H. 12,5 cm. Dm. 13 cm. Erw.
B 106 1899 im Pariser Kunsthandel.

Form ähnlich wie Nr. 46. Die Außenfläche, auch die Innenseite des Fußes, mit ornamentalen Borten und Inschriften bedeckt, die sich in starkem, durch die Silbertauschierung bedingtem Relief von dem vertieften und gerauhten Grunde abheben.
Syrische Arbeit, datiert 1456/57 n. Chr.
Ein fast gleiches, 1463 n. Chr. datiertes Stück im South Kensington-M. in London (Nr. 943—1886).

Obere Inschrift:

صاحبه السعدة والسلامة   ونوال النعم م دحت حمة
وعز دائم لا ذل فيه   واقبل اني يوم القيمة

„*Dem Besitzer Glückseligkeit und Wohlbehaltenheit und langes Leben, so lange eine Taube girrt,*

Und dauernde Macht, in dem es keine Erniedrigung gibt, und Wohlergehen bis zum Tage der Auferstehung."
Zu diesen Versen (Metrum Wāfir) vgl. Nr. 37 und Lanci II. S. 121.

Mittlere Inschriften:

السلطن الاعظم والخاقان الافخم مولى ملوك العرب والعجم ظل الله فى الارضين
فيرمن انحاء والنين بسط الاجنحة (so) الأمن والأمن سنة ٨٦١

„*Der mächtige Sultan und hochgeehrte Chakan, der Herr der Könige der Araber und Perser, der Schatten Gottes auf Erden, der Gebieter zu Wasser und zu Lande, der die Flügel der Sicherheit und des Schutzes entfaltet. Im Jahre 861* ⟨*H. = 1456/7 Chr.*⟩*.*"

اجنحة الاجنحة *falsch für* اجنحة.

Der Ausdruck الماء والطين *des Reimes wegen für „Wasser und Land" (wörtlich: Wasser und Lehm).*

Inschrift des Medaillons:

صاحب اسكندر بن محمد ميرزا

Besitzer Iskandar, Sohn des Muḥammed Mirza.

Inschrift im Innern des Fusses:

عمل حبيب الله بن علي بهارجني سنة ٨٦١

„Angefertigt von Ḥabibullāh b. ʿAlī Bahārġāni im Jahre 861 ⟨H. = 1456/7 Chr.⟩."

العز والاقبال والدولة والسعدة والسلامة والكرامة با اله العلمين

„Macht, Wohlergehen, Herrschaft, Glückseligkeit, Wohlbehaltenheit, Edelsinn! o Gott der Welten."

Arbeiten des 16.—18. Jahrhunderts persischer, zentral-asiatischer und ägyptischer Herkunft, mit Gravierung und, in seltenen Fällen, mit Tauschierung

79 GLOCKE. Bronze, graviert und in Gold tauschiert. H. 17 cm. Dm. 10 cm.
B 115 Erw. 1899 in Persien. Abb. 33.

Kugelform mit seitlichen Abplattungen, die Unterseite kammartig durchbrochen. Beweglicher Griff mit zwei Tierköpfen als Verzierung; kleine Medaillons mit in Gold tauschierten Inschriften umgeben den Knauf. 16.—17. Jahrhundert, Persien. Ähnliche Glocken trug die Leibgarde der Safiden-Schahs am Gürtel (Chardin, Voyages. Amsterdam 1711. VI. p. 204).

Persische Verse:

غرض نقشيست کزما باز ماند
که هستی را نمی بینم بقائی
مگر صاحبدلی روزی برحمت
کند

„Das Ziel ist ein Merkmal, das uns überdauert;

Denn wir sehen, dass alles ohne Dauer ist.

Vielleicht spricht ein Einsichtsvoller eines Tages erbarmungsvoll ⟨ein Gebet⟩."

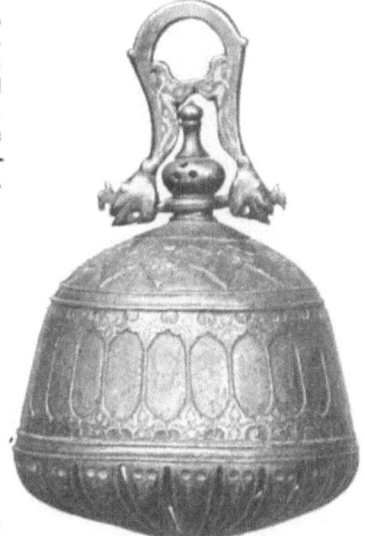

Abb. 33 — Nr. 79

Die Verse stammen aus Sa'dis Gulistan (gegen Ende der Einleitung). Der vierte Halbvers ist unvollständig.

79a **GLOCKE.** Bronze, graviert. L. (mit Stiel) 41 cm. Dm. 14 cm. Erw.
B 201 1898 in Teheran.

Glocke in Halbkugelform, mit eisernem Klöpfel. Der untere Rand der Glocke mit gravierter, aus persischer Inschrift bestehender Borte. Der Stiel mit beweglichen Gliedern umkleidet; im unteren Teile zwei Kugelglieder und zwei durchbrochene Zylinder, umstellt von acht freigeschwungenen Griffen in Schlangenform mit kleinen Hähnen als Bekrönung; der obere Teil zeigt vier Schlangengriffe, darüber wieder ein durchbrochener Zylinder.

17.—18. Jahrhundert, Persien. Derartige Glocken wurden in Garküchen benutzt.

Gebet für die Imame; Schrift Ta'līq:

اللهم صل على المصطفى محمد والمرتضى على والبتول فاطمة والسبطين الحسن
والحسين وصل على زين العابد على والباقر محمد والصادق جعفر والكاظم موسى
والرضا على والنقى محمد والنقى على وازدى العسكرى الحسن [و] المهدى الهدى

„Allah, segne Muḥammed, den Auserwählten, und 'Ali, den Wohlgefälligen, und Fāṭima, die Keusche, und die beiden Enkel Ḥasan und Ḥusain; segne 'Ali, die Zierde der Gottesdiener, und Muḥammed, den Wissensreichen, und Ǵa'far, den Gerechten, und Mūsā, den Langmütigen, und 'Ali, den Wohlgefälligen, und Muḥammed, den Frommen, und 'Ali, den Reinen, und Ḥasan al 'Askarī, den Lauteren, und den Mahdi (den Wohlgeleiteten), den Wohlleitenden."

79b **GLOCKE.** Bronze, graviert. L. (mit Stiel)
B 202 36,5 cm. Dm. 15 cm. Erw. 1898 in Teheran.

Halbkugelförmige Glocke. Der Stiel wie bei Nr. 79a aus beweglichen Gliedern. Der untere Teil zeigt vier Kugeln und zwei Wulstringe, zwei Kugeln mit Blüten graviert, die unterste mit Inschrift in durchbrochener Arbeit. Als obere Bekrönung vier schlangenförmige Griffe mit Hähnen.

17.—18. Jahrhundert, Persien.

80 **LEUCHTER.** Bronze, durchbrochen und
B 212 graviert. H. 26 cm. Dm. 16 cm. Erw. 1900 in Kairo. Abb. 34.

Form wie Nr. 34. Die Wandung leicht eingebogen mit Borten und Inschriften, durch vier durchbrochene Medaillons geteilt. Hoher Hals mit gezackter Kerzenhülse.

17.—18. Jahrhundert, Persien.

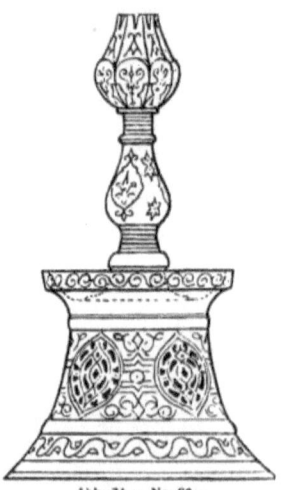

Abb. 34 — Nr. 80

Vier persische Inschriftfelder:

1. سعادت بد *Glück möge sein,*   2. دولت بد *Herrschaft möge sein,*
3. مبارک بد *Segen möge sein,*   4. عاقبت خیر بد *das Ende möge gut sein.*

81 LEUCHTER. Bronze, graviert, der Grund mit schwarzer Masse ausgefüllt.
B 155 H. 36,5 cm. Dm. 15 cm. Erw. 1902, aus Persien.

    Runde Säule mit ausladendem Fuß. Auf dem Schaft Streifenmuster mit fünf Arabeskenmedaillons in der Mitte. Am oberen Rande eine Inschrift. Abnehmbarer Deckel, der auf beiden Seiten schließt, und an einer Seite mit Kerzenhülse versehen ist. Ähnliche Stücke bei Martin a. a. O. Taf. 35. 36.
    17.—18. Jahrhundert, Persien.

Am Deckel auf der Kerzenhülse:

صاحبه میرزا علی ... كربلای

Besitzer Mirza Ali ... der Kerbelapilger.

82 KANNE. Bronze, graviert. H. 30 cm. Erw. 1902, aus Persien.
B 162
    Turbanartiger Körper mit geradem Ausgußrohr. Der nach oben stehende halbkreisförmige Henkel ist hohl und enthält oben eine Eingußöffnung. Der Verschluß dafür abgebrochen.
    Eine unleserliche Besitzerinschrift in nichtarabischen Buchstaben.
    17.—18. Jahrhundert, Persien.

83 KANNE. Bronze, graviert. H. 31 cm. Erw. 1902, aus Persien.
B 161
    Flaschenform mit dünnem Hals und bauchigem Körper. Gerade Ausgußröhre und geschwungener Henkel; Klappdeckel.
    17.—18. Jahrhundert, Persien.

84 KANNE. Bronze, getrieben. H. 41 cm. Erw. 1898 in Sultanabad (Persien).
B 77
    Dieselbe Form wie Nr. 83 und 94.
    17.—18. Jahrhundert, Persien.

85 MÖRSER. Bronze, graviert. H. 10 cm. Dm. 18 cm. Erw. 1897 in Beirut.
B 33
    Zylinderförmiger Körper mit zehn gerade hervorstehenden profilierten Henkeln, zwischen denen Figuren und Tiere graviert sind. Um den Rand ornamentales Schriftband, aus der Wiederholung der gleichen Buchstaben gebildet.
    17.—18. Jahrhundert, Persien oder Syrien.

86 MÖRSER. Goldbronze, graviert. H. 13,5 cm. Dm. 10,5 cm. Erw. 1897
B 34 in Teheran (Persien).
    Zylinderförmiger, sich nach unten verjüngender Körper mit eingezogenem Rand. Zwischen zwei Schriftborten die Darstellung einer Schlange, die einen Vierfüßler umringelt.
    18.—19. Jahrhundert, Persien.

Am oberen und unteren Rande grosse, ornamentale Buchstaben, stetig wiederkehrend: نعافیة[!] *„Gesundheit".*

87 SCHALE. Kupfer, graviert und verzinnt. H. 4 cm. Dm. 15 cm. Erw. 1902 in Berlin, soll aus Bagdad stammen.
B 170

Flache Schale. Auf der ganzen Außenseite runde und ovale Medaillons mit Figuren.
17.—18. Jahrhundert, Persien.

88 SCHALE. Kupfer, graviert und verzinnt. H. 7 cm. Dm. 16 cm. Erw. wie Nr. 87.
B 169

Form wie Nr. 28. Um den eingezogenen Rand zehn ovale Schriftmedaillons. Um den Körper Borte mit figürlichen Darstellungen: Gartenszenen, in Art der persischen Miniaturen des 17. Jahrhunderts.
17. Jahrhundert, Persien.

In den Medaillons zehn persische Halbverse aus einem Weingedicht, beginnend mit einem Anruf an den Schenken („Schenke, gib jenen Becher, der [wie] der Mond ist!"). Vieles ist unverständlich; der Handwerker scheint seine Vorlage nicht immer richtig kopiert zu haben. Der Schlussvers lautet:

ما خشک لبان تشنه دیدار شرابیم
چون کاسه ما تُهی تبی خند خرابیم

„*Wir, die wir trockene Lippen haben, sind durstig nach dem Anblick des Weins;*
wenn unsere Schale leer wird, ist unser Haus zerstört (sind wir zu Grunde gerichtet)."

89 DOSE MIT DECKEL. Kupfer, graviert und verzinnt. H. 1,05 cm. Dm. 15,5 cm. Erw. 1897 in Kairo.
B 103

Runder Körper mit abgeplattetem Deckel. Muster: Persische Rankenborten und Medaillons mit verriebenen und deshalb unleserlichen Inschriften.
17.—18. Jahrhundert, Persien.

90 SCHALE. Kupfer, graviert und verzinnt. H. 12 cm. Dm. 22 cm. Erw. wie Nr. 87.
B 210

Form ähnlich wie Nr. 28. Um den eingezogenen Rand acht Medaillons mit vier persischen, auf Wein bezüglichen Versen, die nur z. T. mit Sicherheit zu lesen sind. Um den Körper Borte, in der sich Arabeskenmuster mit figürlichen Darstellungen abwechseln.
Dat. 1659/60 n. Chr., Persien.

In einem kleinen Medaillon am Rande:

صاحبه محمود ۱۰۷۰

Besitzer Maḥmūd 1070 (H. = 1659/60 Chr.).

Auf dem Boden spätere Besitzerinschrift:

حج درویش اسمعیل جلال

Der Pilger Derwisch Ismāʿil Ġalāl.

METALL

91 **DECKELDOSE.** Kupfer, graviert und verzinnt. Der Grund ausgehoben
B 211 und geriefelt. H. 21 cm. Dm. 20 cm. Erw. 1898 in Samarkand.

Zylinderform mit Deckel, in den der Doppelhenkel eingebettet ist. Das Muster besteht aus schematischen Arabesken mit Borten und Inschriften.
17.—18. Jahrhundert, Ostturkestan.

Die Inschrift um den Deckel herum enthält die ersten zwei persischen Verse aus einem Weinliede. Dieselben Verse auch an Nr. 90. In dem Schriftbande am oberen Rande des Körpers Medaillons mit acht Halbversen im ostlürkischen (čagataïschen) Dialekte. In zwei kleineren Medaillons:

عمل ملا ٭ عبد ناصر يرکندی

,,Gemacht von Molla 'Abd Nāṣir aus Jarkend."

Es ist also anzunehmen, dass die Dose in Jarkend, jedenfalls im ostlürkischen Sprachgebiet verfertigt worden ist.

92 **TEEKANNE** (Kungan). Messing, graviert, mit Reliefverzierungen und
B 212 durchbrochen gearbeitet. H. 30 cm. Dm. 11 cm. Erw. 1898 in Samarkand.

Birnförmiger Körper mit kuppelförmigem Klappdeckel, Ausguß und angesetztem Henkel. Gravierte persische Ranken und Borten am Fuß und Hals; auf dem Körper zwei durchbrochene Medaillons.
18. Jahrhundert, Zentralasien.

93 **TEEKANNE** (Kungan). Messing, graviert. H. 20 cm. Dm. 12 cm. Erw.
B 213 1898 in Samarkand.

Bauchiger, gerippter Körper mit Ausguß, Klappdeckel und angesetztem Henkel.
18.—19. Jahrhundert, Zentralasien.

94 **KANNE.** Bronze, getrieben. H. 15 cm. B. 7 cm. L. 2 cm. Erw. 1897,
B 214 Ägypten.

Abgeplattete Form; auf vier kleinen Füßen ruhend; langer, gerader Ausguß; gebogener Henkel. Der Klappdeckel fehlt. Auf den Breitseiten herzförmige Schilder.
17.—18. Jahrhundert, Ägypten.
Typische Form für die religiösen Waschungen dienenden Kannen der Muhammedaner.

95 **LAMPE (?).** Bronze, graviert. H. 25,5 cm. Dm. 23 cm. Erw. 1898 in
B 76 Teheran.

Kugelartige Form mit Öffnungen oben und unten; die Mitte umspannt ein hervortretender Reifen. Die Gravierungen bilden konzentrische Kreise und bestehen aus Ornamenten und Inschriften.
18. Jahrhundert, Persien.

1. Obere, zonenartige Inschrift. Mittelgrosse, vielfach ineinander verschlungene, punktierte Buchstaben:

اللهم صل على النبی المصطفى محمد وامرتضى على والبتول فـﺎﻃـمه والحسن
والحسين وصل على زين العباد على والباقر محمد والصادق جعفر والكاظم

موسى والرضا على والنقى محمد والنقى على والزكى [حسن] وصلّ على ... القائم المهدى سلامة وصلوات الله عليهم اجمعين

„Gott, segne den Propheten Muḥammed, den Auserwählten, und ʿAlī, den Wohlgefälligen, und Fāṭima, die Keusche, und Ḥasan und Ḥusain; segne die Zierde der Gottesdiener ʿAlī, den klugen Muḥammed, den wahren Gaʿfar, den geduldigen Mūsā, den wohlgefälligen ʿAlī, den frommen Muḥammed, den reinen ʿAlī, den lauteren [Ḥasan] und segne den . . . ., den Mahdī; das Heil und der Segen Gottes komme über sie alle." — Vgl. Nr. 79a.

An der mit [ ] bezeichneten Stelle fehlt durch Versehen حسن oder حسين, der Name des vorletzten Imams. — Das Wort vor القائم ist unleserlich. Der letzte Imam führt gewöhnlich den Namen Muḥammed und den Beinamen القائم بالحق.

2. Auf dem schmalen Ring, der mitten um das Gefäss läuft; sehr kleine Buchstaben:

بسم الله الرحمن الرحيم الله لا اله الّا هو الحىّ القيوم لا تأخذه سنة ولا نوم له ما فى السموات وما فى الارض من ذا الذى يشفع عنده الّا باذنه يعلم ما بين ايديهم وما خلفهم ولا يحيطون بشىء من علمه الّا بما شاء وسع كرسيه السموات والأرض ولا يؤده حفظهما وهو العلىّ ...

Das ist der in derartigen Inschriften sehr häufig begegnende „Thronvers" (ājat al-kurṣi), Süre 2, Vers 256.

Das letzte Wort des Verses ist vom Henkel bedeckt.

Sowohl der Segenswunsch für die 12 Imame als auch der „Thronvers" ist auf Waffen, Schüsseln, Steinen usw. recht häufig; vgl. Reinaud II., S. 200 f.

3. In den Medaillons der oberen und unteren Hälfte sechs persische Verse.

Die Worte sind vielfach über- und durcheinander gesetzt, sodass sie nicht mit Sicherheit erkannt und gelesen werden können. Das Ganze bildet die symbolische Schilderung eines Sonnenuntergangs und bezieht sich wahrscheinlich auf den Tod des Imām Ḥusain.

Der Anfang lautet:

افكند شهمه بكنار افق نگون،   چون خور بريده سر ازين نشت واژگون،
افكند از چرخ مغفر زرين شفق   در خون كشيده دامن خفتان نيلگون،

„Es senkte sich der Abend auf den Rand des Horizontes hernieder, als die Sonne, das Haupt abgeschnitten, von dieser umgekehrten Schale (d. i. das Himmelsgewölbe),

vom Firmament, herabwarf den goldenen Helm der Abenddämmerung, in Blut hochgezogen den Saum des blaufarbigen Gewandes."

Arbeiten des 15. und 16. Jahrhunderts, von Orientalen oder unter orientalischem Einfluß in Venedig gearbeitet

Der große Bedarf Italiens, speziell Venedigs, an tauschierten Metallarbeiten war der Anlaß, daß sich im 15. Jahrhundert orientalische Handwerker in Venedig seßhaft machten; unter ihnen kennen wir durch bezeichnete Arbeiten Maḥmūd el Kurdi und die Meister Ḳāsim und Muḥammed (Nr. 96). Oft findet bei diesen venetianischen Bronzen nur eine Gravierung statt, bei der sich dann das Muster von dem ausgehobenen und dann gerauhten oder schraffierten Grunde abhebt. Die Tauschierung in Silber, seltener in Gold, beschränkt sich meist nur auf dünne Linien oder zarte Arabeskenranken; hier erinnert die Technik an Arbeiten, die in der Mitte des 15. Jahrhunderts in Damaskus ausgeführt worden sind (vgl. Nr. 78a), was es wahrscheinlich macht, daß das Kunsthandwerk von hier aus nach Venedig gebracht worden ist. Wenn auch das Muster der venetianischen Arbeiten seinen Zusammenhang mit älteren ägyptischen und syrischen Arbeiten nicht verleugnet, so fehlen doch vollständig figürliche Darstellungen und Inschriften (abgesehen von Meistermarken). Charakteristisch sind Arabeskenranken, die Borten bilden oder den Grund füllen, und von dünnen, untereinander verschlungenen Flechtbändern eingefaßt werden; so entstehen Medaillons und Kartuschen der verschiedenartigsten Form. Im Laufe des 16. Jahrhunderts wird die Linienführung freier und nimmt Elemente des gleichzeitigen italienischen Renaissancestils an. Auch die strengen Formen der orientalischen Metallgeräte wandeln sich auf italischem Boden; so macht der Kegelfuß des Leuchters nach und nach einem reich profilierten Aufbau Platz. Neben den Leuchtern, Schalen, Schüsseln und Dosen ist in Venedig besonders die Weihrauchkugel, der sogen. Profumego, beliebt (vgl. G. Ludwig: Venezian. Hausrat zur Zeit der Renaissance. Italienische Forschungen. Berlin 1906. S. 268).

Literatur: H. Lavoix: Les Azziministes. Gaz. d. Beaux-Arts XII. p. 64 ff.

96 BECKEN. Bronze, graviert. H. 18 cm. Dm. 122 cm. Erw. 1897 im
B 95 Kunsthandel. Taf. VI.

Flacher Spiegel; gerade, schräg aufsteigende Wandung und schmaler flacher Rand.

Das Muster, die gesamte Oberfläche bedeckend: Arabeskenranken, die runde und ovale Medaillons bilden, die wiederum von feinerem Arabeskenwerk angefüllt sind. Der Grund ist schraffiert.

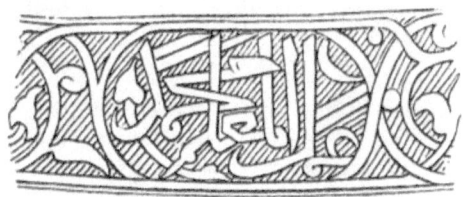

Abb. 35 — zu Nr. 96

15.—16. Jahrhundert, Arbeit eines orientalischen Meisters, namens Muḥammed.

In einer Kartusche des Randes (Abb. 35):

عمل المعلم محمد

„Gemacht von Meister Muḥammed."

97 SCHALE (Hälfte einer Weihrauchkugel?). Bronze, graviert, mit Gold und
B 215 Silber tauschiert, der Grund mit schwarzer Masse ausgefüllt. H. 5 cm.
Dm. 12,5 cm. Erw. 1903 in Berlin.

> Halbkugelform. Das Muster besteht aus Flechtwerk und Borten.
> 16. Jahrhundert.

98 LEUCHTER. Bronze, graviert, ursprünglich mit Silber
B 84 tauschiert. H. 18,5 cm. Dm. 9,5 cm. Erw. 1897 in
Beirut.

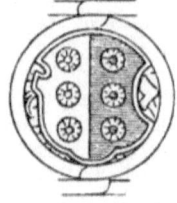

> Breiter, kegelförmig aufsteigender Fuß mit gerader Abschlußplatte und hohem, dünnem Schaft, der die Kerzenhülse trägt. Die Gravierung zeigt Bandwerk und Medaillons mit einem Wappen[1]) (Abb. 36).
> 15.—16. Jahrhundert.

Abb. 36 — zu Nr. 98

99 LEUCHTER. Bronze, graviert, ursprünglich mit Silber tauschiert. H. 15 cm.
B 216 Dm. 9,5. Erw. 1899. Abb. 37.

> Form wie Nr. 98. Die Gravierung zeigt Flechtwerk und Arabeskenranken.
> 15.—16. Jahrhundert.

100 LEUCHTER. Bronze,
B 217 graviert und in Silber
tauschiert. H. 16 cm.
Dm. 17 cm. Erw. 1903
in Berlin. Abb. 38.

> Breiter, sich in Profilen nach oben verjüngender Fuß mit breiter

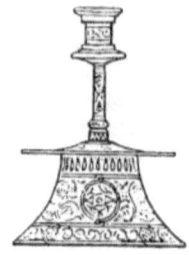
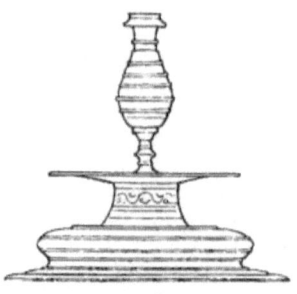

Abb. 37 — Nr. 99   Abb. 38 — Nr. 100

> Deckplatte, der die Kerzenhülse aufsitzt. Das Muster besteht aus schematisch gebildeten Arabeskenranken.
> 16. Jahrhundert.

101 BECKEN. Bronze, graviert und mit Silber tauschiert. H. 5 cm. Dm. 41 cm.
B 107 Erw. 1899 in Venedig. Abb. 39.

> Flacher Spiegel, Ablauf und breiter Rand. Auf vertieftem Grunde verschlungene Arabeskenranken, umrahmt von Flechtbändern, die Medaillons und Kartouchen bilden. Die Flechtbänder und teilweis die Ranken sind mit Silber tauschiert. Eine sehr ähnliche Schüssel im Domschatz von Cividale.
> 16. Jahrhundert.

---

[1]) Nach einer gütigen Mitteilung von Herrn Dr. W. Lenel in Straßburg i. E. handelt es sich entweder um das Wappen der venetianischen Familie Riccio (Rizzo) oder um das der Familie Gatta; beide Wappen unterscheiden sich nur durch die heraldischen Farben.

METALL 45

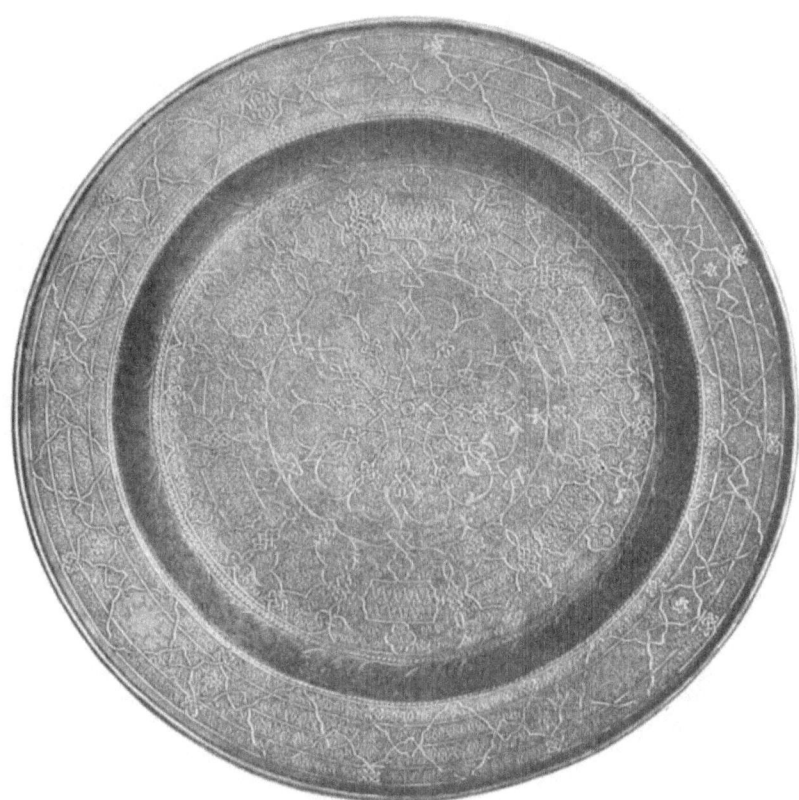

Abb. 39 — Nr. 101

Indische Arbeiten

In Indien spielt die Metallindustrie eine große Rolle; denn für die Herstellung der Haus- und Kultgeräte kommt hier vor allem Metall, weniger Ton in Betracht. Während die muhammedanischen Inder verzinnte Kupfergeräte verwenden, ziehen die Hindu messingartiges Gelbkupfer vor. In den älteren Arbeiten macht sich seit der Mongolenherrschaft, seit dem 16. Jahrhundert, in Form, Dekoration und Technik die Abhängigkeit von Persien bemerkbar. So kommt bei der sogen. Kuft-Arbeit ein Verfahren zur Verwendung, das aus dem muhammedanischen Vorderasien eingeführt ist, die Tauschierung von Eisengeräten durch Aufhämmern von dünnen Silberfäden auf die gerauhte Oberfläche (vgl. Nr. 77). Bei der Bidri-Arbeit wird das Silber in eingeschnittene Vertiefungen eingelegt, das Grundmetall durch chemische Behandlung geschwärzt und dann die Oberfläche poliert. Die verschiedenen Landschaften haben besondere Metallwaren hervorgebracht. Charakteristische Gefäßformen sind besonders die Huka, der geschweifte Untersatz für Wasserpfeifen, und ferner die Lota, ein bauchiges Gefäß mit engem Hals, das für den Gottesdienst der Hindu, zur Aufnahme des heiligen Ganges-Wassers, verwendet wird. Die älteren, edel geformten und kunstvoll ziselierten oder tauschierten Gefäße sind von großer Schönheit. Auch unter den gegossenen Kultgeräten und Götterfiguren älterer Zeit finden sich künstlerisch bedeutende Arbeiten. Der größte Teil der indischen Bronzen der Sammlung wurde im Jahre 1900 in Bombay erworben.

Literatur: G. C. M. Birdwood: Indian Arts. London 1884. — J. Brinckmann: Das Hamburgische Museum für Kunst u. Industrie, Hamburg 1894 S. 811 ff. — Sammlung von Abbildungen türkischer .... indischer Metallgeräte. Wien 1895. — Journal of Indian Art: Verschiedene Aufsätze. — A. Grünwedel: Buddhistische Kunst in Indien. Berlin 1900.

102 UNTERSATZ EINER WASSERPFEIFE (HUKA). Bronze, hellgelb, graviert. H. 16 cm. Dm. 14,5 cm. Erw. 1900 in Bombay.

Glockenförmiger Körper mit scharf profiliertem, zylindrischem Halsstück und drei Knopffüßen am Boden. Auf dem Körper zwischen zwei Ornamentborten stilisierte Blumenstauden; am Halse ein Blattmuster.

103 UNTERSATZ EINER WASSERPFEIFE (HUKA). Bronze, dunkel patiniert, mit Silbertauschierung. H. 17 cm. Dm. 16 cm. Erw. 1897 in Kairo.

Glockenförmiger Körper mit Trichterhals. Auf der Wandung zwischen zwei umlaufenden Borten aus Blüten acht Blumenstauden; am Halse fünf kleine Blütenstengel. Alle Verzierungen heben sich in ganz flachem Relief vom Grunde ab, während die Detailzeichnung durch die Silbertauschierung bewirkt ist. Technik wie bei Nr. 78a.

104 UNTERSATZ EINER WASSERPFEIFE (HUKA). Bronze, geschwärzt, mit reicher Silbereinlage (Bidri-Arbeit). H. 21 cm. Dm. 22 cm. Erw. 1897 in Teheran.

Glockenform mit Trichteröffnung wie Nr. 102. Auf der Wandung zwischen Blumenborten acht große Blumenbuketts; am Halse fünf kleinere.

105 TELLER. Eisen, mit Tauschierung in Gold und Silber (Kuft-Arbeit). Dm. 25 cm. Erw. 1900 in Teheran.

Der Rand des Tellers zwölfmal eingebuchtet; unter dem Boden ein schmaler Fußring. Die Oberfläche des Tellers mit Blütenzweigen bedeckt, die einem gemeinsamen Stamme entsprießen. Die Zeichnung ist durch in den gerauhten Grund aufgehämmertes Silber hergestellt; die Staubgefäße sind von Gold. Die Unterseite zeigt ein Rosetten einschließendes Rautenmuster in Silbertauschierung.

METALL

106 VASENGEFÄSS. Bronze. H. 16,5 cm. Dm. 11,5 cm.

Kugeliger Körper mit schräglaufenden Buckelstreifen. Das Halsstück in einen Trichter mit weit überstehender Randplatte übergehend. Die senkrecht hochgebogene Ausgußröhre in einen Tierkopf endigend.

107 KANNE. Bronze. H. 20,5 cm. Dm. 23,5 cm.

Kugeliges Gefäß mit Halsstück und Klappdeckel. Der Gefäßbauch mit senkrechten Buckelstreifen; auf dem Deckel ein Knauf; am Halse zwei seitlich vorspringende Tierköpfe zum Einsetzen des (fehlenden) Henkels. In einen gleichen Tierkopf endigt die hochgebogene kantige Ausgußröhre.

108 VASENFÖRMIGER BEHÄLTER. Bronze, graviert. H. 10,7 cm. Dm. 11 cm. Abb. 40.

Gedrückt kugeliger Bauch mit weit geöffnetem, nach oben ausladendem Halsstück. Der Bauchstreifen mit senkrechten Kanneluren; am Halse zwischen Randbordüren von Kreisen umschlossene, gravierte Blütenrosetten. Am Boden und auf dem niedrigen Fußring ein Blattmuster.

109 KUGELIGE FLASCHE (Lota). Bronze, graviert. H. 10,2 cm. Dm. 10,5 cm.

Gedrückt kugelige Form auf Ringfuß mit kleinem Trichterhals; zwischen Hals und Bauch ein strickartiger Wulstring. Die ganze Bauchwandung in konzentrischen Streifen mit (z. T. abgeriebenen) Gravierungen bedeckt, außer den Randbordüren zwei breite Mittelstreifen mit rechteckiger Feldeinteilung. Im oberen Streifen Figuren (Gottheiten), im unteren Tiere, Menschen, Gebäude, Ornament. Auf der Schulter ein Streifen mit stilisierter Inschrift.

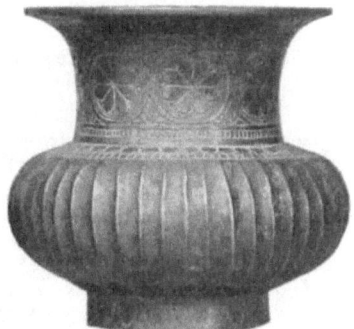

Abb. 40 — Nr. 108

110 KUGELIGE FLASCHE (Lota). Bronze, graviert. H. 14,5 cm. Dm. 14 cm.

Kugelige, nach oben leicht zugespitzte Form, Fußring und Trichterhals mit Strickwulst wie bei Nr. 109. Die Gravierungen in konzentrischen Streifen angeordnet. Auf der Schulter ein figürlicher Streifen; am Übergang zum Bauch ein Schriftband; auf dem Bauch selbst zwei breite Streifen mit Darstellungen von Gottheiten ganz ähnlich wie bei Nr. 109; zu unterst ein Streifen mit großen Fischen im Wasser.

111 VASENGEFÄSS. Bronze, mit z. T. ausgeschwärzten tiefen Gravierungen. H. 20 cm. Dm. 10,5 cm. Abb. 41.

Schlauchförmig mit zylindrischem Halsstück und hohem Fuß mit breit ausladender Platte. Den Bauch umzieht ein breiter Streifen mit fünf großen Enten;

darüber eine Borte mit Blattmuster. Am Halse oberhalb eines scharfen Profiles eine Borte aus Blüten.

112 KUGELIGE FLASCHE (Lota). Bronze, dunkel patiniert, mit gravierten und eingestempelten Verzierungen. H. 13 cm. Dm. 11,5 cm.

Kugelform mit weitem Trichterhals und niedrigem, ausladendem Fuß. Den Bauch umzieht ein breiter Streifen von Arkadenbögen mit Gottheiten. Auf der Schulter und am Boden ein strahlenförmiges Muster. Der Grund z. T. mit einer Punzenmusterung bedeckt.

113 TINTENFASS. Bronze, unverziert. H. 8,5 cm. Dm. 7,8 cm.

Achtfach gebuchtete Röhre mit drei Paaren seitlicher Ösen zum Durchziehen der Tragschnur. Auf der geschlossenen Oberseite eine größere Öffnung mit Klappdeckel und eine kleinere mit Schiebdeckel.

114 TINTENFASS (?). Bronze, unverziert. H. 3 cm. Dm. 10 cm.

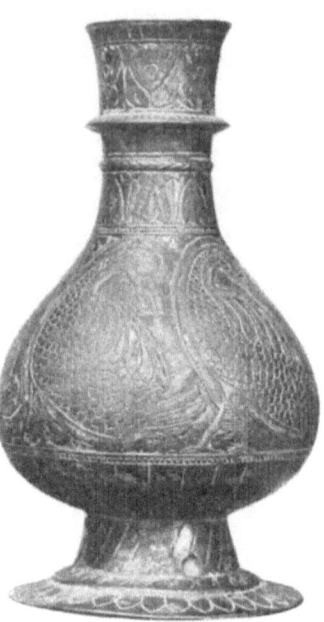

Abb. 41 — Nr. 111

Flacher sechspaßförmiger Behälter mit abschiebbarem Deckel. Das Innere zeigt einer Blüte entsprechend sieben durch Wände abgeteilte Fächer. Auf dem Deckel als Knauf ein Vogel mit großem Ring.

115 HÄNGELAMPE IN GESTALT EINES VOGELS. Bronze, graviert. H. 13,5 cm. L. 21,5 cm.

Stark stilisierte Vogelgestalt mit herausstehender Schwanzfeder. Gravierung an den Gefiederrändern, auf Brust und Schultern Kreisrosetten; die Schwanzfeder völlig mit Gravierungen von Blättern und Strichmuster bedeckt. Das Ganze an einer Kette von sieben profilierten Gliedern.

116 HÄNGELAMPE. Bronze. H. 13 cm.

Brunnenartiger Aufbau mit einer runden unteren Schale und einem oberen Becken mit fünf Schnauzen für den Docht. Der Schaft profiliert und in eine Ringöse endigend. Kette von Eisen (33 cm lang).

117 LEUCHTER. Gelbguß. H. 10,5 cm. L. 16,5 cm.

In Gestalt eines gebogenen Zweiges mit zwei runden, untereinander verbundenen Standplatten. Der eine Blattauswuchs zu einem Teller erweitert und mit einem Lichtdorn versehen.

METALL

118 STÄNDER in Gestalt eines Pfaues. Bronze, oxydiert. H. 25 cm.

119 GEFÄSS in Gestalt eines Fisches. Bronze. L. 25 cm.

120 STATUETTE eines Vogels (Bekrönung). Bronze. H. 8 cm.

121 LÖWE. Bronze. H. 9 cm.

122 STIER, das heilige Tier des Siwa, als Träger für sein Symbol (Linga). Bronze. H. 13 cm.

123 HOCKENDER AFFE. Bronze. H. 4,5 cm.

124 KLAPPERINSTRUMENT mit einem Vogel als Bekrönung. Bronze. H. 8,5 cm.

125 KLAPPERINSTRUMENT mit zwei tanzenden Elefanten als Bekrönung. Bronze. H. 8,5 cm.

126 KLAPPERINSTRUMENT mit vier Pfauen als Bekrönung. Bronze. Dm. 10 cm.

127 FIGUR in hockender Stellung; Krischna als Knabe, in einer Hand die Butterkugel haltend. Bronze. H. 8 cm.

128 FIGUR in hockender Stellung; wie Nr. 127. Bronze. H. 5,5 cm.

129 FIGUR, tanzend; Krischna. Bronze. H. 7 cm.

130 KL. GÖTTERFIGUR, betend; undeutlich charakterisiert. Bronze. H. 3 cm.

131 GOTTHEIT, thronend, mit Elefantenkopf; Ganescha, Gott der Weisheit. Bronze. H. 5 cm.

132 THRON mit Gottheiten und Tieren. Bronze. H. 11 cm.

133 THRON mit Göttern und Tieren. Bronze. Dm. 5,5 cm.

134 OPFERTISCH (Linga) mit den Symbolen des Siwa. Bronze. H. 3,5 cm.

135 HOCHZEITSLAMPE mit Reliefschmuck an der Rückwand: Die Glücksgöttin Siri mit zwei Elefanten. Bronze. H. 13 cm.

136 GESTIELTER SCHÖPFLÖFFEL, gebraucht, um beim Opfer Wasser über den Linga zu gießen. Bronze. L. 15,5 cm.

137 LAMPE. Bronze. L. 10,5 cm.

138 MESSER mit durchbrochenem Blatt, am Griff eine Götterfigur. Bronze. L. 24 cm.

139 BECHERGEFÄSS in Form einer Lotosblume mit beweglichen spitzen Kelchblättern. Gelbguß. Bronze. H. 10,5 cm.

140 SZEPTER mit zwei Kronengebilden. Bronze. L. 11 cm.

METALL

Metallarbeiten verschiedener Technik und Bestimmung, teils für den christlichen Kult, teils als Schmuck- und Gebrauchsgegenstände in Kleinasien, Persien und Zentralasien dienend

Zu der ersteren Gruppe gehört das schon angeführte, silbertauschierte und mit Heiligenfiguren geschmückte Weihrauchgefäß (Nr. 21), bei dessen Beschreibung eine Reihe anderer, für den christlichen Kult gefertigter Mossul-Bronzen erwähnt sind. Hier folgen einige gegossene Arbeiten frühchristlicher und byzantinischer Zeit, deren Formgebung mehr wie ihre technische Ausführung und Dekoration von Bedeutung ist (Nr. 141—145). Von größerem Interesse sind ein paar liturgische Metallgeräte und Gürtelschnallen (Nr. 146—151), die aus Kleinasien aus der Kirche St. Stephano auf der im Egherdir-See gelegenen Insel Nis stammen (vgl. F. Sarre. Reise in Kleinasien a. a. O. S. 151 ff.). Erstere Stücke zeigen, daß in späterer Zeit die für den christlichen Kult nötigen Geräte teils aus dem Abendlande eingeführt und für den besonderen Zweck zurecht gemacht, teils nach abendländischen Mustern im Orient gefertigt wurden. Die Schnallen (Nr. 148—150) sind gute Beispiele einheimischer Goldschmiedearbeit. Auch einige andere Schmuckstücke und Geräte aus Persien, Vorder- und Zentralasien beweisen, daß der Orient bis in das 19. Jahrhundert hinein technisch und künstlerisch ausgezeichnete Metallarbeiten im Anschluß an Vorbilder älterer Zeit hervorgebracht hat.

141 WEIHRAUCHGEFÄSS. Bronze, gegossen.
B 218 H. 10 cm. Dm. 9 cm. Erw. 1901 im Kunsthandel.

Bauchige Form mit figürlichen Hochreliefdarstellungen in roher, undeutlicher Zeichnung: Verkündigung, Taufe, Kreuzigung, die Marien am Grabe. Unten im Fuß eine undeutliche Figur; am oberen Rande drei Ösen. Ähnliche Stücke im British M. (Dalton: Catal. of early christ. Antiq. 1901 Nr. 540; aus dem Kloster Mar Muza el Habashi, zwischen Damaskus und Palmyra). Ferner im Kaiser Friedrich-M. (abgeb. bei Gayet: L'Art copte. Taf. VI); Abbildungen anderer Stücke: Tolstoy & Kondakof a. a. O. IV. fgs. 28, 29 p. 35; Rohault de Fleury: La Messe vol. V. p. 155 pl. 416; Proc. of the Soc. of Antiqu. of London 1872, pl. opp. p. 290.

7.—8. Jahrhundert, Syrien.

142 KANDELABER. Bronze, gegossen und ziseliert.
B 219 H. 65 cm. Dm. 21 cm. Erw. 1905 im Kunsthandel. Abb. 42.

Auf breit ausladender Fußplatte achtseitiger, durchbrochen gearbeiteter Säulenschaft, den je zwei runde

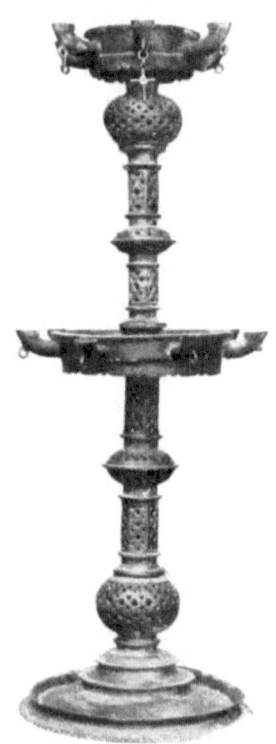

Abb. 42 — Nr. 142

METALL 51

und zwei ovale Knäufe unterbrechen. In der Mitte und oben flache, für das Brennöl
bestimmte Schalen mit sieben bezw. sechs ausbuchtenden Dochthaltern. An
letzteren Ösen, an denen kleine Kreuze hingen, von denen sich eins erhalten hat.
Byzantinische Arbeit des frühen Mittelalters.

143 CRUCIFIX. Bronze, gegossen. H. 14,7 cm. Br. 7,5 cm. Erw. 1895 in
B 18 Smyrna.

Flaches Kreuz mit der Reliefgestalt des Gekreuzigten, der Kreuzstamm mit schräg herausstehenden Querbalken am Fußende. (Die Kreuzspitze abgebrochen.)
16—17. Jahrhundert, Kleinasien.

144 CRUCIFIX. Bronze, gegossen und vergoldet.
B 220 H. 15,3 cm. Br. 9 cm. Erw. 1900, aus Smyrna.

Das Kreuz mit dem Hochrelief des Gekreuzigten ist oben durch eine kreuzförmige Platte mit Gottvater, der Taube und Engeln verbreitert; seitlich über den Kreuzarmen Cherubsköpfe; unter den Kreuzarmen die Leidtragenden in paarweiser Anordnung; zu Füßen des Gekreuzigten eine Graböffnung mit Schädel. Alle Teile reich mit griechischen Inschriften bedeckt, teils eingraviert, teils im Relief. Auf der Rückseite ist zu oberst eine längere Inschrift graviert.
17.—18. Jahrhundert, Kleinasien.

145 ANHÄNGERKREUZ.
B 221 Bronze, dunkel patiniert. H. 7 cm. Erw. 1896 in Smyrna.

Aus zwei hohlen Hälften bestehend, die an der Hängeöse durch ein Scharnier verbunden sind. Beide Außen-

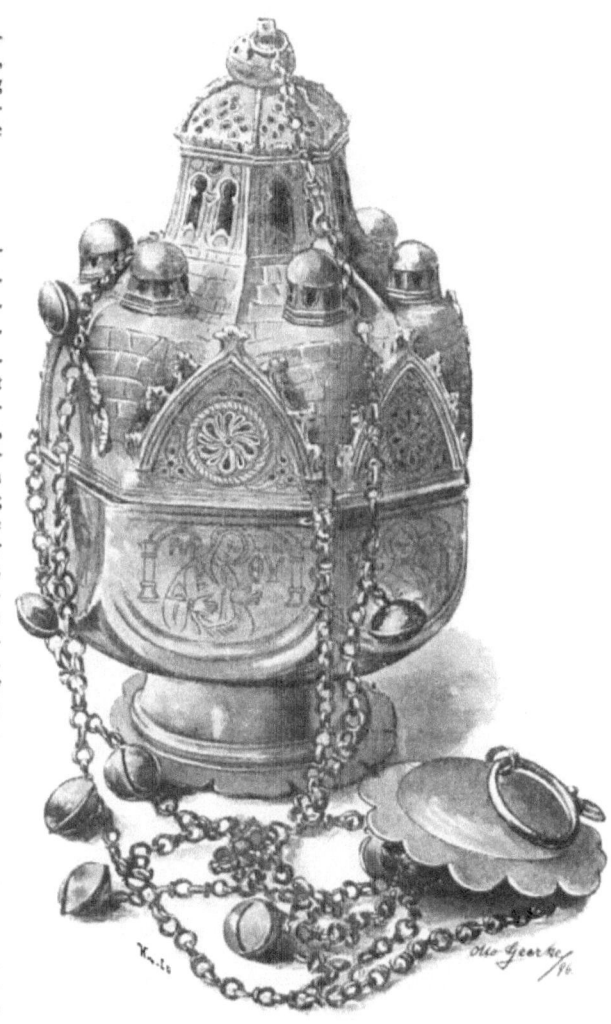

Abb. 43 — Nr. 146

7*

seiten zeigen ein Kreuz in roher Gravierung; die Vorderseite überdies die griechische Inschrift: Hagios Georgios.

Ältere Arbeit, Kleinasien.

146 SILBERNES RAUCHFASS MIT SCHELLENBESETZTER KETTE. Gra-
B 64 viert. H. 19 cm. Dm. 12 cm. Erw. 1895 aus der Kirche S. Stephano auf der Insel Nis im Egherdir-See (Kleinasien). Abb. 43.

Sechsseitiges, unterwärts abgerundetes Becken mit erhöhtem Ringfuß. Der durchbrochene Deckel als Zentralbau mit sechseckigem Mittelturm und Halbkuppel, umstellt von sechs kleineren Kuppeltürmen, gebildet. Auf der Beckenwandung eingravierte Arkadenbögen mit je einer Halbfigur, bezeichnet als Christus, Maria, Johannes d. T., Basilius, Johannes Chrysostomus und Gregorius. Die geraden Seitenflächen des Deckels als krabbenbesetzte Spitzbogen mit maßwerkartiger, durchbrochener Rosettenfüllung gestaltet.

Orientalische Arbeit des 14.—15. Jahrhunderts nach europäischem Vorbild.

147 RUNDE SCHÜSSEL AUS VERZINNTEM KUPFER. H. 5 cm. Dm 46 cm.
B 91 Herkunft und Erwerbung wie Nr. 146.

Im Spiegel eine getriebene Rosette aus Buckeln, umgeben von zwei Inschriftstreifen, die fünfmal dieselbe Formel in undeutlichen lateinischen Lettern wiederholen. Auf dem flachen Rand eingravierte Inschriften in griechischen Buchstaben, durch Rosetten in vier Teile getrennt: 1. Ὁ ἅγιος Στέφανος (der Kirchenheilige), 2. ein türkisches Wort mit Jahreszahl 1772 (?), 3. der Name des Stifters oder Kirchenoberen Johannes in der Abkürzung ΙΩ mit dem türkischen Titel Chazi (χαζη), 4. eine zweite Persönlichkeit Chazi Toan mit einem verbindenden x und ρ davor.[1])

Deutsche Beckenarbeit des 16. Jahrhunderts, als Kollektenschlüssel in einer griechischen Kirche des Orients benutzt, verzinnt und mit Inschriften versehen.

148 GÜRTELSCHNALLE AUS SILBERVERGOLDETEM FILIGRAN.
B 70 L. 24 cm. Br. 9 cm. Herkunft und Erwerbung wie Nr. 146. Abb. 44.

Beide runden Schnallenplatten nach außen durch einen zugespitzen Bogenansatz verlängert. Die völlig durchbrochene, aus Kreisrosetten gebildete Fläche belegt mit knopfartigen Rosetten und kleinen Rautenplättchen.

Ältere orientalische Arbeit, etwa des 17. Jahrhunderts.

149 SILBERVERGOLDETE GÜRTELSCHNALLE. L. 26 cm. Br. 10 cm.
B 69 Herkunft und Erwerbung wie Nr. 146. Abb. 44.

Aus zwei gewölbten Platten bestehend, jede in durchbrochener Arbeit inmitten von Rankenwerk den byzantinischen Doppeladler mit einer Bischofskrone zeigend. Als Schließe eine runde Rosette mit Türkis.

Orientalische Arbeit des 17.—18. Jahrhunderts unter abendländischem Einfluß.

---

[1]) Nach der Erklärung von J. Strzygowski.

150 **GÜRTELSCHNALLE AUS PERLMUTTER IN SILBERFASSUNG.**
B 66 L. 20 cm. Br. 6 cm. Herkunft und Erwerbung wie Nr. 146. Abb. 44.

Nach den Außenseiten zu mit geschweiftem Abschluß versehen, zeigen beide Platten Reliefschnitzerei, links den Heiligen Georg im Kampf mit dem Drachen, rechts denselben, einen Mann mit Turban erlegend (einen Türken oder einen

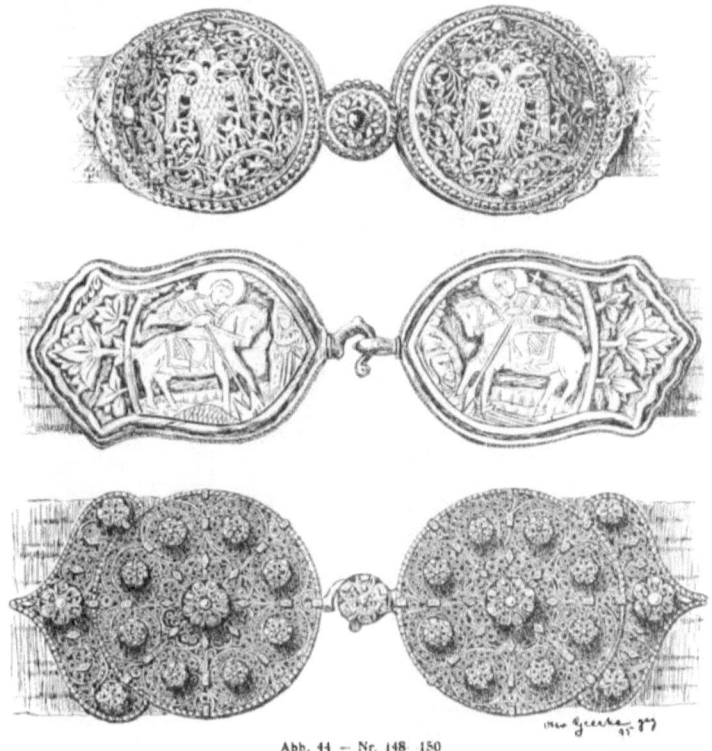

Abb. 44 — Nr. 148—150

Armenier mit dem Savagart, der armenischen Priesterkrone). Die Schweifung beiderseits mit Blattwerk gefüllt. Die Unterseite der Fassung von Kupfer.
Orientalische Arbeit des 15.—16. Jahrhunderts.

151 **GETRIEBENE SILBERPLATTE.** Brustschmuck. Dm. 10,5 cm. Herkunft
B 65 und Erwerbung wie Nr. 146.

Runde, leicht gewölbte Platte. In der Mitte ein größeres Rund mit der thronenden Madonna, am Rande zwischen vier Rosetten vier kleinere Medaillons mit Heiligen.
Rohe orientalische Arbeit, etwa des 16.—17. Jahrhunderts.

152 TEPELIK (Schmuck eines Fez) aus Silberfiligran. Dm. 12 cm. Erw. 1895
B 68 in Denizli (Kleinasien). Abb. 45.

Runde, durchbrochene Platte mit ähnlicher Dekoration wie Nr. 148. Radiale Feldeinteilung mit Ranken aus Silberdraht und aufgesetzten, kleinen rautenförmigen Plättchen. In der Mitte erhöhte Rosette mit rotem Stein. Über die Fläche sind zwei sich symmetrisch schneidende, gleichseitige Dreiecke aus Silberdraht gelegt, eine Form bildend, die von den Muhammedanern „Siegel Salomos", von den Juden „Schild Davids" genannt wird.

Ältere kleinasiatische Arbeit, etwa des 17. Jahrhunderts.

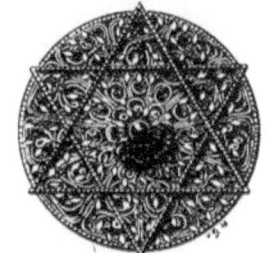

Abb. 45 — Nr. 152

153 KOKOSNUSSBECHER. Geschnitzt und in Silber gefaßt. H. 5,5 cm.
B 67 Dm. 6,5 cm. Erw. 1895 in Konia (Kleinasien). Abb. 46.

Halbe Eiform; außen mit orientalischem Blattornament beschnitzt und mit sechs kleinen Rosetten aus Silberfiligran mit einer Koralle in der Mitte besetzt. Der kleine Fuß samt der Fassung ebenfalls aus Silberfiligran.

Ältere kleinasiatische Arbeit.

154 SCHERE. Eisen mit Goldtau-
B 40 schierung. Lg. 27,5. Erw. 1896 in Smyrna.

Schmale Form, die Griffe zeigen in durchbrochener Arbeit stilisierte Buchstaben. Die ganze Fläche der Schneiden mit dichten, goldtauschierten Blattranken bedeckt. Die Innenseiten der Schneiden konkav geformt.

18.—19. Jahrhundert, Türkei.

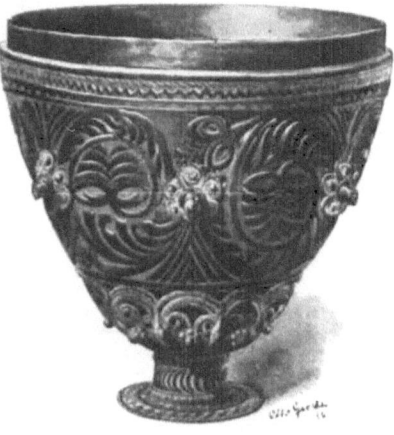

Abb. 46   Nr. 153

155 RUNDE DOSE. Blei, graviert. Dm. 6 cm. H. 2 cm. Erw. 1897 in
B 105 Konstantinopel.

Runde Deckeldose; beide Seiten mit naturalistischen Blumenbuketts in Medaillons verziert; auf dem Rande vier längliche Medaillons mit Inschriften.

18.—19. Jahrhundert, Türkei.

Die Schrift (sehr kleines Ta'liq) ist, besonders in der zweiten Hälfte, sehr verwischt. Sicher zu erkennen ist folgendes:

. . . . تو جسمى له قمندى تو نيست . . . .

„Du hast deinen . . . gefunden, der nicht deinesgleichen ist . . . ."

METALL 55

156 GÜRTELSCHNALLE. Bronze, emailliert. L. 15 cm. Erw. 1898 in Bagdad.
B 58
Die beiden, durch Haken und Öse verbundenen Platten sind geschweift und auf den Oberflächen graviert: Rankenwerk auf vertieftem, blau und gelb emailliertem Grunde.
Ältere Arbeit, Mesopotamien.

157 GÜRTELSCHNALLE (Hälfte). Bronze, emailliert. L. 5 cm. Erw. 1895
B 62 in Smyrna.
Herzförmige gewölbte Platte mit gravierter Oberfläche: Rosette und Blattornament auf vertieftem, hell- und dunkelblau emailliertem Grunde.
Ältere Arbeit, Mesopotamien (?).

158 RECHTECKIGES PLÄTTCHEN (Teil einer Gürtelschnalle). Eisen, ge-
B 61 schnitten und mit Gold tauschiert. Lg. 6 cm. Br. 3 cm. Erw. 1897 in Kazwin.
Auf der Oberseite zierliches Rankenornament mit vertieftem Grunde.
Ältere Arbeit, Persien.

159 ACHTSEITIGE DOSE. Eisen, in Gold tauschiert. H. 2 cm. Dm. 4 cm.
B 104 Erw. 1897 in Ardebil (Persien).
Klappdeckel und zwei Henkelösen. Deckel und Seitenflächen mit Ornamenten und Blumen in Goldtauschierung. Zur Aufnahme eines Amuletts dienend.
Ältere Arbeit, Persien.

160 FEUERSCHLÄGER. Stahl, geschnitten. Lg. 16 cm. Erw. 1899 in Teheran.
B 118
Die Flächen mit Tierdarstellungen in geschnittener Arbeit bedeckt. Abb. 47.
16.—17. Jahrhundert, Persien.

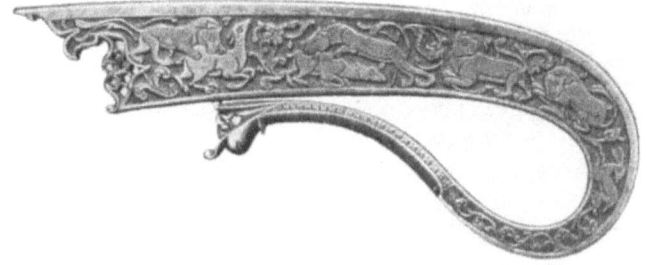

Abb. 47 — Nr. 160

161 SCHERE. Eisen, graviert und in Gold tauschiert. Lg. 28 cm. Br. 10,5 cm.
B 44 Erw. 1897 in Kazwin.
Die Handhaben in Form von zwei sich ringelnden Drachen mit geschnittener Innenzeichnung. Goldtauschierung nur auf dem unteren Ende der Schneiden und zwar als Inschrift.
18.—19. Jahrhundert, Persien.

Künstlerinschrift:

عمل محمد بن حجى اسمعيل

„*Arbeit des Muḥammed b. Ḥāǧǧi Ismaʿil.*"

162 HAMMER. Eisen. Lg. 27,5 cm. Br. 9 cm. Erw. 1897 in Kazwin (Persien).
B 43
    Zierlicher profilierter Stiel mit Hammer und sichelförmigem Messer. Die Hammerfläche in Form eines Drachenkopfes geschnitten.

    15. Jahrhundert, Persien.

163 MESSER. Eisen, mit Goldtauschierung. Lg. 21 cm. Erw. 1898 in Ker-
B 45 manschahan (Persien).
    Der Stiel aus Alabaster mit Blattkranz und zwei Blumen in geschnittenem Relief. Die Tauschierung der Klinge aus Rankenwerk bestehend.

    18.—19. Jahrhundert, Persien.

164 LÖFFEL. Speckstein, mit Silberbeschlag. Lg. 23,5 cm. Erw. 1897 in
S 10 Zendschan (Persien).
    Flache, ovale Schaufel an flachem, nach der Mitte sich wenig verbreiterndem Stiel; Silberbeschlag mit Türkisen.

    18.—19. Jahrhundert, Persien.

165 KOKOSNUSS. Geschnitzt. H. 5 cm. Lg. 8 cm. Erw. 1900 in Persien.
B 222
    Eiform, horizontal an silbernem Kettchen zu tragen. Die Öffnung blattartig ausgeschnitten mit bogenförmigen Ausbuchtungen. Nur die untere Nußhälfte beschnitzt: am Boden ein Oval mit Blumenstaude, darum drei umlaufende schmale Streifen; im mittleren Schrift, in den beiden anderen Rosettenmuster. Derartige geschnitzte Kokosnüsse werden von den Bettel-Derwischen getragen.

    18.—19. Jahrhundert, Persien.

166 GÜRTELSCHNALLE. Silber, mit Türkisen besetzt. Lg. 14,5 cm. Br. 9 cm.
B 71 Erw. 1898 in Buchara.
    In geschlossenem Zustande besteht der Schmuck aus drei Feldern, die mit Türkisplättchen ausgelegt sind; dazwischen in der Mitte etwas vertieft, zwei auf die Spitze gestellte vergoldete Quadrate, an den Seiten je ein hochliegendes eingesetztes Dreiecksfeld, das graviertes Rankenornament auf vertieftem, vergoldetem Grunde zeigt.

    Ältere Arbeit, Zentralasien.

167 HENKELGEFÄSS (Tintenfaß?). Bronze, gegossen und graviert. H. 8,5 cm.
B 81 Br. 5,5 cm. Erw. 1898 in Buchara.
    Gefäß in Form einer kleinen Vase mit Doppelhenkeln. Die Gravierung aus Blumen und Kreisen bestehend.

    Ältere Arbeit, Zentralasien.

168 **HENKELGEFÄSS** (Tintenfaß?). Bronze, gegossen und graviert. L. 5 cm.
B 80 H. 5 cm. B. 3 cm. Erw. 1898 in Kiew.

>Ähnliche Form wie Nr. 167. Auf den Seitenflächen in Relief ein Pferd und ein Löwe, deren Stilisierung an Tierformen erinnert, die augenscheinlich aus sassanidischen Bildungen hervorgegangen sind und sich in ähnlicher Weise in den Stuckdekorationen der Kathedralenfassade von Jurjew Polski in Rußland (Tolstoi, Kondakof: Denkmäler von Wladimir usw. St. Peterburg 1899. S. 40 ff.) finden.
>Ältere Arbeit, Südrußland.

169 **HENKELGEFÄSS** (Tintenfaß?). Bronze, gegossen und graviert. L. 5 cm.
B 79 H. 5 cm. B. 3 cm. Erw. 1898 in Kiew.

>Dieselbe Form und ähnliche Dekoration wie Nr. 168.
>Ältere Arbeit, Südrußland.

Waffen kaukasischer, persischer, türkischer, indischer und zentralasiatischer Herkunft

Eine aus Zentralasien stammende mittelalterliche Waffe, ein bronzener Streitkolben (Nr. 11), ist schon oben angeführt und abgebildet worden. In späterer Zeit scheint auch auf dem Gebiet der Rüstungen und Waffen Persien dem übrigen muhammedanischen Vorderasien vorangegangen und vorbildlich gewesen zu sein. Vor allem blühte die persische Waffenschmiedekunst in Übereinstimmung mit der sonstigen künstlerischen Kultur im 16. und 17. Jahrhundert, zur Zeit der Safiden, wo persische Handwerker Waffen für die Osmanen-Sultane und die indischen Mogulkaiser fertigten. Die Sammlung enthält einige orientalische Waffen verschiedener Herkunft, unter denen ein paar persische Helme und Säbel des 14.—16. Jahrhunderts bemerkenswert sind. Einer der Säbel (Nr. 179) trägt die Marke des bekannten Waffenschmieds Asadallāh aus Isfahan und ein Helm (Nr. 171) den Arsenalsstempel von Konstantinopel. Von besonderem Interesse ist ein frühes kaukasisches Kurzschwert (Nr. 170). Eine erschöpfende Übersicht über die Entwicklung der orientalischen, speziell der persischen und türkischen Waffen gibt die Sammlung des Kgl. Zeughauses in Berlin.

170 **KURZSCHWERT**. Griff und Fassung der Scheide aus Bronze, Klinge aus
W 22 Eisen. L. 43,5 cm. Erw. 1897 in Tiflis. Abb. 48.

>Doppelte Griffkrone, aus zwei durchbrochenen Turmkuppeln bestehend; aufgesetztes Bandornament in Nachahmung von Schnüren, die den Griff umwinden.
>Altertümliche kaukasische Arbeit, bei der die Verwendung von doppeltem Material singulär ist.

171 **HELM**. Eisen, mit Silber tauschiert. Spuren von Vergoldung. H. 32 cm.
W 31 Dm. 25 cm. Erw. 1897 in Wien aus der Sammlung Gr. Rudolf Hoyos. Taf. X.

>Konische Form mit leicht nach innen gebogener unterer Wandung und geschwungenen Kanelluren am mittleren Teile. Das Silber in dünnen Streifen auf

58　　　　　　　　　　　METALL

den gerauhten Grund gehämmert. Zwei breite Schriftbänder, zwischen denen, in einer dritten Zone, persisches Rankenwerk mit ornamentalen Blüten und Palmettenblättern angebracht ist. Die drei Zonen durch schmale geschweifte Borten getrennt, in denen Ornamente und Inschriften. Der Federbuschträger ergänzt. Nasenschutz und Nackenschutz fehlen. Die eingeschlagene Marke (Abb. 49) findet sich bei einer Reihe von ähnlich geformten und dekorierten Helmen (bei M. R. Koechlin in Paris, Don G. I. de Osma in Madrid u. a. m.) und bei anderen Waffenstücken, die sämtlich aus dem Arsenal von Konstantinopel, der ehemaligen Irene-Kirche, herstammen sollen. Die Marke gilt als Tamgha des Sultans Muḥammed II., des Eroberers (1451—1481 n. Chr.).

Abb. 49
zu Nr. 171

14.—15. Jahrhundert. Türkei, aber wahrscheinlich Arbeit eines persischen Waffenschmieds.

1. Untere Inschriftborte:

„Ruhm unserem Herrn, dem mächtigen Sultan und machtvollen Châqân, der die Nacken regiert."

2. Obere Inschriftborte:

„Dauernder Ruhm und [zunehmende] Herrschaft."

Die Buchstaben ابر sind wohl zu انزاندا zu ergänzen. — Vgl. Nr. 49.

3. Die Inschriften in den schmalen trennenden Borten sind zum grössten Teil verwischt und unleserlich.

172　HELM. Eisen, geschnitten und vergoldet.
W 32　Dm. 21 cm. H. 16 cm. Erw. 1900 in Persien. Abb. 50.

Fast halbkugelige Wölbung, bis auf einen glatten unteren Randstreifen mit flach geschnittenen persischen Ornamenten bedeckt; der Rand und das Muster vergoldet. An der Vorderseite ein Nasenschutz und zwei Hülsen für Federschmuck; die breiten Flächen des Nasenschutzes ornamentiert. Auf dem

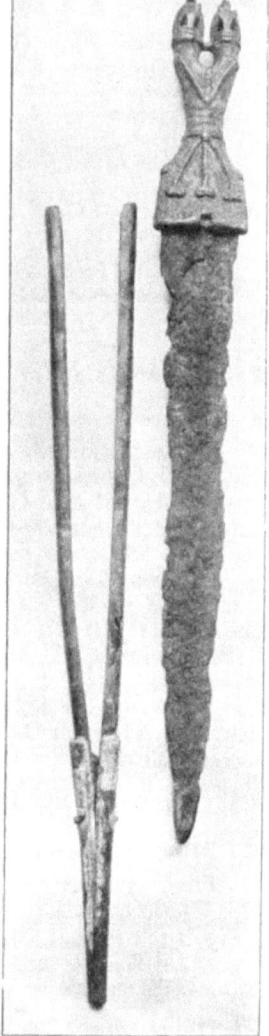

Abb. 48　Nr. 170

METALL

Helm eine vierkantige Spitze. Nackenschutz aus Drahtgeflecht, das, aus Eisen und Messing zusammengesetzt, eine symmetrische Musterung zeigt.

16. Jahrhundert, Persien.

173 HELM. Eisen, in Gold tauschiert.
W.A3 Dm. 19 cm. H. 12 cm. Erw. 1900 in Persien.

Halbkugelige Wölbung mit aufgesetzter Kegelspitze. Als Verzierung zwei schmale Inschriftborten und ein breites Mittelfeld mit Palmettenranken und drei großen Sternrosetten mit Inschriften. Nasenschutz und Federhülsen (die eine abgebrochen); die Schildflächen des Nasenschutzes, sowie die Anschlagsplatten der Hülsen in Form von Kreisrosetten mit vertieft geschnittenem Muster. Nackenschutz aus derben Eisendrahtringen.

16. Jahrhundert, Persien.

Im oberen Bande in sehr kleiner Schrift: Koran Sure 109.

Im unteren Bande grössere Schrift (persisches Ta'liq): Koran Sure 114; dahinter noch andere Koranverse, völlig verwischt.

In der Mitte Medaillons, Koranworte enthaltend, ähnlich wie bei Nr. 174.

174 HELM. Eisen, in Gold tauschiert.
W.34 Dm. 19,5 cm. H. 11,5 cm. Erw. 1900 in Persien.

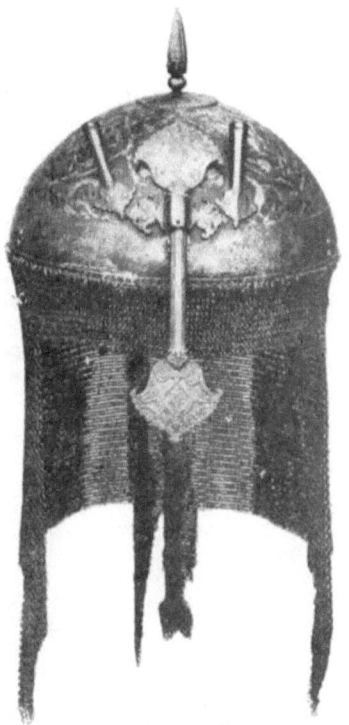

Abb. 50 — Nr. 172

Wölbung in Halbkugelform; die ganze Fläche mit Musterung in flach aufgehämmerter Goldtauschierung bedeckt. In der Mitte breites Feld mit dünnen Blattranken, dazwischen vier Sternrosetten mit Inschriften; oben und unten eine schmale Inschriftborte. Nasenschutz, Spitze, die eine der Federhülsen und der Nackenschutz fehlen.

Oberes Band, in sehr verschlungener Schrift: Koran Sure 68, Vers 51 - 52.

Dann die 112. Sure (sūrat at-tauhīd, Einheitsbekenntnis).

Unteres Band: Koran Sure 2, Vers 256—258 und Anfang von Vers 259.

Vier Medaillons in der Mitte:

1. بسم الله الرحمن الرحيم   Im Namen Allahs des Barmherzigen, des Erbarmers.

2. نصر من الله وفتح قريب   Hilfe von Allah und naher Sieg (Koran 61, 13).

3. واُفَوِّضُ امری اِلَی اللہ   *Ich vertraue meine Sache Allah an* (*Koran 40, 47*).

4. المُتَوَکِّل علی اللہ فہو حسبہ   *Wer auf Allah vertraut, dem ist er Genüge* (*Koran 65, 3*).

Die letzte Stelle ist ungenau; im Koran heisst es anstatt المُتَوَکِّل *vielmehr* ومن یتوکل.

175 HELM. Eisen, in Gold tauschiert. H. 20,5 cm. Dm. 20 cm. Erw. 1900 in Persien. Abb. 51.
W 38

Konische Form mit hoher, aufgesetzter Spitze. Die Wölbung zeigt eine Feldeinteilung mit vertieft geschnittenen Konturen; unten eine umlaufende Borte mit Inschrift; in den Feldern ornamentale Blumenranke und stilisierte Zypresse; auf der Spitze ein Rautenmuster. Vorn drei Hülsen (eine abgebrochen). Nasenschutz und Nackenschutz fehlen.
17. Jahrhundert, Persien.

Unteres Band:
Der „Thronvers", Koran Sure 2, Vers 256.

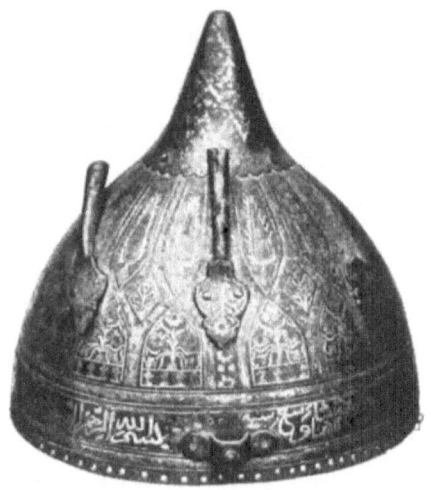

Abb. 51   Nr. 175

176 ARMSCHIENE. Eisen, in Silber tauschiert. L. 49 cm. Erw. 1896 in Athen.
W 18

Schiene für einen Unterarm mit zugehörigem Panzerhandschuh für die linke Hand aus Eisendrahtringen. Die Tauschierung auf der Schienenfläche zeigt Medaillons mit persischen Blumenranken.
17.—18. Jahrhundert, Persien.

177 BEINSCHIENE. Eisen, geätzt und in Silber tauschiert. L. 24,5 cm. B. 19 cm. Erw. 1896 in Athen.
W 19

Viereckige leicht gebogene Form, nach oben geschweift. Auf der Mitte eine Jagdszene mit zwei Reiterfiguren, umgeben von breiter Borte mit Inschriften und Jagdtieren, in den Ecken Brustbilder.
17.—18. Jahrhundert, Persien.

178 BEINSCHIENE. Eisen, geätzt und in Gold tauschiert. B. 18,5 cm. H. 25 cm. Erw. 1896 in Athen.
W 20

Viereckige Schildform, leicht gebogen und oben geschweift. Darauf viermal geteiltes Feld mit jagenden Reitern, in der Mitte ein Adler. Am Rande zwei umlaufende Borten mit Inschriften.
17.—18. Jahrhundert, Persien.

METALL 61

179 SÄBEL. L. 120 cm. Erw. 1897 in Beirut.
W 36
    Stark gekrümmte Klinge. Auf einer Seite zwei goldtauschierte Inschriftenmedaillons.
Parierstange und Griff aus Horn, mit rotem Band umwickelt.
    16. Jahrhundert, Persien. Arbeit des Waffenschmieds Asadallâh aus Isfahan für den persischen Schäh Ṭahmasp I. (1524—1576 n. Chr.). Von demselben berühmten Waffenschmied befinden sich mehrere Klingen in der Sammlung des Zeughauses zu Berlin, andere im Arsenal von Tsarskoé-Sélo (publiziert 1869. Taf. XVI. 2) und im India M. in London (W. Egerton: Illustrated handbook of indian Arms. 1880).

    a In dem kleineren Medaillon:

عمل اسد الله

    „Arbeit des Asadallâh";

    b In dem grösseren Medaillon:

بنده شده ولایت ٮهمسپ

    „Ṭahmasp, Diener des Königs der Heiligkeit 'Ali"
    Darunter die Zahl 12.

180 SÄBEL. L. 82 cm. Erw. 1898 in Konstantinopel. Abb. 52.
W 37
    Gewurmte Klinge mit geschnittenen Verzierungen, Arabesken auf vergoldetem Grunde und goldtauschierten Inschrifttafeln. Der Griff von Horn mit gerader Parierstange aus Silber, die Scheide von Leder mit silbernen Beschlägen.
    16.—17. Jahrhundert. Arbeit des Waffenschmieds Ali aus Qazwin in Persien.

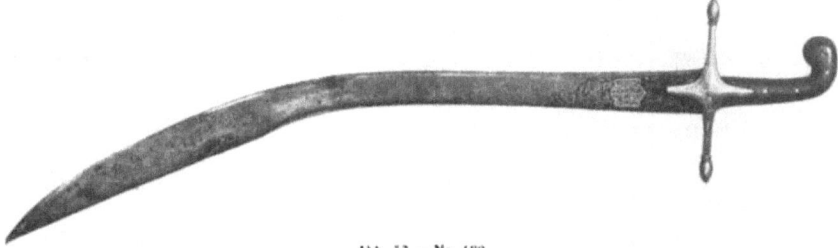

Abb. 52 — Nr. 180

    a Auf der einen Seite in einem grossen Medaillon; Schrift: ṭuluṭ.

لا فتى الّا علي ولا سيف الّا ذو الفقار

    „Es gibt keinen Helden ausser 'Ali und kein Schwert ausser Ḏu'l-fiqâr."
    Ḏu'l-fiqâr ist der Name eines Schwertes des Propheten Muḥammed, das später in die Hände 'Alîs gelangte;

    b auf der anderen Seite in einem sehr kleinen Medaillon:

عمل علي قزوینی

    „Arbeit des 'Ali Qazwini."

181 SÄBEL. L. 80 cm. Erw. 1897 in Beirut. Abb. 53.
W 38

Stark gekrümmte Klinge, mit mehreren geschnittenen und goldtauschierten Inschriften verziert. Der Griff aus Horn mit Parierstange aus Messing, Scheide von Holz mit Lederüberzug und zwei Eisenbeschlägen.

Dat. 1811 n. Chr.; Persien.

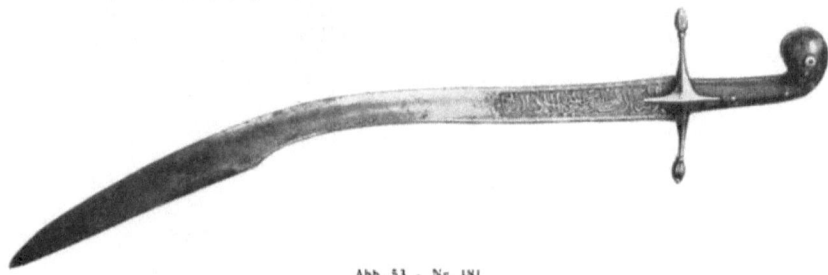

Abb. 53 — Nr. 181

a) Auf der einen Seite zwei Medaillons.

   1. in dem grossen (Schrift ṭuluṭ):

لا فتى الّا علي ولا سيف الّا ذو الفقار

„Es gibt keinen Helden ausser ʿAli und kein Schwert ausser Ḏuʾl-fiqâr."
Vgl. Nr. 180, a);

   2. in dem kleinen (Schrift Nashi):

نصر من الله وفتح قريب والنبيّين المؤمنين

„Hilfe von Gott und naher Sieg und . . . die Propheten, die Gläubigen";

b) auf der anderen Seite fünf Medaillons.

   In dem grossen (Schrift ṭuluṭ):

يا مفتّح الابواب افتح لنا خير أبواب

„O Öffner der Tore öffne uns das beste Tor."

Die vier übrigen Medaillons dieser Seite sind klein und enthalten folgende Inschriften:

1.   ١٢٢٦ — Jahr 1226 (H. = 1811 n. Chr.);

2.   توكلت على الله
       „Ich vertraue auf Allah";

3.   ما شاء الله
       „Was Allah will";

4.   يا مالك الملك
       „O Herrscher der Herrschaft".

METALL

182 STREITHAMMER. L. 13 cm. Erw. 1896 in Athen.
W 18

Der Griff modern. Das Eisen geschnitten und in Gold tauschiert; auf der breiten Fläche Darstellungen von Löwen, die Steinböcke packen; am Knopf geschnittene Blumenranken und tauschierte Inschrift.

16.–17. Jahrhundert, Persien.

ما شاء الله

„Was Allah will."

183 STREITKOLBEN. L. 56 cm. Erw. 1898 in Berlin.
W 16

Kurzer Schaft mit durchbrochener Kugel, die aus einzelnen vertikal gespaltenen Blättern besteht. Eisen, in Silber tauschiert.

Ältere Arbeit, Persien.

184 DOLCHMESSER. L. 53,5 cm. Erw. 1898 in Bagdad.
W 39

Gerades, doppelschneidiges Messer mit beiderseitiger, tiefer Blutrinne; die eine Seite mit persischen Ornamenten in Goldtauschierung. Der Griff besteht aus zwei Elfenbeinplatten mit goldtauschierten Nietknöpfen nebst Beschlagplatten. Die Scheide von Holz mit Lederbezug, graviertem silbernen Schuh und eiserner, goldtauschierter Ringöse. Dabei ein kleiner Eisenpfriem.

Ältere Arbeit, Persien.

185 DOLCHMESSER. L. 58,5 cm. Erw. 1898 in Bagdad.
W 24

Gerades, doppelschneidiges Messer mit beiderseitiger Blutrinne; die eine von persischem Rankenornament in Goldtauschierung begleitet. Griff aus Holz mit eisernen Knöpfen. Scheide aus Holz mit Lederbezug, eisernem, goldtauschiertem Ring und Beschlag von Messingblech.

Ältere Arbeit, Persien.

186 ZWEI DOLCHMESSER, in einer Scheide vereinigt. L. 40,5 cm. Erw. 1897 in Teheran.
W 23

Beide Messer von damasciertem Stahl; am Rücken in Eisen geschnittene Ornamente. Die Griffe aus je zwei Elfenbeinplatten bestehend, mit goldtauschiertem Grat. Die Doppelscheide von Holz mit grünem Lederbezug, an der Spitze silberner Beschlag.

Ältere Arbeit, Persien.

187 DOLCHMESSER. L. 49 cm. Erw. 1898 in Bagdad.
W 25

Doppelschneidiges Messer mit doppelter Blutrinne; beiderseits in Goldtauschierung Ornamentranken, in einem Felde in Form eines Schildes persische Lilie. Griff von Elfenbein. Scheide aus Holz mit Lederbezug, Ringöse und Schuhbeschlag von Eisen.

Ältere Arbeit, Persien.

188 DOLCHMESSER. L. 56 cm. Erw. 1898 in Sultanabad.
W 27

Gerades, doppelschneidiges Messer mit doppelseitiger, tiefer Blutrinne, sowie sternförmigem Stempel in goldenen Schriftzügen. Griff halb Elfenbein, halb Ebenholz, mit zwei goldtauschierten Knöpfen und einem Ring in Schiraz - Mosaik. Scheide von Holz mit Lederbezug, goldtauschiertem Beschlagstreifen für die Ringösen und kupfernem Schuh.

Ältere Arbeit, Persien.

189 DOLCH. L. 30 cm. Erw. 1897 in Teheran.
W 30

Gebogene Klinge mit zwei doppelseitigen, in der Mitte durchbrochenen Blutrinnen. Am Heft beiderseits in Eisenschnitt ein Löwe mit Steinbock. Schlichter Ebenholzgriff. Scheide von Holz, beschnitzt und mit Leder überzogen; als Spitze ein Elfenbeinknopf.

Ältere Arbeit, Persien.

190 DOLCH. L. 39 cm. Erw. 1897 in Kairo.
W 26

Gebogene, damascierte Klinge mit zwei doppelseitigen Blutrinnen; am Heft geschnittene Reliefs: Löwe und Reh. Griff aus Elfenbein, reich geschnitzt: Thronender König zwischen bekleideten und nackten Figuren, sowie Felder mit persischen Inschriften.

Ältere Arbeit, Persien.

191 DOLCH. L. 40 cm. Erw. 1898 im Kunsthandel, Berlin.
W 28

Leicht gebogene, zweischneidige Klinge mit Mittelgrat. Griff mit Elfenbeinschnitzerei. Scheide, in Silber geschnitten und graviert mit Sternmuster und Randborten. Silberstempel mit arabischen Schriftzügen.

Ältere Arbeit, Persien oder Kaukasus.

192 PISTOLE. L. 42 cm. Erw. 1898 in Bagdad.
W 7

Holzschaft, beschlagen mit nielliertem Silberblech. Das Schnapphahnschloß in Gold tauschiert.

17.—18. Jahrhundert, Persien.

193 SCHNAPPHAHNSCHLOSS. L. 8 cm. Erw. 1897 in Ardebil.
W 10

Eisen mit reicher Goldtauschierung.

17.—18. Jahrhundert, Persien.

194 PULVERHORN. Messing mit Silberbelag. L. 17 cm. Erw. 1897 in Teheran.
W 12

Gebogene Form mit kleiner Mündungsöffnung, das gegenseitige Ende nach unten umgebogen und in herzförmigen Knauf endigend. Die Öffnung durch federnden Verschluß mit zwei Scharnierösen geschlossen. Als Verzierung dienen Silberauflagen, die teils in breiten Flächen ornamentale Umrißformen zeigen, teils aus kleinen reliefierten Kreisrosetten bestehen.

17.—18. Jahrhundert, Persien.

METALL

195 PULVERHORN. Elfenbein. L. 17 cm. H. 10 cm. B. 3 cm. Erw. 1897 in
W 11 Teheran.

In stumpfem Winkel gebrochener Körper, mit persischen Ornamenten in Flachschnitzerei. An der Mündung ein federnder Verschluß, Eisen in Gold tauschiert, daran zwei Messingösen.

17.–18. Jahrhundert, Persien.

196 YATAGAN. L. 70 cm. Erw. 1898 in Kiew.
W 2

Gerade, stark verwitterte Klinge mit einem Stempel und Resten von Gravierungen. Silberner Griff, graviert und nielliert.

18. Jahrhundert, Kaukasus.

197 STREITHAMMER. L. 44 cm. Erw. 1898 in Kiew.
W 14

Silberner Stiel mit eisernem Axtmesser. In das Silber nach Art der Tula-Arbeit eingraviertes und mit schwarzer Masse ausgefülltes persisches Rankenornament; oben, unten und in der Mitte Borten mit eingelegten Türkisen; auf der unteren Hälfte Schild mit Schriftzeichen (?).

17.–18. Jahrhundert, Kaukasus.

198 SÄBEL. L. 88 cm. Erw. 1898 in Kiew.
W 4

Stark gekrümmte Klinge aus damasciertem Stahl. Der Griff aus Elfenbein. Die Scheide aus Holz, mit Überzug von violettem Sammet und reichem Beschlag aus gepreßtem Goldblech mit Türkisbesatz in Schuppenanordnung.

18. Jahrhundert, Buchara. Der Säbel soll das Ehrengeschenk eines Emirs von Buchara an einen russischen General gewesen sein.

199 GEWEHR. L. 156 cm. Erw. 1898 in Buchara.
W 9

Holzschaft (modern) mit eisernem, reich in Gold tauschiertem Rohr; die Mündung in Form eines Tierkopfes geschnitten, mit Rubinen als Augen. (Steinschloß fehlt.)

18. Jahrhundert, Buchara.

200 BOGEN. L. 120 cm. Erw. 1898 in Buchara.
W 21

Geschweifte Form, die Enden rot bemalt, das übrige mit Lackmalerei bedeckt: goldfarbiger Grund mit grün und weißen Ornamenten.

18. Jahrhundert, Buchara.

201 SÄBEL. L. 93 cm. Erw. 1898 in Buchara.
W 5

Gerade Stahlklinge, beiderseits mit mehreren Blutrinnen. Griff kreuzförmig, mit großem Kugelknopf als Bekrönung. Scheide aus Leder, mit Schuh und zwei Ringösen aus Eisen.

18. Jahrhundert, Buchara.

202 DOLCHMESSER, sogen. Katar. L. 42 cm. Erw. 1900 in Jeypore (Indien).
W 40

Zweischneidige, spitz zulaufende Klinge mit beiderseitiger, doppelter Blutrinne. Das Haftstück beiderseits mit geschweifter Platte belegt, die Blütenornamente in Silbertauschierung zeigt. Der gegabelte Griff besteht aus zwei durchbrochenen, gegitterten, breiten Wangenstücken, die durch zwei profilierte Säulen verbunden sind. Scheide von Leder.

Altere Arbeit, Indien.

203ᵃ ZWEI PAUKEN. Eisen, getrieben. Dm. 30 cm. Erw. 1897 in Konstan-
W 17ᵃ tinopel.

Am Rande Borten mit getriebenen Rankenornamenten. Am Boden ein zylinderförmiger Stiel mit Ringgriff.

17.—18. Jahrhundert, Türkei.

Epigraphischer Anhang

von Eugen Mittwoch

Bei einer großen Zahl von künstlerischen Erzeugnissen der islamischen Welt ist auch die hierfür vorzüglich geeignete arabische Schrift in den Dienst der Dekoration getreten. Neben Flechtbändern und Ranken, Medaillons und Rosetten mit Darstellungen von Menschen und Tieren sind auch Schriftborten in dem mannigfaltigen Muster der Ornamente reichlich vertreten. Häufig wechseln Schrift und figürliche Darstellung auf einem und demselben Gefäß in verschiedenartigen Medaillons, die durch Flechtbänder zu einem Ganzen verbunden sind, miteinander ab.

Für die kunsthistorische Forschung sind diese Inschriften ein willkommenes Hilfsmittel. Manche Stücke sind datiert und lassen sich daher zeitlich genau festlegen. Wo kein Datum angegeben ist, kann man zuweilen die Herstellungszeit aus dem Schriftcharakter wenigstens annähernd bestimmen. Einige Meister haben auf den von ihnen verzierten Gefäßen ihren Namen verewigt. Auf diese Weise können dann zuweilen auch andere Stücke, die mit ihnen in der Technik oder im Ornament auffallend übereinstimmen, einer bestimmten Zeit oder auch einer bestimmten Schule zugewiesen werden.

Die Anordnung des Kataloges, in dem die einzelnen Gefäße in Gruppen, je nach ihrer Herkunft oder dem technischen Verfahren bei ihrer Verzierung, in chronologischer Reihenfolge behandelt sind, brachte es vielfach mit sich, daß Inschriften der verschiedensten Art nebeneinander erscheinen, während solche, die sich sehr ähnlich sind oder gar völlig gleichen, weit voneinander getrennt sind. Darum soll an dieser Stelle noch einmal im Zusammenhange auf die Inschriften eingegangen werden.

Von näheren Ausführungen über den Schriftcharakter habe ich, da die Inschriften für sich nicht reproduziert sind, im allgemeinen abgesehen. Wo nichts besonderes bemerkt ist, etwa daß die Inschrift in eckigen, sogenannten kufischen Charakteren oder im persischen Ta'līq oder dergl. geschrieben ist, liegt immer eine der mannigfachen Arten des Nashī, also der gerundeten Schriftformen, vor.

An Fülle des Inhalts stehen die Gefäßinschriften den Bauinschriften im allgemeinen weit nach. Das liegt in der Natur der Sache.

Freilich dient auch bei Bauten die Inschrift zuweilen rein dekorativen Zwecken: Koranverse oder fromme Sprüche füllen, in kunstvoll verschlungenen Zügen geschrieben, ein freies Feld an der Fassade oder den Innenwänden eines

Gebäudes. Andere Bauinschriften aber, und ihre Zahl ist nicht gering, melden uns die Veranlassung, die ganze Vorgeschichte des Baues. Manches geschichtliche Ereignis, das für uns durch die oft allzu prägnanten Berichte der zeitgenössischen Chronisten in Dunkel gehüllt war, wird durch eine solche Inschrift in überraschender Weise beleuchtet und aufgeklärt. Ein Blick in Max van Berchems meisterhaftes Corpus Inscriptionum Arabicarum[1]), in dem die Inschriften von Ägypten gesammelt sind, gewährt eine Vorstellung von dem reichen Inhalt dieser Bauinschriften.

Diese Bedeutung als historische Quelle kommt den Inschriften in den Medaillons und Borten der gold- und silbertauschierten Gefäße im allgemeinen nicht zu. Hier sind es keine historischen Ereignisse, keine Tatsachen von weittragender Bedeutung, die der Nachwelt überliefert werden sollen, der Charakter dieser Inschriften ist vielmehr intimerer Art. Sie setzen sich zumeist zu dem Besitzer des Gefäßes in Beziehung. Ist dieses für einen Herrscher bestimmt, so enthält die Inschrift in der Regel einen Huldigungsgruß für ihn. Dabei ist der Herrscher entweder mit Namen genannt oder es werden wenigstens seine Titel und ehrenden Beinamen aufgeführt. Mit der bloßen Nennung der Titel begnügen sich die Inschriften gewöhnlich dann, wenn das Gefäß für den Haushalt eines hohen Beamten gearbeitet ist. Ein solches Gefäß konnte, da es keinen bestimmten Namen trug, von jedem Würdenträger, dem die gleichen Titel zukamen, erworben werden (siehe S. 72).

Noch größer war der Kreis der Abnehmer für ein Gefäß, wenn dessen Inschrift nur ganz allgemein — ohne Nennung von Namen oder Titeln — Vorzüge und Tugenden des Besitzers rühmt und ihm langes, glückliches Leben wünscht. Diese Inschriften sind zuweilen in metrischer Form gehalten.

Andere Inschriften enthalten einen Hinweis auf die Bestimmung des Gefäßes. Dabei wird das Gefäß oft selbst redend eingeführt. Es rühmt sich, daß es klares Wasser berge, daß es den Durstenden erquicke. Auch hier ist die metrische Form beliebt. Im besonderen lieben es persische Künstler, Weinschalen und Becher mit Versen aus persischen Weinliedern zu zieren. In ähnlicher Weise verwenden sie für Leuchter gern Verse, in denen das Motiv vom Nachtfalter und seiner Sehnsucht nach dem Lichte behandelt wird. Diese Verse sowohl wie auch die anderen, die dem Weine gelten, sind oft voll von allegorischen Anspielungen.

Religiöse Inschriften, Koranverse und andere fromme Sprüche, finden sich besonders auf Geräten, die für Moscheen oder Medresen bestimmt waren, und auf Schwertern und sonstigen Waffen.

Wenn wir es nun versuchen, die Inschriften dieses Kataloges nach den eben angedeuteten Gesichtspunkten ihrem Inhalt nach in einzelnen Gruppen aufzuführen, so tragen wir dabei ein paar Bemerkungen zu der einen oder anderen Inschrift, die oben im Text des Katalogs den Zusammenhang allzusehr unterbrochen hätten, an dieser Stelle nach.

---

[1]) Matériaux pour un Corpus Inscriptionum Arabicarum. Première partie, Égypte. Paris 1894—1903; im folgenden immer als C I A zitiert.

I.

Gefäße für Herrscher

Von allen Inschriften dieser Sammlung ist epigraphisch am wertvollsten die an dem Becken Nr. 19 (siehe Tafel VI), eine Huldigung für den Atabeken Muʻizz addīn Maḥmūd b. Sanġar Šāh aus der Dynastie der Zengiden, der im Jahre 1208 n. Chr. zur Regierung kam.

Was den Worten ابو القسم vorangeht, ist — mit Ausnahme der Worte معزّ الدنيا والدين, die den Beinamen des Herrschers bilden — reine Titulatur. Auch sonst geht bei syrischen und mesopotamischen Atabeken die Kunja dem Eigennamen immer unmittelbar voran. Die Titel, die dem Herrscher beigelegt werden, zerfallen in rein-arabische, die auch anderwärts in der arabischen Epigraphie sehr oft vorkommen, und persisch-türkische, die seltener sind. Den Beginn bilden, wie üblich, eine Reihe von einfachen, aus je einem Partizip bestehenden, Titeln. Dann leitet der Beiname Muʻizz ad-dunjā wad-dīn („der der weltlichen Macht und der Religion zum Siege verhilft") hinüber zu den zusammengesetzten Titeln, deren erster der Regel gemäß ein mit „islām" zusammengesetzter ist, nämlich rukn al islām walmuslimīn („Säule des Islams und der Muslime").[1]) Der folgende Titel nāṣir al-ḥaqq bilbarāhīn („der die Wahrheit durch Beweise unterstützt") wird in genau derselben Form beispielsweise auch dem baḥritischen Mamlukensultan von Ägypten al Malik al ašraf Ḫalīl beigelegt in einer Inschrift aus dem Jahre 687 (H. = 1288 n. Chr.), die auch eine Reihe anderer Titel mit unserer Inschrift gemein hat.[2]) Die folgenden Worte lauten in der Inschrift القائم باومر الدين. Das ist بـَوْمِرِ oder بـَوامِرِ zu lesen, „der bei den Befehlen der Religion verharrt". Mit diesem Titel, den wir genau so in der Inschrift Lanci[3]) II. S. 163 finden, vergleiche man den häufigeren al qāʼim biḥudūd Allāh „der bei den Vorschriften Gottes verharrt". Der nächste Titel qāmiʻ alkafara wal mušrikīn „der die Ungläubigen und Götzendiener bezwingt" ist in dieser Form im C I A nicht belegt, wohl aber ähnlich: qāmiʻ al kafara walmutamarridīn („der die Ungläubigen und Rebellen bezwingt") und qātil alkafara walmušrikīn („der die Ungläubigen und Götzendiener tötet"). In der letzteren Form lesen wir den Titel z. B. in der erwähnten Inschrift Ḫalīls, die übrigens auch den nächsten Titel unserer Inschrift, das häufige muḫji ʼl ʻadl fi lʻālamin („der die Gerechtigkeit in den Welten belebt") enthält.[4]) Zu naṣr al muġāhidīn

---

[1]) Vgl. van Berchem C I A S. 448.

[2]) Vgl. C I A S. 141. — Ein sehr ähnlicher Titel, muẓhir al ḥaqq bilbarāhīn, C I A S. 279 und 440. Vgl. M. Hartmann, Archäologisches aus Russisch-Turkestan, O L Z IX (1906), Sp. 367.

[3]) Trattato delle simboliche rappresentanze arabiche etc. di Michelangelo Lanci, Parigi 1845/6.

[4]) Beide Titel auch in zwei von M. Sobernheim publizierten Inschriften. Vgl. seinen Aufsatz „Arabische Gefäßinschriften von der Ausstellung in Paris", Zeitschrift des Deutschen Palästina-Vereins, Band XXVIII (1905) S. 179 f. und 194. Die letztere Inschrift (Nr. 7) stimmt auch noch in anderen Titeln mit der unsrigen überein.

("Hilfe der Glaubensstreiter") vergleiche man den ähnlichen nāṣir alġuzāt walmuġāhidīn ("der den zu Felde Ziehenden und den Glaubensstreitern hilft").[1]) Dem Inhalt nach häufig, dem Wortlaut nach aber selten ist der nächste Titel malik umarā' aššarq wal ġarb ("König der Emire des Ostens und Westens"). Dieser Titel, wie auch die folgenden, kehren die weltliche Gewalt des Herrschers hervor, während die zuvor besprochenen seine religiös-islamischen Tugenden preisen. Da es sich hierbei um einen Fürsten des Ostens handelt, so sind die Titulaturen vom Persischen und Türkischen beeinflußt. Der erste dieser Titel bahlawān-i-ġihān "der Held der Welt" ist auch nach dem Westen, nach Ägypten, gewandert (vgl. die schon mehrfach erwähnte Inschrift des Mamlukensultans Ḥalīl). Dieser wie auch der nächste persische Titel "der Chosro von Iran" und die drei alttürkischen Ināng[2]), Qotluġ ("der Glückliche") und Toġrultekin[3]) werden in gleicher Weise in einer in Baalbek befindlichen Inschrift dem Zengiden 'Imād ad-dīn beigelegt.[4]) Unser Herrscher wird dann noch Atābek genannt. Das heißt in diesem Falle: er gehört zur Dynastie der Atabeken, die in Mesopotamien regierten, bis sie von den Aijubiden abgelöst wurden. Zum Schluß wird der Fürst noch als nāṣir amīr al mu'minīn ("Helfer des Emirs der Gläubigen") bezeichnet; d. h. er wird in üblicher Weise mit dem Chalifen in Verbindung gebracht.[5])

Weit einfacher als in der eben behandelten Inschrift sind die Titulaturen in den fünf Inschriften an der Kanne Nr. 59. Sie enthalten eine Huldigung für den bekannten Mamlukensultan Muḥammed b. Qalā'ūn, der mit einigen Unterbrechungen von 1293—1340 n. Chr. regierte. Die beiden ersten dieser Inschriften bieten im wesentlichen nur die Namen und Beinamen des Herrschers. Von diesen Namen greifen die Inschriften in den Medaillons (3 und 5) nur den einen, al Malik an Nāṣir (wörtlich: "der siegreiche König") heraus. Nur in den Rosetten (4) erhält der Sultan noch einige ehrende Epitheta.

Von den Titeln in der anonymen Inschrift an dem Becher Nr. 78a aus dem Jahre 1456/7 kommen die meisten auch sonst oft vor. So wird der Titel maulā mulūk al 'arab wal 'aġam ("Herr der Könige der Araber und Perser") beispielsweise auch dem ottomanischen Sultan Sulaimān Pascha in einer In-

---

[1]) C I A Nr. 374, S. 563; vgl. auch معزّ الغزاة والمجاهدين, Sobernheim a. a. O. S. 194.

[2]) von اينانمق "vertrauen", also "der Zuverlässige"; vgl. M. Th. Houtsma, Arabisch türkisches Glossar, S. 30.

[3]) Toġrul (von طوغرامق) bedeutet im Türkischen "Zerstückler"; so Er-toġrul "der Männerzerstückler, der Männermordende"; tegīn (schon Kök-Türkisch) = "Prinz" (gütige Mitteilung von Herrn Professor Karl Foy in Berlin). Andere fassen in diesem Namen toġrul (von demselben Verbum aus) als "Jagdfalke"; vgl. Houtsma, a. a. O. S. 28.

[4]) Vgl. Sobernheim, a. a. O. S. 195 f.; auch in der Inschrift S. 194 finden sich alle diese Titel, bis auf Toġrultekīn.

[5]) Ähnliche Titel sind ḫalīl amīr al mu'minīn und qāsim amīr al mu'minīn. Über die Bedeutung der drei Titel und den Unterschied zwischen ihnen siehe das nähere nach dem Dīwān al inšā' bei v. Berchem, C I A S. 144, Anm. 5.

schrift vom Jahre 950 H. (1543/4 Chr.) beigelegt. Die Bezeichnung des Sultans als ẓill allāh fi l arḍin („Schatten Gottes auf Erden") geht auf den Traditionssatz السلطان ظلّ الله فى الارض zurück.¹) Selten sind die beiden anderen Titel in dieser Inschrift, nämlich qahramān²) almā' waṭ-ṭin „der Gebieter zu Lande und zu Wasser" und bāsiṭ aġniḥat al amn wal amān „der die Flügel der Sicherheit und des Schutzes ausbreitet".

Die Titulaturen in den Inschriften Nr. 56 und 171 — Huldigungen an Herrscher, die nicht mit Namen genannt sind — weisen keine Besonderheiten auf.

Eine Gruppe von Gefäßen mit anonymen Herrscherinschriften muß noch besonders erwähnt werden, nämlich Nr. 41, 42, 43, 45 und 46. Alle diese Inschriften haben einen Fehler gemeinsam, indem der Titel „Sultan der Sultane" durchweg in barbarischer Weise durch السلطن السلاطين ausgedrückt wird. Das kann kein Araber, der nur eine Ahnung von der Grammatik seiner Sprache hat, geschrieben haben. Man wird also annehmen müssen, daß die Künstler, die diese Inschrift graviert haben, in Mesopotamien oder in Persien gelebt haben und dass ihre Muttersprache nicht Arabisch gewesen ist. Dazu würde stimmen, daß die Nr. 43, 45 und 46 (siehe oben) in Persien erworben sind. Freilich stammen zwei von diesen Gefäßen, nämlich Nr. 41 und 42, unmittelbar aus Kairo, und auch zwei andere Metallbecken, die denselben Fehler in der Inschrift aufweisen und sich jetzt im Besitz des Kaiser Friedrich-Museums in Berlin befinden, sind im Jahre 1904 in Kairo erworben. Allein bei dem regen Verkehr, in dem die einzelnen Teile der islamischen Welt immer gestanden haben, ist die Wanderung solcher Gefäße aus Persien nach Ägypten nicht auffallend. Für unsere Annahme, daß diese Gefäße erst später nach Ägypten gelangt sind, spricht auch folgende Tatsache. Auf dem Boden der in Ägypten erworbenen Schale Nr. 42 ist die Marke eines Besitzers eingraviert, dessen Namen ihre persische Herkunft sehr wahrscheinlich macht.

II.

Gefäße für hohe Würdenträger

Die Inschriften an Gefäßen dieser Sammlung, die sich auf hohe Würdenträger beziehen, sind durchweg anonym. Sie enthalten nur Titel, keinen Namen. Das ist mitunter Zufall; der Künstler hatte den Raum falsch berechnet und konnte den Namen in dem Medaillon oder der Rosette nicht mehr unterbringen. In der Mehrheit der Fälle ist aber die Anonymität beabsichtigt, wie sie denn

---

¹) Vgl. Goldziher, Muh. Studien II. S. 61 und v. Berchem, C I A S. 368 und 496.
²) قهرمان bedeutet „Befehlshaber, Held", in späterer Zeit „Verwalter, Intendant".

auch sonst in arabischen Gefäßinschriften sehr beliebt ist. Reinaud[1]) suchte den Grund hierfür in einer gewissen Bescheidenheit der hohen Beamten. Durchdrungen von dem Gefühl der Abhängigkeit von ihren Souveränen, hätten sie Bedenken getragen, ihren Namen auf ihren Geräten verewigen zu lassen und sich mit der bloßen Nennung ihrer Titel begnügt. Van Berchem hat[2]) die Haltlosigkeit dieser Annahme mit überzeugenden Gründen nachgewiesen. Es ist kein Zufall, daß zuweilen die Inschriften an besonders kostbar ausgestatteten Prunkgefäßen auch den Namen des hohen Beamten, für dessen Haushalt sie verfertigt sind, nennen. Bei weniger fein gearbeiteten Gefäßen aber — und zu diesen gehören alle hier in Betracht kommenden unserer Sammlung, wie die überwiegende Mehrzahl der Gefäße überhaupt — beschränkte man sich auf die Angabe der Titel, die den hohen Beamten zukamen. Sie hatten so, wie bereits erwähnt, einen weiteren Kreis von Abnehmern; denn sie paßten in den Haushalt eines jeden Würdenträgers von gleichem Range, und deren gab es am Hofe der Mamlukensultane nicht wenige. An erster Stelle[3]) steht in solchen Inschriften immer das dem Beamten je nach seiner Rangstufe zukommende Prädikat. Das ist bei Beamten der ersten Rangklasse al maqarr al ʿāli (z. B. Nr. 38, 60, 62, 64, 65, 70), bei denen der zweiten Rangstufe al ǧanāb al ʿāli (Nr. 59, 7) oder auch al ǧanāb al karim al ʿāli (Nr. 59, 6). Dann folgt gewöhnlich المولوي „der Herr, Gebieter". In der Aufeinanderfolge der übrigen ehrenden Beinamen herrscht vielerlei Abwechslung, oft große Unordnung. Die strengen Regeln, die sich für die Titelprotokolle ausgebildet hatten[1]), sind auf den Gefäßinschriften nur wenig beachtet. An diese Anforderungen reichen die Inschriften an Nr. 71 und 73 am ehesten heran. Diese beiden Inschriften enthalten denn auch — wie es Vorschrift ist — am Schluß einen Titel, der die Zugehörigkeit zum regierenden Sultan ausdrückt. In Nr. 71 ist der Beamte als الملكي الصالحي „Klient von al Malik aṣ-Ṣāliḥ" bezeichnet; in Nr. 73 ist الملكي الندري Fehler für الملكي الناصري (so richtig in Nr. 60) „Klient von al Malik an-Nāṣir".

Bei vielen Geräten fehlt selbst diese Beziehung auf den regierenden Sultan. Sie konnten also auch nach dem Tode des zur Zeit regierenden Fürsten in dem Haushalt von Beamten der gleichen Rangklasse Verwendung finden.[5])

---

[1]) Monumens arabes, persans et turcs du cabinet de M. le Duc de Blacas, Paris 1828, Tome II, S. 363.

[2]) C I A S. 689 ff.

[3]) Der Titel wird mitunter durch die Worte ممّا عمل برسم „Gemacht auf Befehl des . . ." eingeleitet, vgl. z. B. Nr. 64 und 69.

[4]) Über die des 14. Jahrhunderts siehe v. Berchem C I A S. 185, über die des 15. Jahrhunderts C I A S. 447.

[5]) Selbst in Fällen, wie Nr. 64, wo die Inschrift mit dem Worte الملكي schließt, ist dahinter nicht etwa aus Raummangel ein Wort wie الصالحي oder الناصري weggeblieben, sondern al malaki bildet hier einen Titel für sich, ebenso z. B. auch in der Inschrift C I A Nr. 512, S. 692. Die Übersetzung oben, Seite 31 Zeile 18, ist entsprechend zu ändern.

Diese Gefäße sind also geradezu auf Vorrat gearbeitet worden. Denn bei dem überhandnehmenden Titelunwesen war die Zahl derer, die das Prädikat maqarr oder ǧanāb für sich in Anspruch nahmen, sehr groß. Jeder von ihnen, der reich genug war, um sich den Luxus von silbertauschiertem Metallgerät zu leisten, kam dann als Abnehmer in Betracht. Die Inschriften auf solchen Gefäßen wurden aber auch in späterer Zeit vielfach von Künstlern, die die Bedeutung der einzelnen Titel nicht mehr kannten oder, da es Nichtaraber waren, überhaupt nur unvollkommen Arabisch verstanden, aus rein dekorativen Gründen kopiert.[1] Mancher Kunsthandwerker hat eine solche Inschrift nach mehreren Vorlagen ungeschickt zusammengestoppelt. So ist es denn erklärlich, daß die Reihenfolge der Titel nicht selten in Unordnung geraten ist, daß wichtige Bestandteile fehlen, andere unnötigerweise mehrfach wiederholt werden.

Die einzelnen Titel, die den hohen Beamten in den Inschriften unserer Sammlung beigelegt werden, wie „der Gebieter", „der Imam", „der Ordner", „der Erhalter" usw., sind dieselben, die wir auch sonst in derartigen Inschriften zu lesen gewohnt sind. Wir wollen daher auf sie hier nicht näher eingehen[2] und nur noch eine Inschrift auf einen hohen Würdenträger erwähnen, die aus dem allgemeinen Rahmen herausfällt und ein mehr persönliches Gepräge trägt, obwohl auch in ihr kein bestimmter Name genannt ist. Das ist die Inschrift an dem Tintenfaß Nr. 66 (vgl. Tafel IX), die in völlig gleichem Wortlaut auch auf der Innenseite des Deckels wiederholt ist. In dieser Inschrift erhält der Beamte, für den das Gefäß gearbeitet ist, zuerst das Prädikat der ersten Rangklasse al maqarr aš šarīf al 'ālī „seine hochedle Exzellenz", dem als weiteres Epitheton noch as-samā'ī, wörtlich: „der Himmlische", d. i. wohl: „der Erhabene" (?) beigegeben ist. Die folgenden Worte enthalten die Amtsbezeichnung. Nā'ib as-salṭana, wörtlich: „Stellvertreter der Regierung" bedeutet zunächst den „Vizekönig", der in Kairo residierte, der Titel kam aber auch dem Gouverneur von Damaskus zu, der so einen Vorrang vor allen anderen Gouverneuren besaß. Bei dem allgemeinen Verfall des Titelwesens wurde dieser Titel auch anderen Gouverneuren Syriens beigelegt. So nannte sich endlich jeder Gouverneur eines Distrikts oder auch nur einer Festung in Syrien ebenfalls nā'ib as-salṭana.[3] Um einen solchen Gouverneur in dem syrischen Lande handelt es sich auch in unserer Inschrift. Denn es wird hinzugefügt: bissawāḥil al-maḥrūsa „in den wohlbewahrten Küstenländern". Das ist die übliche Bezeichnung für den langen, schmalen Streifen zwischen dem Mittelländischen Meere und dem Gebirge, das Syrien von Nord nach Süd durchzieht.[4] So werden die festen Plätze an der syrischen Küste beispielsweise auch in einer Inschrift des Sultans al Malik al Ašraf Ša'bān aus dem Jahre 770 (H. = 1368 9 Chr.) alqilā' as-sāḥilīja genannt.

---

[1]) Vgl. CIA S. 692, oben.

[2]) Zahlreiche Stellennachweise siehe im Index zum CIA; vgl. auch Sobernheim a. a. O.

[3]) Vgl. CIA S. 210 ff., besonders auch S. 212, Anm. 4.

[4]) CIA S. 219, Anm. 3.

III.

Segenswünsche und Ruhmesworte

Die Hauptgruppe unter den Inschriften dieser Sammlung bilden diejenigen, die sich, ohne einen Namen oder auch nur Titel zu nennen, ganz allgemein an den Besitzer wenden und ihm Segenswünsche darbringen oder seine rühmlichen Eigenschaften aufzählen. Die primitivsten unter diesen Inschriften enthalten nur ein Wort, wie العـفيـة „Gesundheit" (Nr. 24[1]), 25, 86), البـركة „Segen" (Nr. 12; vgl. auch 25) oder wenige Worte, wie das häufige العزّ والإقبال „Glück (Macht) und Wohlergehen"[2]) (Nr. 8, 25), ([3] العزّ الدائم „dauerndes Glück" (Nr. 6) oder العزّ الدائم والإقبال ([3] „dauerndes Glück und Wohlergehen" (Nr. 26).[4])

Bei dieser Gelegenheit möchten wir ein paar „Inschriften" erwähnen, die inhaltlich am tiefsten stehen, indem sie nicht einmal ein einziges vollständiges Wort enthalten, sondern die arabische Schrift zu rein ornamentalen Zwecken verwenden. Ein einzelner Buchstaben, wie alif (Nr. 33)[5]) oder eine Reihe von

---

[1]) Bei Nr. 24 hat es zunächst den Anschein, als sei das Wort, das übrigens 18 mal wiederkehrt, immer mit einem alif am Schluß, also العـفيا geschrieben. Eine genauere Prüfung ergibt aber, daß der letzte Strich immer als der Rest eines hochgezogenen Schluß-hā ﻪ anzusehen und daß also die regelmäßige Schreibung vorliegt. Daneben kommt aus dekorativen Gründen — damit die Buchstaben in möglichst gleichen Zwischenräumen durch einen senkrechten Strich unterbrochen werden — auch die Schreibung العـفيـد vor; so zu wiederholten Malen auf dem Fragment der lüstrierten Prachtvase im Kgl. Kunstgewerbe-Museum in Berlin (Sonderabdruck aus dem Jahrbuch der Kgl. Preuß. Kunstsammlungen 1903, Heft II. S. 20). Zu der ornamentalen Verwendung von العـفيـة vgl. jetzt auch: G. J. de Osma, los letreros ornamentales en la cerámica morisca del siglo XV, Abdruck aus der „Cultura Española", 1906.

[2]) اقبال bedeutet eigentlich ebenfalls „glückliches Geschick, Glück".

[3]) Das Wort الدائم ist in Nr. 6 und 26 zu الدا verkürzt.

[4]) Auf spanisch-maurischen Lüsterfayencen finden wir sehr häufig: اليمن والإقبال „Glück und Wohlergehen", z. B. auf dem jarro de la Alhambra, der lüstrierten Prachtvase im Museum der Alhambra, ebenso auf dem Fragment einer solchen Vase im Berliner Kunstgewerbe-Museum; vgl. den in Anm. 1 zitierten Aufsatz aus dem „Jahrbuch" 1903, S. 14 und 20. Auch auf spanisch-arabischen Geweben sind die Worte اليمن والإقبال gern verwandt. So ist natürlich auch in Nr. 78 und 79 der Sammlung Errera (Collection d'anciennes étoffes ... par Madame Isabelle Errera, Bruxelles, 1901, S. 45 und 46) zu lesen. Dort wird die Deutung „Der Panter und die Elefanten" gegeben, also gelesen النمر والإفيال !

[5]) Wie schon oben bemerkt wurde, legt die Form, die die Köpfe der alifs in Nr. 33 haben, die Vermutung nahe, daß auf ihnen ursprünglich menschliche Köpfe zur Darstellung gebracht waren, wie sie ähnlich alle alifs und lāms in Inschrift 2 bei Lanci

Buchstaben ohne jeden Sinn kehrt in steter Wiederholung immer wieder. So die Buchstaben لعـلـعـ (Nr. 6; 9)¹), اٮر اٮر (Nr. 7; 54), اٮد اٮد (Nr. 8), د د (Nr. 22; vgl. Nr. 26 und 58). Buchstabenfolgen wie لعلا könnten lediglich aus Gründen der Symmetrie gewählt sein. Schwieriger wäre diese Voraussetzung bei Gruppen wie الر oder ا د. Man darf daher wohl annehmen, daß alle diese Buchstaben, die im übrigen rein dekorativ verwandt sind, verkümmerte Reste von Worten bilden, die in Wunschinschriften sehr häufig sind. So wird den Buchstaben عـ das Wort العفيـ²), den Buchstaben اٮر das Wort اٮرائد („zunehmend, reichlich") oder wahrscheinlicher اٮدائـ („dauernd") — mit Verwechslung von dāl und rā³) — zugrunde liegen.

In den meisten Fällen kargen die Inschriften nicht so sehr, wie in den bisher erwähnten Beispielen, mit den guten Dingen oder Tugenden, die sie dem Besitzer des Gefäßes wünschen oder nachrühmen. Es ist vielmehr eine lange Reihe von Wünschen und Ruhmesworten, die dieser über sich ergehen lassen muß. Die äußere Form dieser Inschriften ist ziemlich einheitlich. Sie beginnen fast ausschließlich mit dem Worte العز, dann folgt eine mehr oder minder große Zahl von Substantiven, die meist für sich stehen (Nr. 12, 14–17, 27, 31 [b], 48), manchmal aber noch je ein Attribut bei sich haben (Nr. 13, 49, 53). Den Schluß bilden dann die Worte ٮصاحبـ „seinem (des Gefäßes) Besitzer"⁴) oder ٮصاحبه اٮدا „seinem Besitzer immerdar". Abwechslungen von dieser üblichsten Art, wie in der letzten Inschrift an Nr. 78a, die mit den Worten ٮ الـ الـعـالمىن „o Gott der Welten" schließt, sind sehr selten. Diese Inschriften sind überhaupt recht stereotyp geworden. Auch die Reihenfolge der einzelnen Wunsch- und Ruhmesworte hat sich sehr gleichförmig gestaltet. Die Künstler haben offenbar nach Vorlagen gearbeitet. In manchen Fällen läßt sich das noch nachweisen. So stimmen die ersten acht Substantiva in Nr. 48 und 55⁵) miteinander völlig überein. In Nr. 55 ist die Folge der Worte aber durch metrische Gründe bedingt. Da es nicht wahrscheinlich ist, daß die beiden Gefäße von demselben Künstler herrühren, so muß die Inschrift an Nr. 48 der an

Tavola XXX zieren. Da die Silbertauschierung völlig verschwunden ist, läßt sich das allerdings nicht mehr mit Sicherheit behaupten.

¹) So auch bei Lane-Poole, the art of the Saracens, S. 217 und 220.

²) Man könnte auch an العـلمى „der Gelehrte" denken, das auf der Schale Nr. 74 in sieben Medaillons je zweimal vorkommt. Doch das ist selten, العفيـ hingegen sehr beliebt.

³) Diese Verwechslung ist in den Inschriften nicht selten; siehe oben die Bemerkung zu Nr. 75.

⁴) In Versen beginnen die Inschriften zuweilen mit diesem Worte.

⁵) Abgesehen von einer kleinen Variante genau so auch auf einem Becken im Besitze des Kaiser Friedrich-Museums in Berlin.

Nr. 55 entlehnt sein, oder man muß für beide eine gemeinsame Vorlage annehmen.[1])

Die Künstler haben ihre Vorlagen mitunter nicht verstanden; vgl. oben die Bemerkungen zu Nr. 49 und 75. So erklärt es sich, daß in solchen Inschriften sehr oft ein Wort oder auch eine Reihe von Worten mehrere Male wiederholt ist.

Wir stellen hier eine Liste von Substantiven, die in derartigen Wunsch- und Lobesinschriften vorkommen, zusammen. Aus der Zahl der zu jedem Worte angegebenen Belegstellen ergibt sich seine größere oder geringere Beliebtheit. Außer den Inschriften unserer Sammlung sind auch die bei Reinaud Bd. II (R.) und Lanci Bd. II. (L.) hierfür herangezogen. Da Lancis Lesungen jedoch vielfach recht ungenau sind, so sind nur Inschriften berücksichtigt, die sich nach den Reproduktionen in Band III. seines Werkes nachprüfen ließen.[2])

الاء Gnadengaben R. 394.

تأييد Beistand L. 62 (Tav. 28).

بر Rechtschaffenheit 27. 48.

بركة Segen 12. 14. 15. 16.

بقى Dauer 15. 17. 27. 31. 72.

بهاء Glanz L. 65; R. 394.

تمّة[3]) Vollkommenheit 14 (vgl. L. 63. 64).

ثنا Lob, Preis 31.

جدّ Glück 48. 53. 55.

جود Freigebigkeit 27.

حلم Milde 27. 48. 55.

حياة Leben 27. 48.

خير Gutes 53.

دهر Geschick 27. 53.

دوام Dauer, Bestand 15. 48.

دولة Herrschaft, Regierung 13. 14. 15. 16. 17. 78a. 171.

دينة Religiosität L. 61.

رضاء Wohlgefallen 27. 48.

رفعة Hohe Stellung, Rang R. 424. L. 64.

زيادة Zunahme, Überschuß L. 62.

[1]) Eine gemeinsame Quelle liegt auch bei der Inschrift an Nr. 72 und der an einem Metallbecken im Berliner Museum für Völkerkunde vor; siehe unten S. 78.

[2]) Von manchen dieser Substantiva kommen in diesen Inschriften feminine Nebenformen vor, die sich aus den Lexicis nicht belegen lassen, so neben فرع „Los" bei L. 62 auch noch فرعة, das die Lexica nur in anderer Bedeutung kennen. Andere Spielformen dieser Art sind دوامة L. 63 und نصرة L. 62. Auch in unserer Inschrift 15 kommt so شدرة neben شدر in gleicher Bedeutung vor. — Die Substantiva دعاية und ديجة R. 424 scheinen mir unsicher. Bei jenem könnte man, wenn man eine spätere Form annehmen will, an „Amt eines dā'ī, Mahnruf, Weckruf" denken; ديجة vielleicht für ديباجة in der Bedeutung „Eleganz des Stils, Schönheit des Gesichts" (siehe Dozy und Lane s. v.).

[3]) Dadurch ist die Lesung der Stelle Berchem C I A S. 28 (Nr. 10, Zeile 15, in einer Inschrift des Aḥmad b. Ṭulun aus dem Jahre 265 H.) ادام الله له العزّ والكرامة والنعمة والتّمّة gesichert.

EPIGRAPHISCHER ANHANG 77

زينة: Schmuck L. 62.
سخا: Freigebigkeit, Großmut 27.
سرور: Freude L. 63.
سعد: Glück 53.
سعادة: Glückseligkeit 13. 14. 15. 16. 17. 31. 36. 37. 78a.
سلام: Heil 15.
سلامة: Wohlbehaltenheit 13. 16. 17. 31. 36. 37. 78a.
سمو: Hoheit L. 64.
شرف: Erhabenheit 14. 15.
شفاعة: Fürsprache 15. 17.
شكر: Dank 31.
شكرة¹): Dank 15.
شادرة¹): Dank 15.
صبر: Geduld 27. 48.
صفا: Reinheit 27.
طول العمر: Länge des Lebens 31. 36. 37. 78a.
الظفر بالاعداء: Sieg über die Feinde 31.
عز: Macht, Ruhm, Glück 6. 8. 13. 14. 15. 16. 17. 25. 26. 27. 31. 40. 48. 53. 55. 72. 75. 78a. 171.
عصمة: Tugend, Keuschheit R. 424.
عطا: Freigebigkeit 27. 48.
عافية: Gesundheit 14. 17. 14. 25. 86.
علم: Wissen, Gelehrsamkeit 31. 48. 55.

علا: Erhabenheit 27. 31. 48.
علو: Höhe 27.
عمر: Leben 53.
عناية²): Hilfe 17.
غبطة³): Glückseligkeit R. 394. 424.
افتضا: Hochherzigkeit¹) 48. 55.
اقبال: Glück, Wohlergehen 8. 13. 14. 15. 16. 17. 25. 26. 37. 40. 48. 55. 72. 78a.
قدرة: Macht, Ansehen L. 63.
قرعة: Los L. 62.
قناعة: Genügsamkeit, Mäßigung L. 63.
كرامة: Edelsinn 13. 15. 78a.
لؤم: Adel, Edelsinn 48. 55.
مجد: Ruhm 27. 48. 55. 72.
نصر: Sieg 15. 48. 53. 55. 72. 75.
النصر على الاعداء (الاعدا): Sieg über die Feinde 27. 48.
نصرة: Sieg 14.
نعمة: Gunst (auch Plur.: Güter) 13. 16. 17. 48. 53. 55.
نمو: Wachstum 27. 48.
نور: Licht 27.
وفا: Treue 27.
وقار: Würde R. 424.
يمن: Glück L. 63.

IV.

Inschriften in Versen

Eine Anzahl von Gefäßen ist mit Inschriften versehen, die wie alle anderen fortlaufend geschrieben, aber durch Metrum und Reimbuchstaben als Verse erkennbar sind. Auch von diesen enthalten einige Wunsch- und Ruhmesworte

---

¹) الشكرة وانشدرة hintereinander in Nr. 15, ebenso L. 62 (Tav. 28). Vgl. S. 75 Anm. 4.

²) In Nr. 17 (Seite 12 Zeile 4) ist والعناية (statt والعينة) zu lesen.

³) غبطة ist heute der Titel, mit dem ein Patriarch angeredet wird.

⁴) Vgl. die Verbesserung S. X.

für den Besitzer. Offenbar für einen Herrscher bestimmt war der bereits erwähnte Leuchter Nr. 55. In der Inschrift sind zunächst acht Worte zu seinem Ruhme metrisch zusammengestellt. Dann folgen die Worte: (das) sind Dinge, in welchen du hervorragend bist, und es geraten in Verwirrung bei deiner Schilderung die Araber¹) und Nichtaraber. Wir haben bereits gesehen, daß die Inschrift an diesem Leuchter recht beliebt gewesen sein muß. Sie ist wenigstens in ihrer ersten Hälfte mehrfach kopiert worden.

Der Inschrift an der Wasserschale Nr. 72 ist ebenfalls schon Erwähnung geschehen.²) Sie ist wenig sorgfältig ausgeführt und bildet nur ein Bruchstück aus einer größeren Inschrift, die in fünf Verse zerfällt und in hochtönenden Worten einen Fürsten verherrlicht. Auf einem silbertauschierten Metallbecken des 13. Jahrhunderts im Besitz des Museums für Völkerkunde in Berlin, das sich durch seine besonders feine Ornamentation und durch seine Größe (83 cm Durchmesser) auszeichnet, sind jene Verse für eine Schriftborte, die, von Flechtbändern unterbrochen, um den äußeren Rand des Gefäßes herumläuft, zur Verwendung gekommen.³) Auf unserer Wasserschale bricht die Inschrift — wegen Raummangels — zu Beginn des dritten Verses ab.⁴)

Der Vers auf der Schale Nr. 64, der dem Besitzer ein langes, ruhiges, sorgenfreies Leben wünscht, ist ebenfalls gern für Gefäße gewählt worden.⁵) Hingegen begegnet uns der Vers an der kleinen Wasserschale 68, soweit ich sehe, hier zum ersten Male.

Sehr beliebt ist ein Vers, in welchem „dem Besitzer Glück, Wohlbehaltenheit und langes Leben" gewünscht wird" ما غنّت حمامة oder ما ناحت حمامة „solange eine Taube girrt", d. h. immerdar. Vgl. Nr. 31 (a), 36, 37, 78a. Wir finden den Vers auch bei F. R. Martin a. a. O. Taf. 12 und bei Lanci II. S. 108 und 121. In Nr. 78a folgt auf den ersten Vers noch ein anderer, von dem Nr. 37

¹) الأعرب für das übliche العرب aus metrischen Gründen.

²) Vgl. oben S. 76 Anm. 1.

³) Vgl. F. Sarre, Ein orientalisches Metallbecken des XIII. Jahrhunderts im Königlichen Museum für Völkerkunde zu Berlin (Jahrbuch der Kgl. Preuß. Kunstsammlungen 1904, Heft I). In dem Anhang zu diesem Aufsatz habe ich die Inschrift des Bechers behandelt. In Vers 4 wird, wie mir Herr Prof. Noeldeke seinerzeit mitzuteilen die Güte hatte, anstatt الأوامد vielmehr الأوابد, „die Flüchtigen", zu lesen sein. Demnach wäre die Stelle folgendermaßen zu übersetzen: „möge das Geschick niemals im Laufe die eilenden Bewegungen von dir überholen", d. i. „mögest du im raschen Fortschreiten immer den bösen Schicksalsmächten voraus sein". — Die Verse finden sich übrigens, wie ich jetzt sehe, auch bei Lanci II. S. 146, sind hier aber vielfach falsch gelesen.

⁴) Die einzige Variante auf unserer Schale bildet das Wort الخبير in Vers 1. Auf dem großen Metallbecken heißt es dafür الرفيع.

⁵) Vgl. Lane-Poole a. a. O. S. 230, Reinaud a. a. O. S. 422, Lanci II. S. 169 und 93. An der zuletzt genannten Stelle gesellen sich zu diesem Verse noch zwei weitere dazu, deren Lesung aber vielfach zu verbessern ist.

die zweite Hälfte hat. Diesen zweiten Vers hat auch Lanci II. S. 121, während daselbst S. 108 ein anderer Vers als zweiter hinzutritt.

In einigen Versen rühmt sich, wie wir bereits erwähnt haben, das Gefäß selbst seiner Vorzüge.[1]) So spricht eine Wasserschale (Nr. 57): „Die zehn Finger haben mich zum Gefäß gebildet, ich umfasse kühles Wasser" oder ein Becher (Nr. 76): „Ich tränke die Seelen, so oft sie nach mir dürsten". Beide Verse sind auch anderwärts nicht selten.[2]) In ähnlicher Weise werden auch die kleinen Nischen an den Türpfosten der Alhambra, die dazu bestimmt waren, Trinkgefäße aufzunehmen, oder auch diese Trinkgefäße selbst redend eingeführt.[3]) Eine dieser Nischen ziert ein Gedicht, dessen erster Vers „Fein gearbeitet haben die Finger eines Künstlers meine Verzierung" an den unserer Nr. 57 anklingt. Ähnlich finden wir auch auf einer Platte, die von einem Diener getragen, auf dem „baptistère de St. Louis" dargestellt ist, die Worte: „Ich bin bereit, die Speisen zu tragen"[4]) oder auf einem Rauchfaß aus dem Jahre 1243 den Satz: „In meinem Innern ist helles Feuer").[5])

Über den Inhalt der persischen Verse, die sich auf einer Anzahl von Gefäßen finden, ist bereits oben Seite 68 einiges gesagt worden. Leider sind manche von diesen Inschriften so schlecht erhalten, daß sie sich nur noch zum kleinen Teil lesen lassen. Gedichten auf den Wein sind entnommen die Verse an Nr. 88, 90 und 91. Die Verse an den beiden letzten Gefäßen[6]) sind, wie hier nachgetragen sein mag, von Ḥāfiẓ und finden sich auch auf Weingeräten anderer Sammlungen.[7]) Ein paar Verse aus Saʿdis Gulistān lesen wir an der Glocke Nr. 79. Die dritte Inschrift an Nr. 95 enthält sechs Verse, in denen, wie ich glaube, der Tod des Imām Ḥusain unter dem Bilde eines Sonnenuntergangs allegorisch geschildert wird. In den Versen an dem Leuchter Nr. 40 wird das Brennen der Kerze mit dem Brande der Seele verglichen. Außerdem sind an diesem Leuchter in einer zweiten Inschriftborte noch ein paar Verse angebracht, die oben S. 20 aus Versehen weggeblieben sind. Sie mögen daher an dieser Stelle mitgeteilt werden:

---

[1]) Auch in der schon behandelten Inschrift Nr. 64, in welcher der Besitzer des Gefäßes „mein Besitzer" genannt wird, spricht also das Gefäß selbst.

[2]) Für den Vers auf Nr. 57 vgl. die Angaben oben S. 27; der Vers auf Nr. 76 auch bei Lanci II. S. 91 und 92.

[3]) Vgl. Jahrbuch der Kgl. Preuß. Kunstsammlungen 1903, S. 110 und die Verse bei Derenbourg im Anhang zu Girault de Prangeys „Essay sur l'architecture des Arabes et des Perses", Paris 1841. Nachdichtungen bei Schack: Poesie und Kunst der Araber in Spanien und Sizilien, II. S. 353 ff.

[4]) Vgl. Lane-Poole a. a. O. S. 218. Dort ist بجغير Druckfehler für بجنيم.

[5]) Lane-Poole a. a. O. S. 206.

[6]) An Nr. 91 nur die beiden ersten Verse; dahinter noch ein paar Verse in osttürkischer Sprache.

[7]) Text und Übersetzung bei Reinaud II. S. 461; vgl. auch Lanci II. S. 115.

بـ عـشـق خود سمـع جـنـى ارزد
رخسـاره شمع زردنانى ارزد
پروانه وشمع وشـاهـد ورقص وسمـع (80)
بـ نـنـه نـى ملك جبـنـى ارزد

„Mit dem, der uns liebt, ist der [mystische] Tanz ein Leben wert;
das Antlitz der Kerze ist soviel wert wie ein Goldladen.
Schmetterling und Kerze und der Geliebte und Tanz und Ekstase
beim Klange der Flöte ist soviel wert wie die Herrschaft über eine Welt."

V.
Inschriften religiösen Inhalts

Aus dem Koran wählte man mit Vorliebe die kleinen Suren gegen Ende des Buches, die den Vorteil bieten, daß sie nur geringen Raum beanspruchen. So sind auf dem Helm Nr. 173 die 109. und 114. Sure eingraviert. Die letztere gilt um ihres Inhalts willen (vgl. Vers 4) als Schutz gegen den bösen Einfluß des Satans und ist auf Amuleten sehr häufig. Besonderer Beliebtheit erfreut sich in dieser Beziehung der „Thronvers" (Sure 2, Vers 256). Dieser Vers, den wir an der Glocke Nr. 95 und den Helmen Nr. 174 und 175 finden, steht bei den Muḥammedanern in besonderem Ansehen. Es werden viele Aussprüche Muḥammeds überliefert, die die Bedeutung des Verses dartun und dem, der ihn rezitiert, besonders reichen Lohn in Aussicht stellen.[1]) Zur Verzierung von Waffen wählte man im besonderen auch einige Stellen aus dem Koran, die von der Hilfe Gottes, dem nahen Siege und dem Gottvertrauen handeln; vgl. die Nr. 173 und 174. Neben Versen aus dem Koran sind vielfach auch Sätze aus der Tradition und andere fromme Sprüche verwandt worden (Nr. 180 und 181).

Wir wollen hier nur noch ein Gebet für die zwölf Imame, in das auch der Prophet und seine Tochter Fāṭima eingeschlossen sind, erwähnen (Nr. 79a und 95, 1). Dieses Gebet ist auch sonst auf persischen Geräten und Waffen, Fayencegefäßen und Fliesen sehr häufig. Denn diese 14 Personen sind den Persern besonders heilig, da sie nach schiitischer Lehre die einzigen Menschen sind, über die die Sünde keine Gewalt hatte. Von diesen „vierzehn Unfehlbaren" (چهارده معصوم) genießen die fünf ersten, der Prophet, seine Tochter Fāṭima, seine beiden Enkel Ḥasan und Ḥusain und der Chalife ʿAlī[2]) besondere Ver-

---

[1]) Vgl. Baiḍāwī zur Stelle; andere hierher gehörige Traditionen sind zusammengestellt im Kanz alʿummāl, Haidarabād 1312, I. S. 140 f. und 221.

[2]) Ein Beiname ʿAlī's ist šāh-i-wilājet, „König der Heiligkeit". So wird ʿAbbās der Große auf verschiedenen Schwertern, die der berühmte Waffenschmied Asadallāh aus Isfahan für ihn gearbeitet hat, (im Besitz des Zeughauses in Berlin), بنده شاه ولايت

ehrung. Das kommt auch äußerlich in dem Gebet zum Ausdruck. Sie sind zu einer besonderen Reihe zusammengefaßt¹), dann folgen alle anderen bis auf den letzten Imām. Für diesen, den Mahdi, wird wiederum ein besonderer Segenswunsch ausgesprochen. In früher Jugend den Seinen entrückt, wird er erst am Ende der Tage wieder erscheinen und das Reich Gottes auf Erden herstellen.

VI.

Künstlernamen

Zum Schluß mögen an dieser Stelle noch die Künstler und Kunsthandwerker genannt werden, die auf den von ihnen verfertigten Metallgefäßen ihre Namen eingraviert haben. Wir geben diese Namen in chronologischer Reihenfolge und fügen jedesmal Lebenszeit und Heimat des Künstlers bei:

'Abd ar-Razzāq an-Nisabūri (Nr. 14), 12. Jahrhundert, Persien.
Aḥmad al Ḥakam (Nr. 57), 14. Jahrhundert, Persien.
Ḥabiballah b. 'Ali Bahārġāni (Nr. 78a), 1456/7 n. Chr., Syrien.
Meister Muḥammed (Nr. 96), 15.—16. Jahrhundert, Venedig.
Asadallāh [Waffenschmied] (Nr. 179), 16. Jahrhundert, Persien.
'Ali Qazwīnī [Waffenschmied] (Nr. 180), 16.—17. Jahrhundert, Persien.
'Abd Nāṣir Jārkendi (Nr. 91), 17.—18. Jahrhundert, Ostturkestan.
Muḥammed b. Ḥāġġi Ismā'īl (Nr. 161), 18.—19. Jahrhundert, Persien.

Aus den Beschreibungen anderer Sammlungen von islamischen Kunstgegenständen kenne ich die Namen folgender Metall-Kunsthandwerker:

Šuġā' b. Ḥanfar al Mauṣilī, 1232 n. Chr., Mossul.²)
'Abd al Karīm al Miṣrī als Asṭarlābī, 1235, Kairo.³)
Muḥammed b. Khattaladj (?), 1241, „Mossul"arbeit.⁴)
Abu l Qāsim b. Sa'īd, 1245, „Mossul"arbeit.⁵)

---

d. i. „Diener 'Ali's" genannt. Auf dem Säbel Nr. 179 wird Schah Ṭahmasp in gleicher Weise bezeichnet. Danach ist Reinaud II. S. 201, Anm. 3 zu verbessern. Dort ist sicher zu lesen حسين ولايت شده بنده, und es handelt sich nicht um den letzten Imam, sondern um 'Ali. Zu ولايت vgl. M. Hartmann, OLZ IX (1906) Sp. 367.

¹) Die Reihen werden durch das wiederholte جمل markiert, ebenso bei Reinaud a. a. O. In der Inschrift Nr. 79a ist der Mahdi nicht besonders hervorgehoben.

²) Reinaud II. S. 424; Lanci II. S. 131; Lane-Poole S. 204. Lanci liest den Namen des Vaters متنع, Reinaud und nach ihm Lane-Poole: Ḥanfar. Ich vermute: Ḥanfar. Zu diesem Namen vgl. Tāġ al 'arūs III. S. 192, Zeile 7.

³) Lane-Poole S. 213.

⁴) Lavoix, Gazette des Beaux-Arts II. 32 (1885), S. 298. Bei diesem und den folgenden Namen soll „Mossul"arbeit nur allgemein die mesopotamische Herkunft bezeichnen. Wo der betreffende Künstler gelebt hat, ist nicht festzustellen.

⁵) Migeon, Les cuivres arabes (Extrait de la Gazette des Beaux-Arts) 1900, S. 16.

Da'ūd b. Salāma al Mauṣilī, 1248 und 1252, Mossul.[1])
Ḥusain b. Muḥammed al Mauṣilī, 1260, Damaskus.[2])
Muḥammed b. Ḥasan al Mauṣilī, 13. Jahrhundert, Kairo.[3])
Meister Muḥammed b. az-Zain, 13. Jahrhundert, „Mossul"arbeit.[4])
Aḥmad b. ʿOmar ad-Daqqī (?), 13. Jahrhundert, „Mossul"arbeit.[5])
Muḥammed b. Sunqur al Baġdādī, 1327, wahrscheinlich Ägypten.[6])
Meister Badr Abū Jaʿlā, 1329, Ägypten.[7])
Maḥmūd al Kurdī, 16. Jahrhundert, Venedig.[8])
Meister Qāsim, 16. Jahrhundert, Venedig.[9])
ʿAbdul-Ameh (?), 1688, Persien.[10])

[1]) Collection Albert Goupil, Paris 1888, S. 23 und 26.

[2]) Migeon, a. a. O. S. 24.

[3]) Migeon, a. a. O. S. 26.

[4]) Auf dem „Baptistère de St. Louis"; vgl. Reinaud II. S. 423, Lane-Poole S. 218.

[5]) Exposition des Arts Musulmans .... par Migeon, van Berchem et Huart, Paris 1903, Nr. 71 (Seite 17). Dort als ad-Daqqī „der Graveur" gedeutet. Sollte nicht vielleicht an ar-Raqqī „aus Raqqa" zu denken sein?

[6]) Migeon, a. a. O. S. 27.

[7]) Herz, Catalogue sommaire des monuments exposés dans le Musée national de l'art arabe, Le Caire 1895, S. 158. Dort sind Zeile 9 v. u. die Worte šuhûri und sanati umzustellen („in den Monaten des Jahres 730 = 1329"). — Die Namen auf den Schreibzeugen des 18. und 19. Jahrhunderts (Herz S. 89 ff.) sind hier nicht berücksichtigt.

[8]) Exposition etc. S. 36.

[9]) Exposition etc. S. 37.

[10]) R. Murdoch Smith, Persian Art, London o. J. S. 71; auf einem Astrolab. Der Name kann nicht richtig gelesen sein.

Tafel I

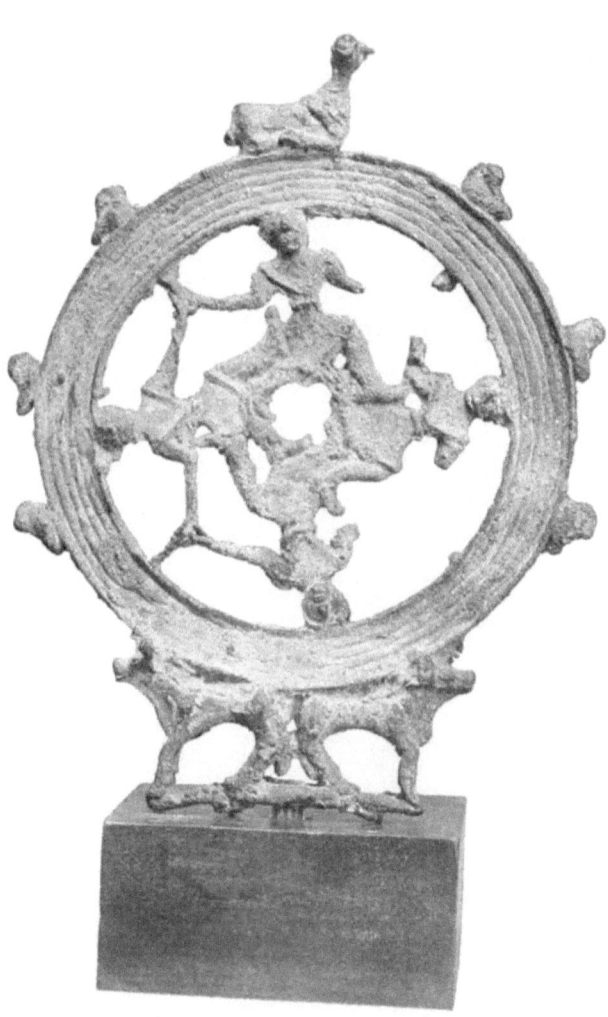

Nr. 1

Tafel II

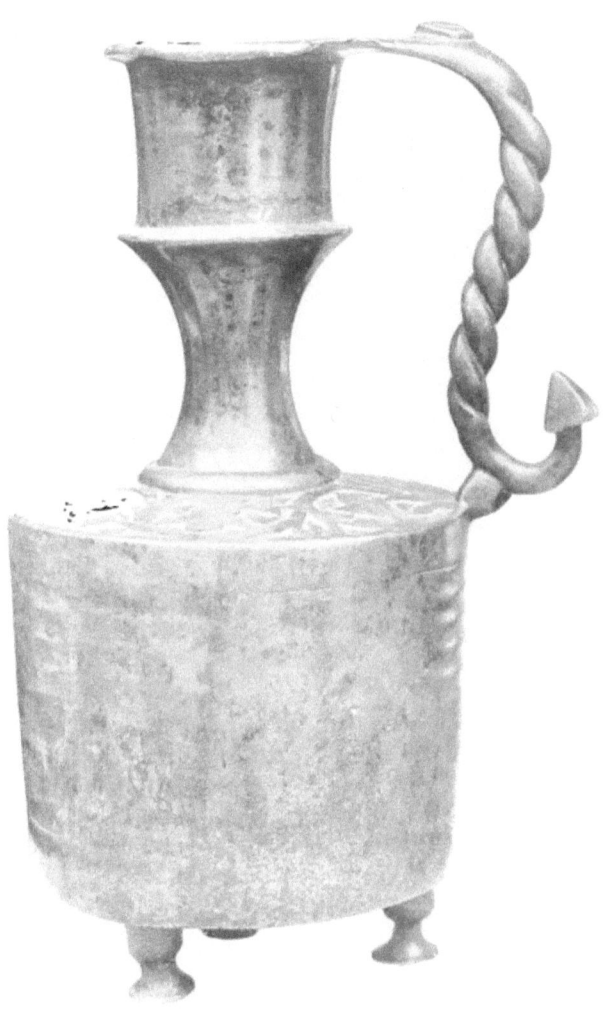

Nr. 4

Tafel III

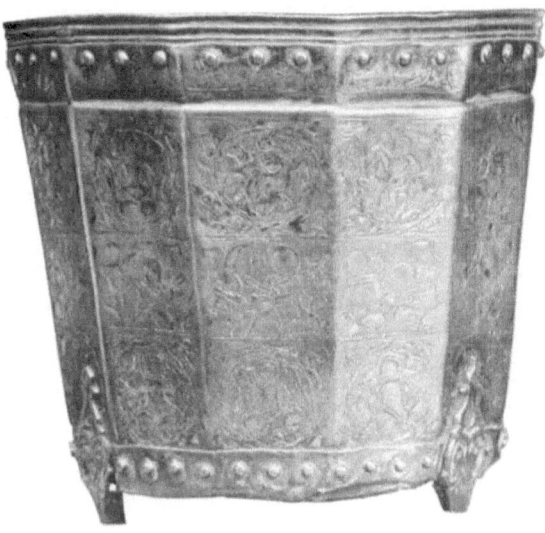

Nr. 18

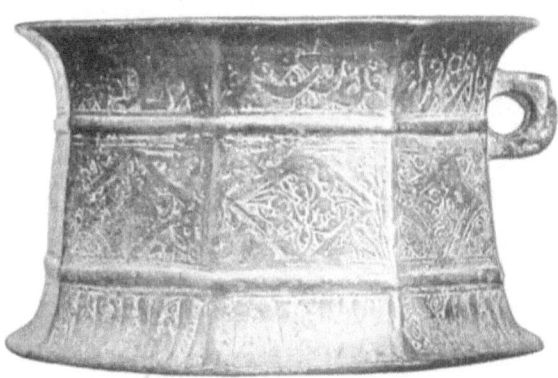

Nr. 6

Tafel IV

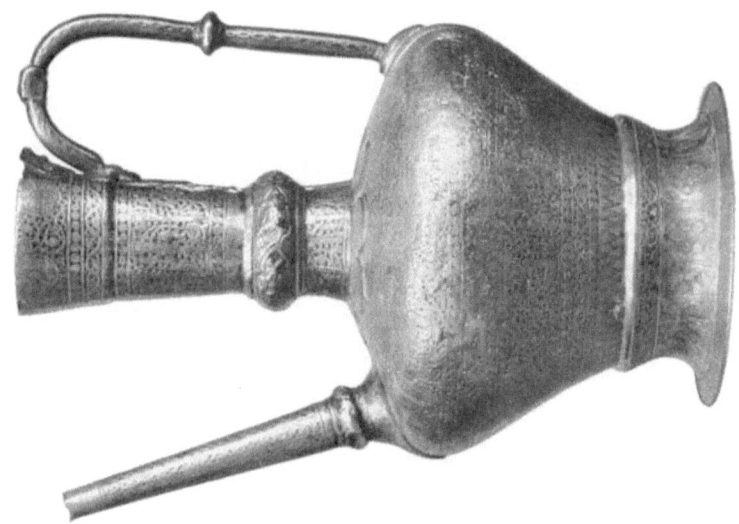

Nr. 22

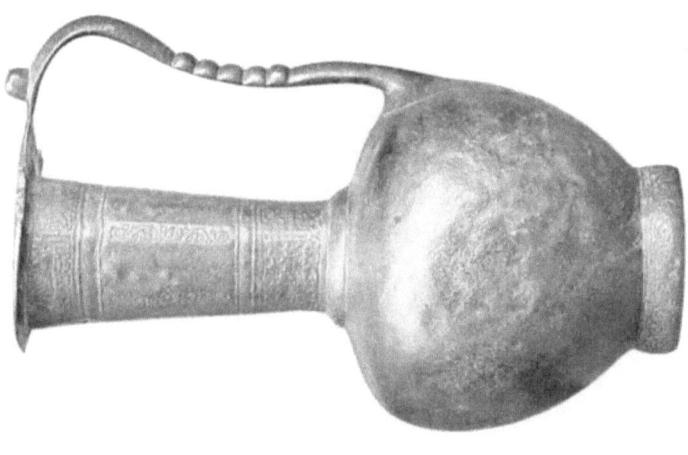

Nr. 12

Tafel V

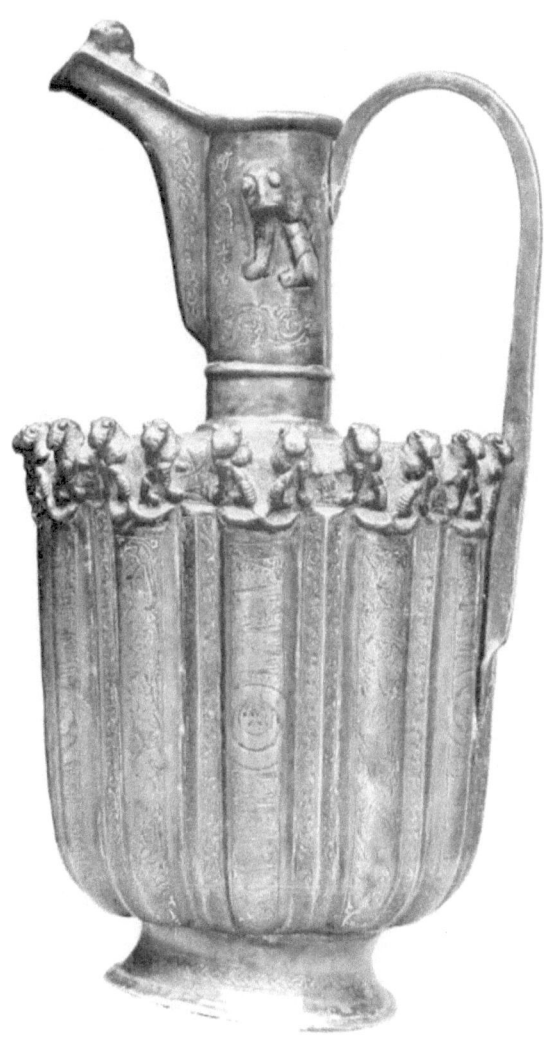

Nr. 17

Tafel VI

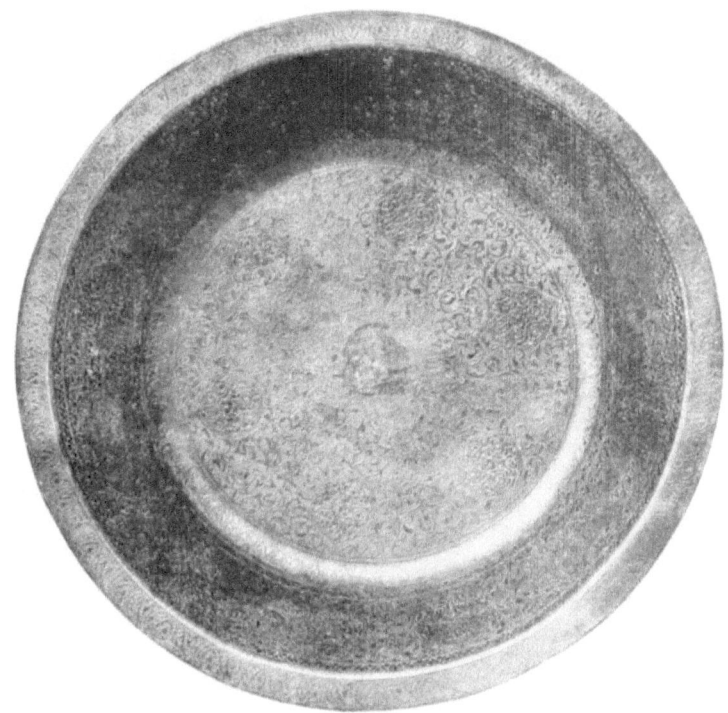

Nr. 96

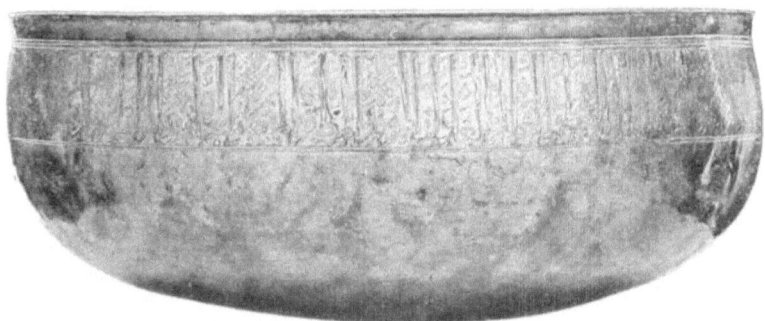

Nr. 19

Tafel VII

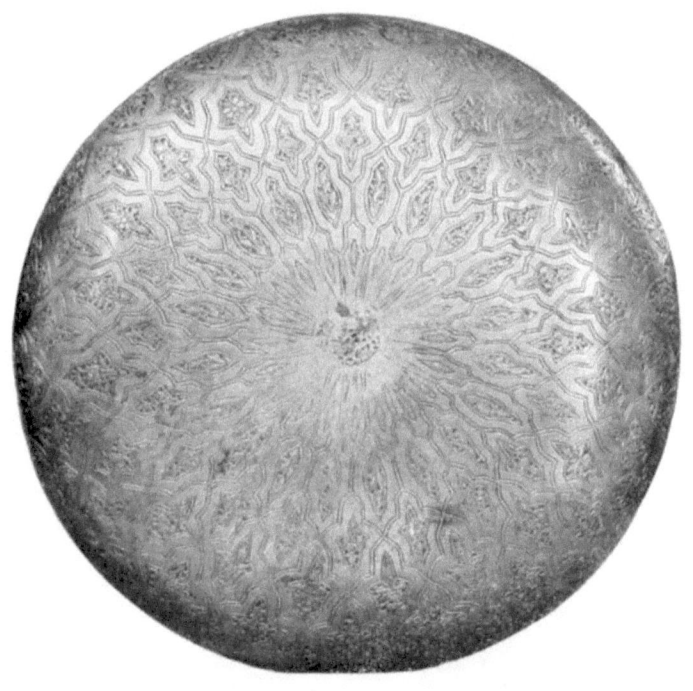

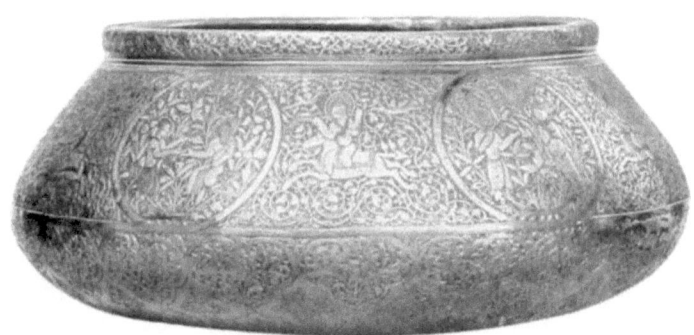

Nr. 44

Tafel VIII

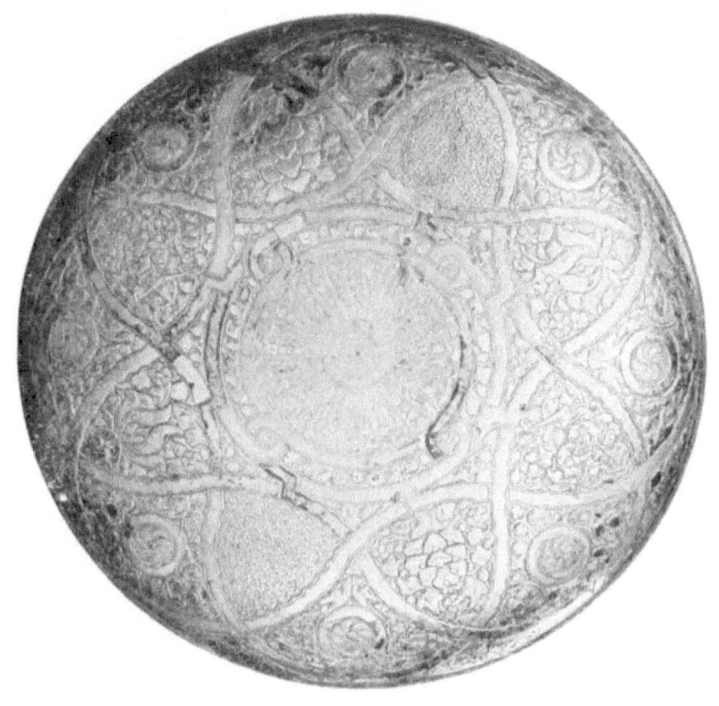

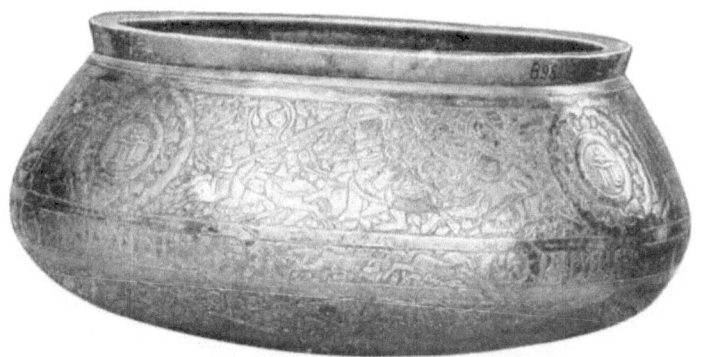

Nr. 64

Tafel IX

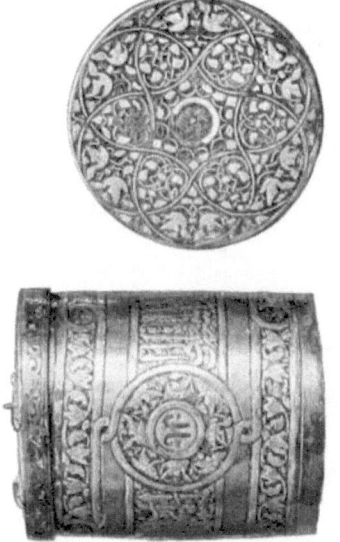

Nr. 66

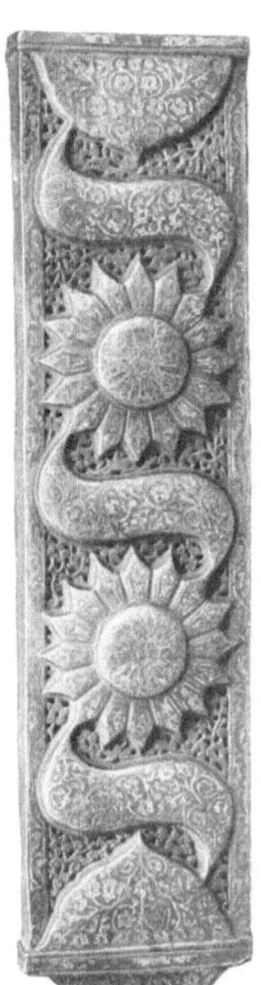

Nr. 77

Tafel X

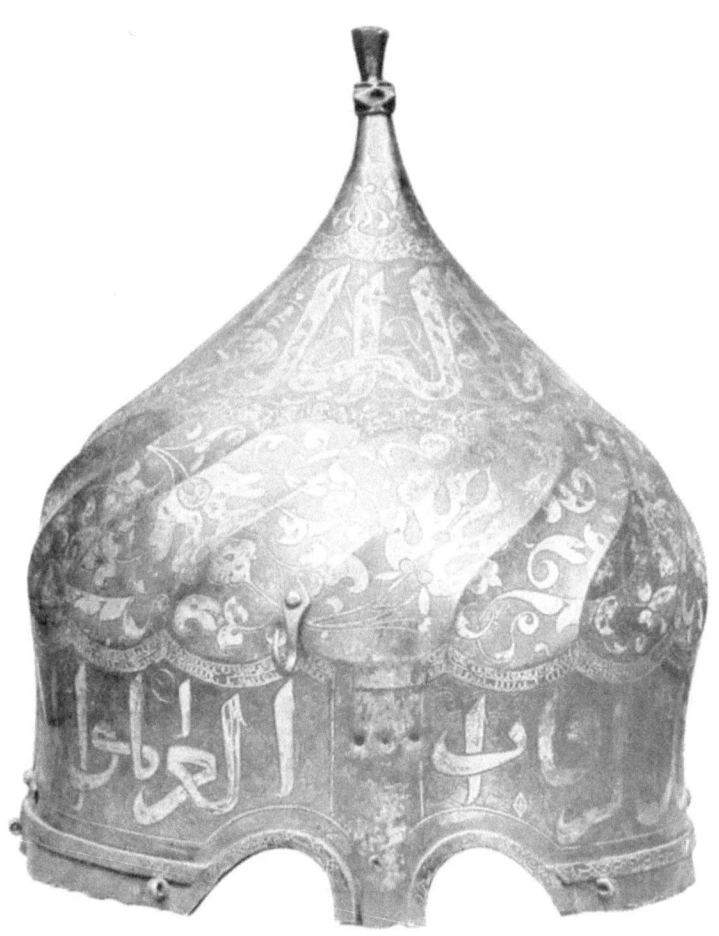

Nr. 171

ERZEUGNISSE ISLAMISCHER KUNST

TEIL II

SELDSCHUKISCHE KLEINKUNST

MIT 25 TAFELN UND 38 TEXTABBILDUNGEN

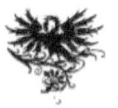

LEIPZIG 1909
VERLAG VON KARL W. HIERSEMANN

SELDSCHUKISCHE KLEINKUNST

HERAUSGEGEBEN

VON

FRIEDRICH SARRE

VORWORT

Als ich vor drei Jahren die von mir gesammelten islamischen Metallarbeiten herausgab, bestand die Absicht, diesem ersten Teil eines Katalogs meiner Sammlung weitere Teile folgen zu lassen, d. h. Keramik, Glas, Miniaturmalerei und Textilkunst in der gleichen Weise zu behandeln. Während die veröffentlichten Metallgegenstände wohl eine gewisse Übersicht über die Entwickelung eines bestimmten Zweiges des islamischen Kunstgewerbes zu geben vermochten, würden die geplanten weiteren Publikationen meiner Sammlung dieses Ziel nicht zu erreichen vermögen, da auf den anderen Gebieten nicht ein gleich reichhaltiges Material in meinem Besitz vorhanden ist. Diese Erwägungen und der Umstand, daß ich in den letzten Jahren weniger für die Vermehrung meiner eigenen, als für die im Entstehen begriffene vorderasiatisch-islamische Sammlung der Königlichen Museen zu Berlin tätig war, hat mich veranlaßt, von weiteren Veröffentlichungen in der begonnenen Weise Abstand zu nehmen. Aber die unter dem Gesamttitel „Erzeugnisse islamischer Kunst" angefangenen Publikationen seien nicht abgebrochen, sondern in veränderter Form weitergeführt. Nicht mehr auf die in meinen Besitz gekommenen Gegenstände beschränkt, seien fortan geschlossene Epochen der vorderasiatisch-islamischen Kunst in charakteristischen Beispielen zur Anschauung gebracht. Von einem kurzen erläuternden Text begleitet, sollen wenig bekannte oder schwer zugängliche Denkmäler eines bestimmten Kunstgebietes im Bilde wiedergegeben und dadurch ein Material gewonnen werden, auf dem sich eine zusammenfassende Kunstgeschichte des Islams aufbauen kann.

Die klassische Archäologie beginnt erst in jüngster Zeit bei der Erforschung Vorderasiens die islamische Periode in den Bereich ihrer Untersuchungen zu ziehen. Dem Franzosen Charles Texier verdanken wir zwar einige Aufnahmen der seldschukischen Denkmäler Kleinasiens, die aber ihrer Entstehungszeit entsprechend, ohne das Hilfsmittel der Photographie nicht allzu genau ausgefallen sind. Seit ungefähr fünfzehn Jahren hat man in Übereinstimmung mit dem wachsenden Interesse für den islamischen Orient angefangen, die seldschukischen Bauwerke kunstgeschichtlich zu würdigen; ich selbst habe als einer der ersten auf diesem Gebiete gearbeitet und glaube dazu beigetragen zu haben, jene prachtvollen, von Tag zu Tag mehr und mehr zugrunde gehenden Denkmäler weiteren Kreisen bekannt zu machen.

Aber während es sich in jenen Arbeiten[1]) vorzugsweise um Architektur-Denkmäler und ihre Inschriften handelte, sollen in dem vorliegenden zweiten Teil der „Erzeugnisse islamischer Kunst" ausschließlich Hervorbringungen der **seldschukischen Kleinkunst** veröffentlicht werden, in Stein, Gips, Holz, Fayence oder als Knüpfteppich hergestellte Einzelobjekte, die innerhalb des seldschukisch-kleinasiatischen Kulturkreises, vor allem in seinem Vororte Konia, entstanden sind.

Und wenn auch einige dieser Kunstschöpfungen schon in anderem Zusammenhange[2]) erwähnt und abgebildet worden sind, so glaubte ich sie doch in einer zusammenfassenden Darstellung der seldschukischen Kleinkunst nicht auslassen zu dürfen; besonders da sie hier deutlicher und meist unter der erläuternden Beigabe von Detailaufnahmen wiedergegeben werden, die Herr Reg.-Baumeister Georg Krecker an Ort und Stelle angefertigt hat.

Seiner Exzellenz dem Generaldirektor Dr. Hamdy Bey bin ich für die mir gütigst erteilte Erlaubnis, einige im K. Ottomanischen Museum zu Konstantinopel befindliche Kunstwerke veröffentlichen zu dürfen, zu lebhaftem Danke verpflichtet; ebenso dem zweiten Direktor des Museums Dr. Halil Bey und dem ehemaligen K. Deutschen Konsul in Konia Dr. Loytved für das mir bei meinen Untersuchungen bewiesene fördernde Interesse.

Dr. Eugen Mittwoch, mein Mitarbeiter bei dem I. Teile der „Erzeugnisse islamischer Kunst", hat auch diesmal wieder in dankenswerter Weise die Deutung der bisher noch nicht veröffentlichten Inschriften übernommen.

Neubabelsberg, im April 1909

Friedrich Sarre

---

[1]) Charles Texier: Description de l'Asie Mineure. 2 vol. Paris 1849. — Edmund Naumann: Seldschukische Baudenkmale in Kleinasien. Süddeutsche Bauzeitung. München 1895. — Friedrich Sarre: Reise in Kleinasien. Forschungen zur seldschukischen Kunst usw. Berlin 1896. Derselbe: Denkmäler Persischer Baukunst. Geschichtliche Untersuchung und Aufnahme muhammedanischer Backsteinbauten in Vorderasien und Persien. Berlin 1901—1909. Der Textband und die letzte, VII. Lieferung, sind im Druck und werden im Herbst 1909 erscheinen. — J. H. Loytved: Konia, Inschriften der seldschukischen Bauten. Berlin 1907. — Cl. Huart: Konia, La Ville des Derviches Tourneurs. Paris 1897. — J. Strzygowski: Der Kiosk von Konia. Zeitschrift für Geschichte der Architektur, I., 1907. — G. Mendel: Les Monuments Seldjoukides d'Asie Mineure. La Revue de l'Art 1908, p. 9 et 113.

[2]) vgl. Wilhelm Bode: Vorderasiatische Knüpfteppiche, Abb. 73. — F. R. Martin: A History of oriental Carpets, 1908, Fig. 272—276, 280. — Gaston Migeon: Manuel d'Art musulman, 1907, II., Fig. 67—68, 101—103.

INHALT

Vorwort. Seite III, IV.
Kunstwerke aus Stein, Taf. I, II, Abb. 1—22. Seite 1—18.
Kunstwerke aus Gipsstuck, Taf. III—V, Abb. 23. Seite 19—24.
Kunstwerke aus Holz, Taf. VI—XVI, Abb. 24—32. Seite 25—38.
Kunstwerke aus Fayence, Taf. XVII—XXI, Abb. 33—36. Seite 39—48.
Knüpfteppiche, Taf. XXII—XXV, Abb. 37, 38. Seite 49—54.

VERZEICHNIS DER TAFELN

Taf. I. Geflügelte Genien, Steinreliefs im Museum zu Konia.
Taf. II. Borten vom Portal der Laranda-Moschee und von der Fassade der Moschee Aja Sofia zu Konia, aufgenommen und gezeichnet von Georg Krecker.
Taf. III. Stuckrelief mit Reiterfiguren im Museum zu Konia.
Taf. IV, V. Reliefs aus Gipsstuck im K. Ottomanischen Museum zu Konstantinopel.
Taf. VI. Mimbar in der Moschee Ala-eddin zu Konia.
Taf. VII. Profilleiste am Mimbar in der Moschee Ala-eddin zu Konia, aufgenommen und gezeichnet von Georg Krecker.
Taf. VIII. Mimbar in der Moschee Ala-eddin zu Konia, a) Pilasterfüllung, b) Bekrönung eines der Türpfosten, aufgenommen und gezeichnet von Georg Krecker.
Taf. IX. Holztür im K. Ottomanischen Museum zu Konstantinopel.
Taf. X. Koranständer aus der Moschee Ala-eddin zu Konia, im K. Ottomanischen Museum zu Konstantinopel.
Taf. XI. Holztür in der Laranda-Moschee zu Konia.
Taf. XII. Holztür in der Vorhalle der Moschee Bey-Hakim zu Konia.
Taf. XIII. Flügel einer Holztür im K. Ottomanischen Museum zu Konstantinopel.
Taf. XIV. Holzsarkophag in der Türbe des Seijid Machmud Hairani zu Akschehir.
Taf. XV. Seitenwand eines Mimbar im K. Ottomanischen Museum zu Konstantinopel.
Taf. XVI. Fensterflügel aus dem Mausoleum des Sadreddin-i-Konewi im Museum zu Konia.
Taf. XVII. Borten aus Fayencemosaik von Bauten aus der Mitte des 13. Jahrhunderts, aufgenommen und gezeichnet von Georg Krecker.
Taf. XVIII. Mihrab aus der Hatunije-Medresse zu Karaman, im K. Ottomanischen Museum zu Konstantinopel.
Taf. XIX. Bemalte Fliesen aus Konia, im Kaiser Friedrich-Museum zu Berlin.
Taf. XX. Fayencevase aus Konia, im Kaiser Friedrich-Museum zu Berlin.
Taf. XXI. Bruchstücke von Fayencegefäßen aus Konia, im Kaiser Friedrich-Museum zu Berlin.
Taf. XXII—XXIV. Bruchstücke von mittelalterlichen Teppichen in der Moschee Ala-eddin zu Konia.
Taf. XXV. Kleinasiatischer Teppich im Kaiser Friedrich-Museum zu Berlin.

VERZEICHNIS DER TEXTABBILDUNGEN

		Seite
Abb. 1—4.	Antike Löwenfiguren in Konia	4, 5
Abb. 5.	Doppeladler, Steinrelief im Museum zu Konia, aufgenommen und gezeichnet von Georg Krecker	6
Abb. 6.	Steinrelief mit Inschrift und zwei heraldischen Adlern im Museum zu Konia, aufgenommen und gezeichnet von Georg Krecker	7
Abb. 7.	Steinrelief mit Inschrift und zwei Fischen im Museum zu Konia	8
Abb. 8.	Steinrelief mit zwei Figuren im Museum zu Konia	8
Abb. 9.	Steinrelief mit sitzender Figur im Museum zu Konia, aufgenommen von Ernst Herzfeld	9
Abb. 10, 12, 15, 17, 18.	Teile einer Steinumrahmung mit Tierfiguren im Museum zu Konia, Abb. 15—18 aufgenommen von Ernst Herzfeld	10—15
Abb. 11.	Persische Relieffliesen mit Tierfiguren, Sammlung Sarre im Kaiser Friedrich-Museum zu Berlin	11
Abb. 13.	Persische Lüsterfliese mit Tierfiguren, Sammlung Sarre im Kaiser Friedrich-Museum zu Berlin	12
Abb. 14.	Detail vom Elefantenstoff aus dem Reliquienschrein Karls des Großen, nach Julius Lessing: „Die Gewebesammlung des Kgl. Kunstgewerbe-Museums zu Berlin", mit Erlaubnis des Verlages Ernst Wasmuth A.-G.	13
Abb. 16.	Steinrelief mit Drachen im Museum zu Konia	14
Abb. 19.	Detail vom Grabmal der Prinzessin Chudawend zu Nigde	15
Abb. 20, 21.	Reliefplatte mit Bandverschlingungen und Tierfiguren im Museum zu Konia	16, 17
Abb. 22.	Borte vom Steinportal der Medresse Kara Tai zu Konia, aufgenommen und gezeichnet von Georg Krecker	17
Abb. 23.	Bruchstück eines Stuckfrieses, Sammlung Sarre im Kaiser Friedrich-Museum zu Berlin	22
Abb. 24.	Füllung vom Mimbar in der Moschee Ala-eddin zu Konia, aufgenommen und gezeichnet von Georg Krecker	28
Abb. 25.	Fensterladen an der Turbe Ala-eddin zu Konia	29
Abb. 26, 27.	Füllungen von einer Tür in der Laranda-Moschee zu Konia, aufgenommen und gezeichnet von Georg Krecker	30, 31
Abb. 28.	Linke Seitentür in der Vorhalle der Moschee Bey-Hakim zu Konia	33
Abb. 29.	Tür in Akschehir	34
Abb. 30.	Zwei Holzpanele im Museum zu Konia	35
Abb. 31.	Bronzebeschlag von der Seitenwand eines Mimbar im K. Ottomanischen Museum zu Konia, aufgenommen und gezeichnet von Georg Krecker	35
Abb. 32.	Tür im Mewlewikloster zu Konia	37
Abb. 33.	Gebetnische in der Laranda-Moschee zu Konia	42
Abb. 34.	Gebetnische in der Sirtscheli-Moschee zu Konia	43
Abb. 35.	Gebetnische in der Moschee Bey-Hakim zu Konia	45
Abb. 36.	Fayencevase im Museum zu Konia, aufgenommen von Ernst Herzfeld	47
Abb. 37.	Säulensaal in der Moschee Ala-eddin zu Konia	53
Abb. 38.	Fragment eines Knüpfteppichs im Kaiser Friedrich-Museum zu Berlin. Nach Wilhelm Bode: Knüpfteppiche, Abb. 73; mit Erlaubnis des Verlages Klinkhardt und Biermann	54

KUNSTWERKE AUS STEIN

Taf. I, II — Abb. 1-22

Taf. I, a, b.

GEFLÜGELTE GENIEN, Steinreliefs im Museum zu Konia. a) H. 1,50 m. Br. 1,10 m. b) H. 1,25 m. Br. 1,13 m.

Über das häufige Vorkommen bildlicher und im besonderen figürlicher Darstellungen in der vorderasiatischen Kunst des 12.—14. Jahrhunderts ist schon häufig gehandelt worden. Wir erinnern an die seldschukischen und ortokidischen Münzen, an die silbertauschierten Metallgeräte, an die in Stein und Stuck ausgeführte figürliche Ornamentik, die im nördlichen Mesopotamien zu Hause ist und vor allem in den künstlerischen Bestrebungen des Atabeks Lulu von Mosul zum Ausdruck kommt.[1]) Suchen wir nach einem Grund für diese auffallende Erscheinung, so finden wir sie in der Toleranz und von Fanatismus freien religiösen Auffassung der Herrscher, in ihrer Bildung, ihrem Interesse für Kunst und Wissenschaft. So auch in dem seldschukischen Kleinasien. Ala eddin z. B., der bedeutendste der Sultane von Konia, der im Exil während eines elfjährigen Aufenthaltes in Konstantinopel abendländische Kultur kennen gelernt hatte, entwickelt sich nach dem Tode seines Bruders in seinem Vaterland nicht nur zu einem tüchtigen Regenten, sondern auch zu einem Beschützer jeder wissenschaftlichen und künstlerischen Tätigkeit. Er gründet Schulen und Erziehungsanstalten. Ein Liebhaber der Kalligraphie, ein Freund der Arithmetik und Philosophie, versammelt er an seinem Hofe einen Kreis von Gelehrten und Dichtern, unter denen der bekannte Dschelal eddin Rumi, der Sufi und Gründer des Ordens der Mewlewi, wohl der bekannteste ist. Meist stammen diese Gelehrten aus Persien, das von den Mongolen damals überflutet wird. „Aus den rauchenden Trümmern ihrer Bibliotheken und Akademien flüchteten sie nach Konia, um hier den Unterstand und Schutz zu suchen, den ihnen der Khwarezm-Schah nicht mehr gewähren konnte; und die persische Literatur wandert von den Ufern des Oxus an die des jonischen Meeres aus, wie zwei Jahrhunderte später die griechische von den Ufern des Bosporus an die des Tiber und Arno."[2]) Ala eddin ist der Erbauer der Befestigungsmauer von Konia. Diese ist nicht mehr erhalten;[3]) aber wir wissen aus der Beschreibung von Texier (a. a. O. pag. 144),

---

[1]) F. Sarre und M. van Berchem: Das Metallbecken des Atabeks Lulu von Mosul in der Kgl. Bibliothek zu München. Münchner Jahrbuch der bildenden Kunst. 1907. S. 18 ff.

[2]) v. Hammer: Geschichte des osmanischen Reiches. Pest 1827. I. S. 30.

[3]) Cl. Huart: Konia. S. 174 erwähnt nach Houtsma folgende Stelle bei Ibn-Bibi: „Alâ-eddin Kaï-Kobâd fit construire à ses frais les quatre portes de la ville et plusieurs tours importantes. Le reste des constructions fut attribué à chacun d'entre les beys, qui eurent à contribuer à cette dépense, chacun selon ses moyens. On orna les murailles de sculptures et de statues de marbre blanc; on y traça des versets du Coran, des traditions célèbres du Prophète, des apophtegmes et des vers du Châh-nâmé" usw.

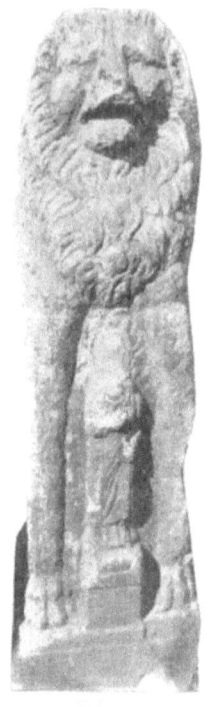

Abb. 1.

daß „alle Fragmente antiker Skulptur, die man gefunden hatte, sorgfältig eingerahmt zum Schmuck der Mauer verwandt wurden." So sah hier Texier noch jenen prächtigen Marmorsarkophag mit der Darstellung des Achilles in Skyros, der sich heute im Museum von Konia befindet, und die Kolossalstatue eines Herakles und ferner ein Kriegerrelief, deren Verbleib nicht mehr zu erweisen ist.[1]) Diese Ehrfurcht und Schätzung der antiken Kunstwerke lassen es uns begreiflich finden, daß die Seldschuken sich nicht durch religiöse Engherzigkeit verleiten ließen, von einer selbstständigen künstlerischen Betätigung abzustehen, und daß sie sogar die figürliche Skulptur in den Bereich ihrer künstlerischen Unternehmungen zogen.

Antik ist auch die große Anzahl von Löwenfiguren, die sich noch heute in Konia finden und von den Seldschuken gleichfalls zum Schmuck ihrer Architektur verwandt wurden. Ich möchte es nicht für ausgeschlossen halten, daß der Steinlöwe deshalb so bevorzugt wurde, weil er als Symbol für Kylydj-Arslan (Schwert-Löwe), dem Namen eines der bedeutendsten Seldschukensultane, gelten konnte, weil ferner der Löwe, mit aufgehender Sonne dahinter, auf seldschukischen Münzen vorkommt und gleichsam als Wappen gelten kann.

[1]) Moltke (Briefe über Zustände und Begebenheiten in der Türkei. Berlin 1993. S. 336) schreibt am 3. Nov. 1838 aus Konia folgendes: „Eine hohe ausgedehnte Mauer mit hunderten von Türmen umschließt nur ein ödes Feld mit wenigen zerfallenen Ruinen; in dieser Mauer siehst du heidnische Altäre, christliche Grabsteine, griechische und persische Inschriften, Heiligenbilder und genuesische Kreuze, den römischen Adler und den arabischen Löwen."

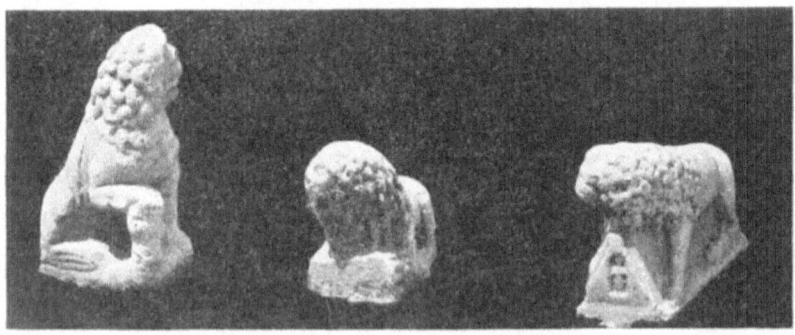

Abb. 2.

Eine derartige sitzende Löwenfigur, zwischen den Vorderpranken die Figur eines togabekleideten Mannes zeigend, war früher an dem Pavillon auf der Burg angebracht und hat jetzt im Museum Aufstellung gefunden (Abb. 1). Ursprünglich dienten diese Löwen wohl als Schmuck von antiken Gräbern, was ein anderer Löwe zeigt, der über einem dachähnlichen Sarkophagdeckel stehend wiedergegeben ist (Abb. 2). Häufig findet sich der sitzende Löwe, mit der rechten Vorderpranke einen Stierkopf haltend, dargestellt (Abb. 3, 4). In Persien ist ein Steinlöwe der häufig vorkommende Schmuck des Grabes von fürstlichen Personen; und auch hier ist die Verbindung mit einem Stierkopf nicht ungewöhnlich.[1])

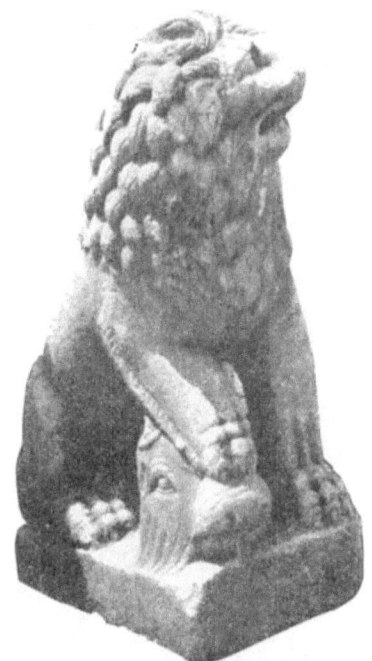

Abb. 3.

Texier erzählt, daß die 108 Türme der Umfassungsmauer von Konia mit Flachnischen geschmückt waren, in denen Inschriften und darunter in Relief geflügelte Genien, die eine Weltkugel oder eine Sonne in ihren Händen hielten, angebracht waren. Auf Pl. XCVII veröffentlicht Texier die Ansicht eines Tores im Norden der Stadt (Porte du bazar). Wir sehen hier, abgesehen von mehreren sitzenden Löwen, die auf Konsolen angebracht sind, zu beiden Seiten des Spitzbogenportals zwei geflügelte Genien, die von Texier als Ormuzd und Ahriman, die Vertreter des guten und bösen Prinzips, gedeutet werden. Das Gebäude ist nicht mehr vorhanden, aber die beiden Figuren, wenn auch nur mangelhaft erhalten, befinden sich jetzt im Museum (Taf. I).

Die Darstellung ist in starkem Relief aus dem Stein herausgearbeitet, aber zu gleicher Zeit nicht gerundet, sondern flächig behandelt. In lebhafter Bewegung, mehr schreitend wie fliegend, sind die Oberkörper in der Vorderansicht, Arme und Füße in Seitenansicht wiedergegeben. Eine vorn offene Ärmeljacke und Beinkleider, die vorn durch eine Schleife

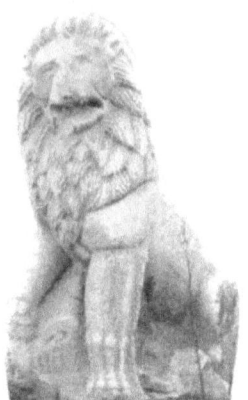

Abb. 4.

[1]) Sarre: Denkmäler. Taf. LXIII.

gehalten werden, verhüllen den Körper, hinter dem die weit ausgebreiteten Flügel sichtbar werden. Zu beiden Seiten des von einer dekorativen Krone bedeckten bartlosen Angesichtes fallen lange geflochtene Zöpfe herab. Die Arme, auf denen die übliche Binde (Tiraz) angebracht ist, sind nach vorn ausgestreckt, aber nicht so weit erhalten, um die Gegenstände erkennen zu können, die sie halten. Der rechte Genius, ganz das Gegenstück des linken, hält in der linken Hand ein tauartiges, gefaltetes Tuch, das man auf der Texierschen Zeichnung in seiner weiteren Ausdehnung erkennt. Über den Gegenstand, den der

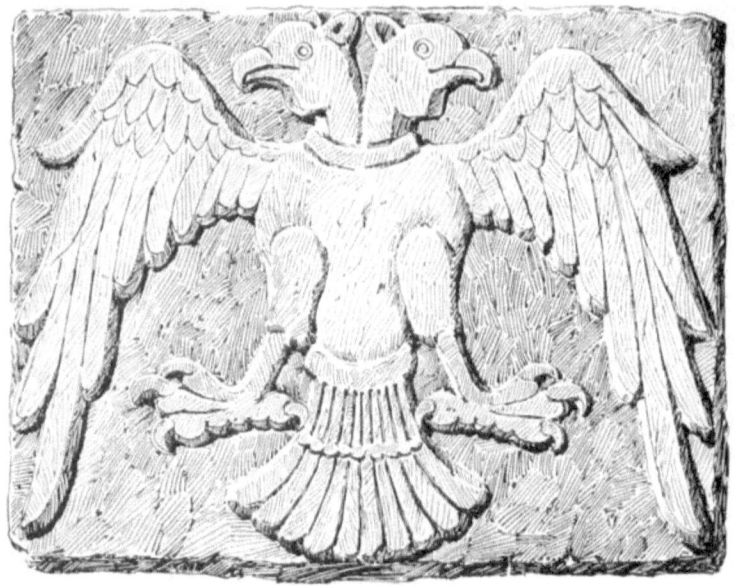

Abb. 5.

andere vorgestreckte Arm hält, sind wir ganz auf Texier angewiesen, ohne hier sichere Auskunft zu finden. Keinesfalls handelt es sich, wie Migeon[1]) vermutet, um das Wappen der seldschukischen Sultane. Die Gegenstände ähneln Kugeln oder auch runden Glocken, deren Klöppel nach vorn wagerecht hervorsteht. Für den Stil, der sich in diesen Figuren zeigt, erinnern wir an den merkwürdigen figuralen Schmuck, mit dem eine bestimmte Gattung von unglasierten Tongefäßen Nordmesopotamiens geschmückt ist, und über den ich ausführlich an anderer Stelle (Jahrbuch der Kgl. Preuß. Kunstsammlung 1905) gehandelt habe. Rein äußerlich kommen auch hier weibliche, mit Kronen und mit Zöpfen geschmückte Köpfe vor, die mit unseren Figuren die größte Ähnlichkeit haben.

---

[1]) Gaston Migeon: Manuel. S. 78.

Abb. 5.
DOPPELADLER, Steinrelief im Museum zu Konia. Br. 1,16 m. H. 0,92 m.

Texier erwähnt „un faucon ou un aigle à deux têtes" an demselben, jetzt verschwundenen Stadttore, an dem sich die beiden geflügelten Genien befanden; es ist sehr wahrscheinlich, daß es sich hier um das jetzt im Museum befindliche Doppeladlerrelief handelt.

Der Doppeladler mit Greifenköpfen ist ein auf ortokidischen und zengidischen Münzen des 12.—13. Jahrhunderts vorkommendes Emblem;[1]) er kann gleichsam als „das Wappen der Zengiden von Sindjar und der Ortokiden von

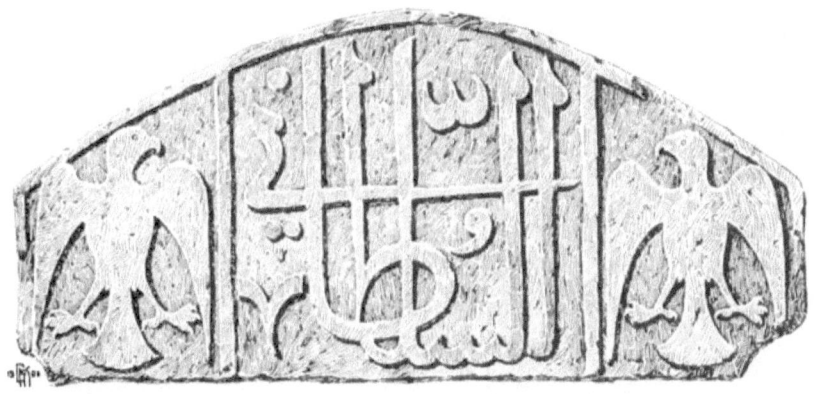

Abb. 6.

Amid und Keifa" betrachtet werden. Man hat wohl mit Recht vermutet, daß der Doppeladler, der sich mehrmals auf den hettitischen Steinskulpturen Kleinasiens findet und hier ein nicht vereinzelt dastehendes „Beispiel der Komposition phantastischer Figuren aus Tierleibern" bildet, als Vorbild für jene Münzdarstellungen gedient hat. Wir finden den Doppeladler mit Greifenköpfen ferner an mittelalterlichen, meist dem 12.—13. Jahrhundert angehörenden Monumenten von Ägypten, Syrien, Mesopotamien und Armenien; z. B. an den Mauern von Kairo, Diarbekr und Ani. Auch auf mittelalterlichen orientalischen Stoffen ebenso wie auf tauschierten Bronzegeräten ist er keine Seltenheit.[2])

---

[1]) Vgl. F. Sarre: Ein altorientalisches Metallbecken des 13. Jahrhunderts im Kgl. Museum für Völkerkunde zu Berlin. Jahrbuch der Kgl. Preuß. Kunstsammlungen 1904, S. 49 ff.

[2]) Eine Zusammenstellung der Literatur über den Doppeladler und sein Vorkommen auf orientalischen Denkmälern erschöpfend zusammengestellt bei M. van Berchem: Arabische Inschriften aus Armenien und Diyarbekr, in C. F. Lehmann-Haupt: Materialien zur älteren Geschichte von Armenien und Mesopotamien. Berlin 1907, S. 151.

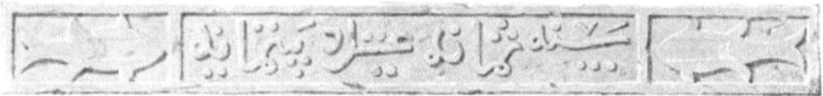

Abb. 7.

Abb. 6.
STEINRELIEF MIT INSCHRIFT UND ZWEI HERALDISCHEN ADLERN im Museum zu Konia. H. 0,62 m. Br. 1,31 m.

Der Stein hat wahrscheinlich als Schmuck eines Bauwerkes gedient; vielleicht war er, worauf die Form schließen läßt, die Bekrönung eines Portals. Die Inschrift lautet nach Dr. Mittwoch: „Sultanisch".

Abb. 7.
STEINRELIEF MIT INSCHRIFT UND ZWEI FISCHEN im Museum zu Konia.

Dieser Stein befand sich bis vor wenigen Jahren in der Stadtmauer in der Nähe des Laranda-Tores und enthält die Inschrift „Jahr 618" (== 1221 n. Chr.).[1])

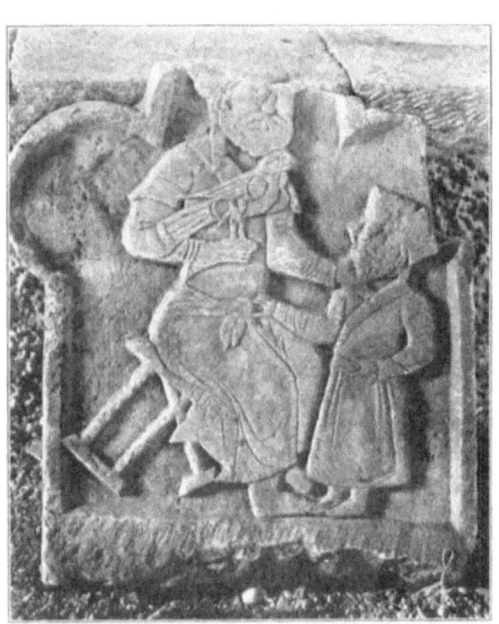

Abb. 8.

Abb. 8.
STEINRELIEF MIT ZWEI FIGUREN im Museum zu Konia. H. 0,55 m. Br. 0,47 m.

Dieser Stein kam vor einigen Jahren auf dem griechischen Friedhof zum Vorschein, wo man ihn als Grabstein benutzt und mit einer griechischen Inschrift auf der Rückseite versehen hatte. Nach oben kleeblattförmig abgeschlossen, ist der Stein vermutlich in der Stadtmauer eingelassen gewesen. Dargestellt sehen wir einen auf einem Feldstuhl sitzenden bärtigen Mann, der auf der rechten Hand einen Falken hält, während er mit der Linken einer vor ihm stehenden kleineren männlichen Figur unter das Kinn faßt. Letztere greift mit

---

[1]) Cl. Huart: Epigraphie arabe d'Asie Mineure. Revue Sémitique. Paris 1895. S. 350.

der rechten Hand nach dem Gürtel des sitzenden Mannes. Nicht mehr vorhanden ist der obere Teil des Kopfes der sitzenden Figur und zerstört das Antlitz der stehenden.

Diese sehr merkwürdige Darstellung hat m. W. kein Analogon in der seldschukischen Kunst. Die Annahme liegt nahe, daß hier ein Herrscher und ein von ihm Begünstigter dargestellt sind; die geringere Körpergröße des einen braucht nicht mit der Jugend des Dargestellten zusammenzuhängen; sie kann auch wegen der sozial tieferen Stellung der des Herrschers gegenüber angewandt sein. Ja, es scheint fast, als wenn auch jene kleine Figur bärtig gewesen ist. Daß ein Fürst mit dem Falken in der Hand wiedergegeben wird, ist eine häufig vorkommende Erscheinung. Bemerkenswert ist das Kostüm, der lang herabfallende, an der Hüfte gegürtete, kaftanartige Ärmelrock, die Tiraşbänder um den Oberarm, der Handschuh an der rechten Hand, der rund geschnittene Vollbart und die hinter dem Ohr herabhängenden Locken. Die Kopfbedeckung des Sitzenden scheint ein Turban zu sein; bei dem Stehenden handelt es sich wohl um eine mit Klappen versehene Mütze

Die Reliefbehandlung ähnelt der der Genienreliefs; auch hier dieselbe flüchtige Behandlung und die nur durch Striche hervorgehobene Belebung der Gewandung. Während der im Profil wiedergegebene Falke äußerst gelungen zur Darstellung kommt, versagt die Fähigkeit sehr bei dem in Vorderansicht gezeichneten Gesicht.

Das Relief dürfte dem 13. Jahrhundert angehören.

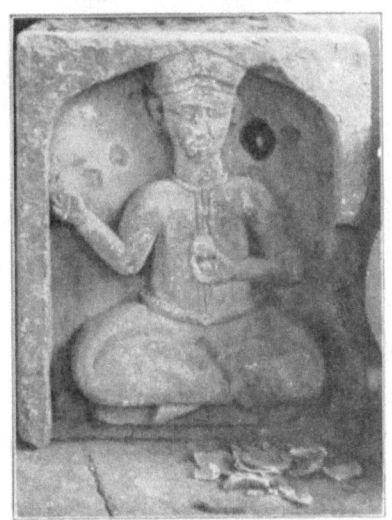

Abb. 9.

Abb. 9.
STEINRELIEF MIT SITZENDER FIGUR
im Museum zu Konia.

Der rechteckige Stein zeigt in einer tief eingeschnittenen flachen Spitzbogennische die Figur eines nach orientalischer Weise mit untergeschlagenen Beinen sitzenden jugendlichen, bartlosen Mannes, der in der Linken einen runden Gegenstand (Apfel?) hält, während die erhobene Rechte einen anderen, nicht mehr erkennbaren Gegenstand faßt. Die Gestalt trägt einen langen, vorn geschlossenen und den Hals freilassenden Ärmelrock, an der Hüfte durch einen strickartigen Gürtel gehalten. Eine flache Mütze bedeckt den Kopf. Noch weniger wie bei dem Figurenrelief auf Abb. 8 ist es dem Künstler gelungen, das in Vorderansicht wiedergegebene Gesicht zu beleben; auch die Behandlung des Körpers ist zwar weniger flächig, aber ohne jede Belebung durchgeführt.

Abb. 10, 12, 15, 17, 18.
TEILE EINER STEINUMRAHMUNG MIT TIERFIGUREN im Museum zu Konia.

Im Museum hat eine Reihe von z. T. sehr lädierten Fragmenten Aufnahme gefunden, die zu einer Portalumrahmung gehören. Letztere scheint im Halbkreisbogen geschlossen gewesen zu sein. An der Außenseite von einem profilierten Bande eingefaßt, zeigt die Umrahmung nach innen zu eine breite Hohlkehle, in der Tierfiguren angebracht und teils als natürliche, teils als Fabeltiere charakterisiert sind. Obgleich die Darstellungen in starkem Relief gehalten und fast als Freifiguren behandelt sind, so fällt doch auch hier wiederum die flächige Behandlung der Oberfläche auf.

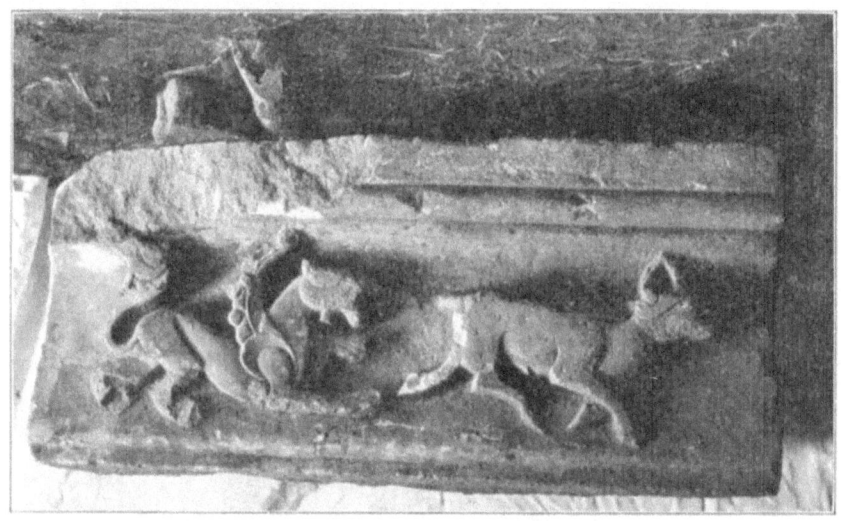

Abb. 10.

Die Skulpturen stammen wahrscheinlich aus der Blütezeit der seldschukischen Kultur in Konia, aus der Mitte des 13. Jahrhunderts.

Abb. 10.

GEFLÜGELTES EINHORN, EINE ANTILOPE VERFOLGEND. H. 0,64 m. Br. 1,30 m.

Die beiden Figuren sind äußerst lebendig aufgefaßt; sowohl das den Kopf senkende und das Horn wagerecht zum Stoß vorstreckende Fabeltier, als auch die fliehende Antilope. Das Einhorn zeigt den schlanken Körper eines Leoparden; an der Schulter der Vorderpranke sitzt der gebogene und mit Einrollungen besetzte Flügel; der Schweif ist am Ende spiralförmig eingedreht. Merkwürdig und infolge von Verletzungen nicht recht kenntlich ist der Kopf mit großen, anliegenden, lappigen Ohren. Die linke Vorderpranke ist zum Angriff erhoben. Charakteristisch ist die Gestaltung der Flügel, die wir schon bei den Fabeltieren sassanidischer Zeit, z. B. bei dem sogen. sassanidischen Greifen mit Pfauenschweif, finden.

Auch bei der Antilope ist der Kopf nicht deutlich gezeichnet. Es scheint, als wenn es sich bei der Bekrönung um zwei nach innen gebogene kurze Hörner handelt, die, im Gegensatz zu der sonstigen Profilstellung, in Vorderansicht wiedergegeben sind; darunter scheinen wiederum lappige, gezackte Ohren zu liegen.

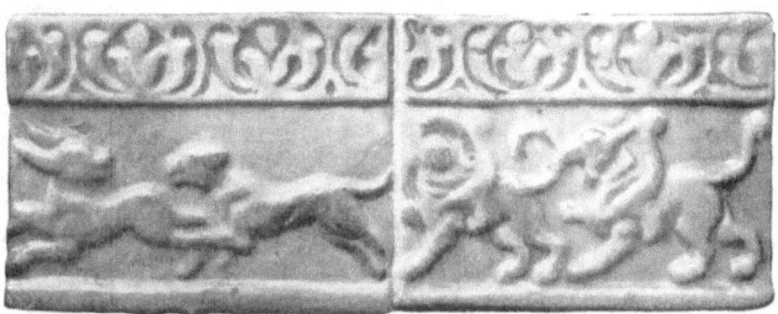

Abb. 11.

Zum Vergleich mögen ein paar hellblau glasierte persische Relieffliesen des 13. bis 14. Jahrhunderts abgebildet werden (Abb. 11), die zu einem größeren Friese gehören und in der Komposition eine enge Verwandtschaft mit dem Steinfries von Konia zeigen. Auch hier Fabeltiere (Sphinx und Greif) neben der naturalistischen Wiedergabe von Hund und Hase. In diesem Beispiel ist der enge künstlerische Zusammenhang zwischen der persischen und der gleichzeitigen seldschukisch-kleinasiatischen Kunst unverkennbar.

Abb. 12.

GEFLÜGELTES EINHORN, EINEN ELEFANTEN VERFOLGEND. H. 0,64 m. Br. 1,5 m.

Auf diesem, zu dem Rundbogen gehörenden Friesstück ist wiederum ein Einhorn dargestellt, nur mit dem Unterschiede, daß der Schweif nicht nach oben, sondern nach unten gestreckt ist; auch die Haltung des Tieres, das dem von ihm verfolgten Elefanten ganz nahe kommt, ist die gleiche.

Die Figur des Elefanten ist von besonderem Interesse, vor allem die Zäumung und der Aufputz des Tieres: Eine breite Schabracke mit Troddeln, mit kleinen Kugeln (Schellen?) besetzte Ringe an den Füßen und auf dem Kopf, ein in zwei Schnüren auslaufendes palmettenartiges Schmuckstück auf der Schabracke und endlich an Stelle der Ohren (oder sollen es die Ohren selbst sein?) ein mehrfach gefalteter und gefranster Lappen.

Eine ganz übereinstimmende, nur nach der entgegengesetzten Seite komponierten Tierfries findet sich auf einer persischen Lüsterfliese des 13. Jahrhunderts (Ab. 13.).

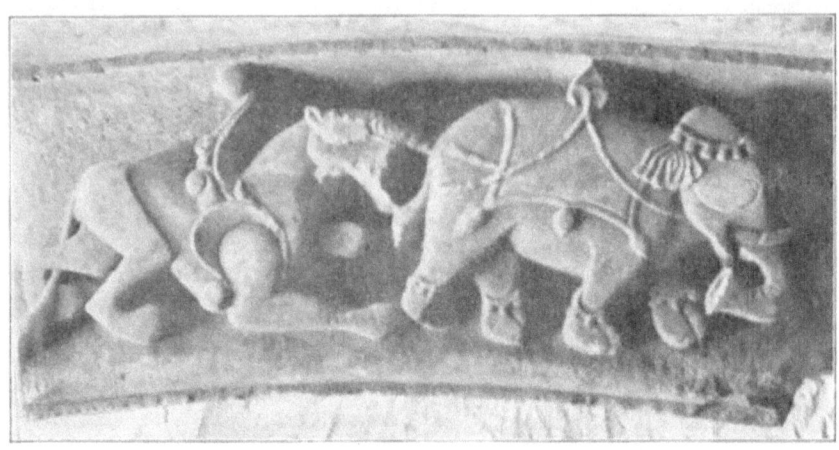

Abb. 12.

Eine sehr ähnliche Darstellung des Elefanten sehen wir auf dem berühmten Elefantenstoff in dem Reliquienschrein Karls des Großen im Münster zu Aachen (Abb. 14). Auch hier die Ringe an den Füßen, deren Musterung wohl auch Schellen darstellen soll, die rechteckige Schabracke und jene merkwürdigen gefransten Ohren. Das palmettenartige Schmuckstück findet durch den Vergleich mit dem Elefantenstoff seine Erklärung, wenn wir annehmen, daß die Tierfigur der Skulptur in Nachahmung eines ähnlichen Stoffes gebildet, und jene Palmettenform eine mißverstandene Nachahmung der Blütenform des ornamentalen Baumes ist, der auf dem Elefantenstoff hinter der Tierfigur angebracht ist. So dienen die beiden Denkmäler, die seldschukische Skulptur sowohl wie der Stoff, zu gegenseitiger Erklärung. Lessing nimmt aus stilistischen Gründen und in Rücksicht auf die Geschichte des Grabes an, daß der Stoff aus dem Jahre 814 oder 1000 stammt. Das ferner in Frage kommende Datum 1215 lehnt

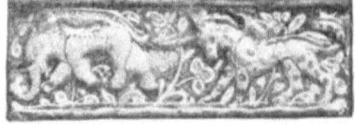

Abb. 13.

er ab. Die Inschrift hat bisher keine Anhaltspunkte für die Datierung ergeben. Wenn auch zugegeben werden muß, daß der Elefantenstoff in seiner ornamentalen Dekoration einen früh-mittelalterlichen, noch an sassanidische Formen erinnernden Eindruck macht und kaum in den Beginn des 13. Jahrhunderts gesetzt werden kann, so dürfte doch die Übereinstimmung mit einem seldschukischen Denkmal des 13. Jahrhunderts jedenfalls dafür sprechen, daß der Elefantenstoff nicht in das Jahr 814, sondern in das Jahr 1000 gerückt werden muß. Ein ähnlicher Stoff hat wahrscheinlich dem seldschukischen Künstler für die Bildung der Tiere und speziell des Elefanten auf dem Bogenfriese vorgelegen.

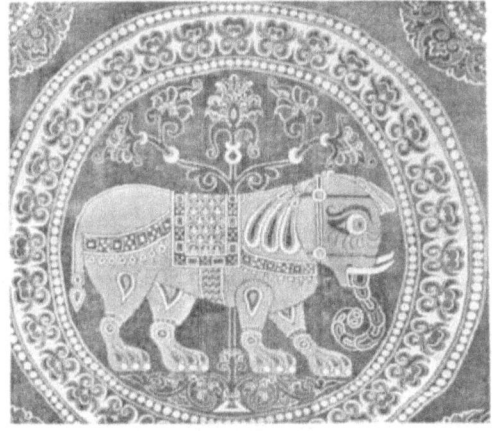

Abb. 15.
GEFLÜGELTER DRACHE.
H. 64 m. Br. 0,92 m.

Abb. 14.

Dieses Fabeltier, dessen Schweif in einen Drachenkopf ausläuft, zeigt in der Bildung

Aus Lessing, Die Gewebesammlung des Kgl. Kunstgewerbemus. zu Berlin (Verlag E. Wasmuth, A.-G., Berlin).

des Kopfes mit aufgesperrtem Rachen, der Vorderpranken, des Flügels mit seinem Schulteransatz und der geschweiften Form, die größte Ähnlichkeit mit dem geflügelten Einhorn, das wir schon zweimal in dem Friese bemerkt haben. Die Darstellung als solche ist eine besonders häufige in der Kunst des 12.—13. Jahrhunderts Kleinasiens, Syriens und Mesopotamiens.[1]) Dieselbe Darstellung eines geflügelten Drachen mit Schlangenleib, dessen Ende ein Kopf bildet, zeigt ein zweiter kleinerer Stein des Museums von Konia (Abbildung 16).

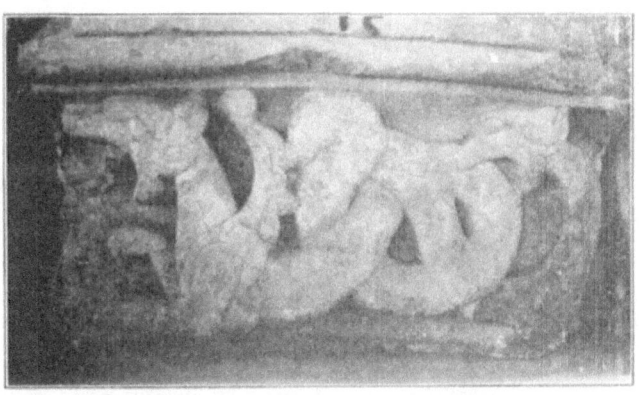

Abb. 15.

[1]) Vgl. F. Sarre: Islamische Tongefäße usw. Abb. 1, 7—10, 14, 15. — F. Sarre und M. van Berchem: Das Metallbeken des Atabeks Lulu usw., S. 28, Anm. 1.

Abb. 17.
ANTILOPE, VON EINEM UNBESTIMMBAREN TIER VERFOLGT. H. 0,64 m. Br. 1,55 m.

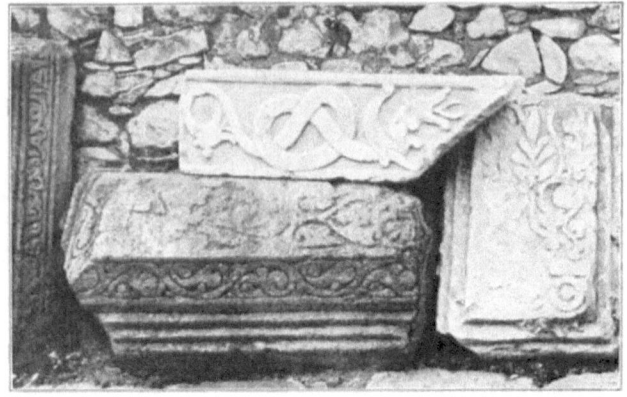

Abb. 16.

Dieses sehr zerstörte Friesstück zeigt ein nur noch sehr undeutlich erkennbares vierfüßiges Tier, das im Umriß mit den erwähnten Einhornen die größte Ähnlichkeit hat, und ferner ein besser erhaltenes antilopenartiges Tier, das auf der Flucht in lebhafter Bewegung mit nach rückwärts gebogenem Kopf wiedergegeben ist.

Abb. 18.
VOGEL MIT MENSCHENKOPF. H. 0,64 m. Br. 0,55 m.

Auch dieses Fabeltier, das der sonstigen Kunst der Zeit nicht fremd ist, schließt sich in seiner Formgebung eng den übrigen Tiergestalten des Frieses an. Der nach aufwärts gerichtete Schwanz gleicht vollständig den Flügeln der Einhorne, die flächenmäßige Behandlung des Reliefs schließt sich den anderen Tier-

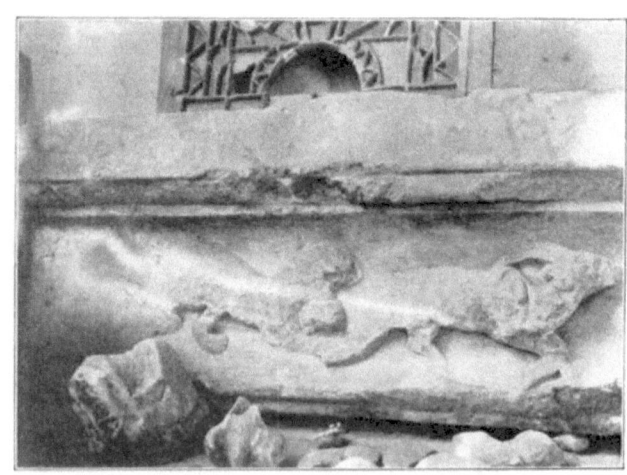

Abb. 17.

figuren des Frieses an. Der in Profil gestellte Kopf zeigt eine Mütze und in einer breiten Locke herabfallendes Haar.

Eine ähnlich gestaltete Harpyie finden wir an dem 712 d. H. = 1312 13 n. Chr. datierten Grabmal der Prinzessin Chudawend in Nigde. Hier sind die Vogelfiguren in den Zwickeln eines Fensters angebracht (Abb. 19).

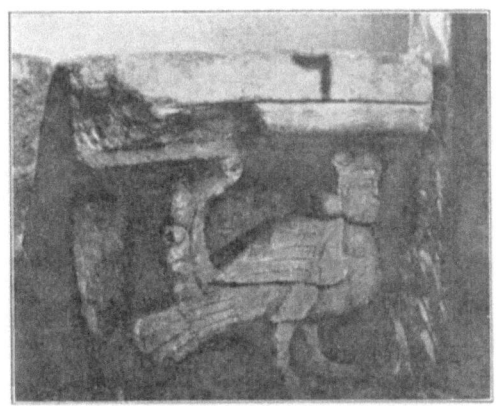

Abb. 18.

Abb. 20, 21.
RELIEFPLATTE MIT BAND-VERSCHLINGUNGEN UND TIERFIGUREN im Museum zu Konia.

Beide Seiten dieser Marmorschranke sind mit Reliefs geschmückt. Die Dekoration der einen Seite (Abb. 20) ist die frühere und gehört spätbyzantinischer Zeit an; der Stein bildete wahrscheinlich den Teil einer größeren Schranke, die in rechteckigen, von Flechtbändern umgebenen Feldern christliche Kreuze zeigt, die auf einem Stufenberge stehen und von kleinen Pfauenfiguren flankiert sind. Wesentlich besser ist die Bearbeitung der anderen Seite, die wir als seldschukisch ansprechen können (Abb. 21). Auch hier handelt es sich um ein fortlaufendes Muster, das zwei Reihen von Rundmedaillons aufweist, die von einem zweifach geriefelten Bande gebildet werden. Paarweis angeordnet sehen wir Sphinxfiguren und Hirsche. Erstere haben wiederum die schon mehrfach beobachtete Eigentümlichkeit, daß der Schweif in einen Kopf ausläuft, der nach den Flügeln schnappt; letztere halten Ranken im Maul, die gleichsam die Verlängerung der Geweihe bilden. In den Zwischenräumen sind kleine Vogelfiguren und Rankenwerk angebracht, das einen verhältnismäßig frühen Charakter trägt, aber doch auch noch in den Beginn des 13. Jahrhunderts stilistisch fallen kann. Eine ähnlich dekorierte Grabplatte befindet sich in der Nikolauskirche zu Myra.[1]

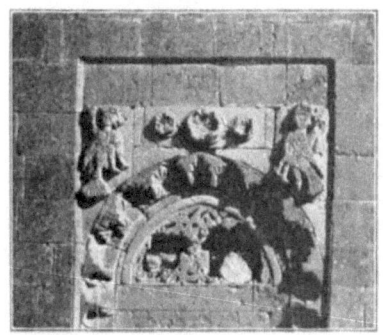

Abb. 19.

---

[1] Hans Rott: Kleinasiatische Denkmäler. Leipzig 1908. Abb. 128.

Abb. 22.

BORTE VOM STEINPORTAL DER MEDRESSE KARA TAI in Konia. Br. 0,19 cm.

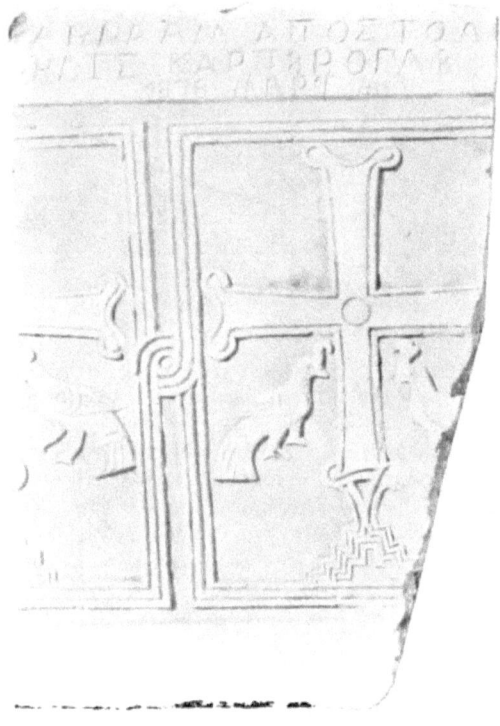

Abb. 20.

Das prachtvolle Steinportal der Medresse Kara Tai in Konia (gebaut 1251 n. Chr.) ist schon mehrfach veröffentlicht worden.[1]) Wir geben hier als Probe einen Ausschnitt der Borte, die den Schriftfries, über der linken Portalseite, umrahmt. Die Borte ist ein charakteristisches Beispiel für den ornamentalen Stil in der Mitte des 13. Jahrhunderts.

---

[1]) Sarre, Reise Taf. XIX, XX; Denkmäler Abb. 182.

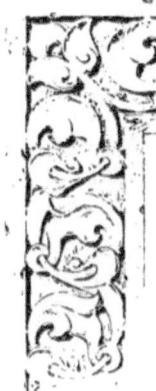

Abb. 22.

Taf. II a, b.

ZWEI BORTEN VOM STEINPORTAL DER LARANDA-MOSCHEE in Konia. a: Br. 0,16 cm. b: Br. 0,175 cm.

Das reiche Portal des im Jahre 1258 errichteten Gebäudes (Sarre, Reise Taf. XXVI, XXVII; Denkmäler Taf. CIX) zeigt eine Fülle von dekorativ bemerkenswerten Formen, unter denen wir zwei Borten veröffentlichen. Im Vergleich mit der Borte von der Kara Tai-Medresse ist eine Weiterentwickelung der hier gegebenen Bandmotive unverkennbar.

Taf. II c.

BORTE VOM FASSADENSCHMUCK DER MOSCHEE AJA SOFIA in Konia.

Br. 0,24 m.

Dieses kleine Gebäude soll nach Loytved von Muhammed, dem Sohne des Alaeddin, im Jahre 824 d. H. = 1421 n. Chr. als Dar ul hyffas (Raum für die den Koran Auswendigkennenden) errichtet worden sein. Die Fassade des mit einer Kuppel versehenen Ziegelbaues zeigt eine Verblendung mit Marmorplatten und auf ihnen ein reiches Flächenmuster, aus dem wir eine umrahmende Borte veröffentlichen als Beispiel für die ornamentale Entwickelung der seldschukischen Kunst im Beginn des 15. Jahrhunderts.

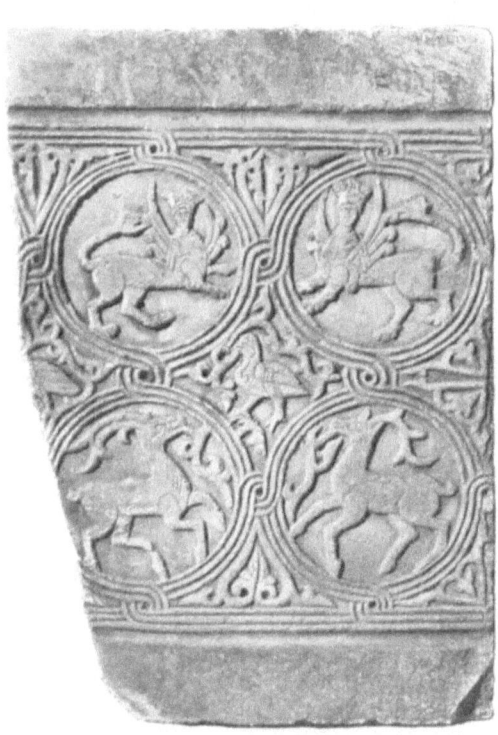

Abb. 21.

KUNSTWERKE AUS GIPSSTUCK

Taf. III, IV, V — Abb. 23

Taf. III.
STUCKRELIEF MIT REITERN im Museum zu Konia. H. 0,30 m. Br. 0,59 m.

Schon mehrfach ist auf die bedeutende Rolle hingewiesen worden, die die Dekoration in Stuck oder Gips in der islamischen Architektur und Kunst gespielt hat;[1]) es ist erwiesen, daß es sich auch hier nur um eine Fortführung und Weiterentwickelung einer schon zu vorislamischer, sassanidischer Zeit vorhandenen Kunstübung handelt. In der Außenarchitektur wird der modellierte Stuck in Verbindung mit unglasierten oder glasierten Formziegeln verwandt; er bildet hier meist den Grund, von dem aus sich dann ein Flächenmuster in Relief abhebt.[2]) In der Innendekoration finden wir den Stuck in weiterer Verwendung; die gesamte Wandfläche wird hier mit ihm bekleidet, mannigfache Flächenmuster bedecken die Wände, und in den Moscheen ist die Gebetsnische mit ihren Schriftborten, Säulen und Schmuckformen aus Gips gestaltet. Während es sich naturgemäß hier nur um ornamentale Formen handelt, denen die Schrift ebenbürtig an die Seite tritt, finden wir in seldschukischer Zeit in den Gipsdekorationen von Profanbauten auch Tier- und Menschenfiguren wiedergegeben. Wie jene merkwürdigen, im nördlichen Mesopotamien (Mosul) zu Beginn des 13. Jahrhunderts hergestellten unglasierten Terrakottagefäße mit reichem figürlichen Schmuck versehen sind, so finden wir die gleiche figürliche Dekoration auch auf den mit Gips bekleideten Innenwänden der Paläste wieder. Ein Beispiel hierfür ist der leider nur noch in Trümmern erhaltene Palastbau des Atabeks Lulu in Mosul, Kara Serai. Die Wände eines im Tonnengewölbe geschlossenen Saales sind hier mit einem mannigfaltigen in Stuck modellierten Flächenschmuck versehen; ein Fries mit kleinen menschlichen Halbfiguren, unter einer Bogenarkade gleichsam als Zuschauer angebracht, ist hier vor allem bemerkenswert.[3])

Eine ähnliche Stuckdekoration besaß das Innere des Ala-eddin-Kiosks, des vor zwei Jahren halb eingestürzten letzten Restes des Seldschukenpalastes auf dem Burgberg in Konia. Er ist nach einer Inschrift wahrscheinlich von dem Sultan Kylydsch Arslan IV. (1257—1267) errichtet worden.[4]) Das auf Taf. III abgebildete Stuckrelief soll aus diesem Kiosk stammen. Oben begrenzt von einer

---

[1]) Sarre: Makam Ali am Euphrat, ein islamisches Baudenkmal des 10. Jahrhunderts. Jahrbuch d. Kgl. Preuß. Kunstsammlungen 1908, S. 63 ff.

[2]) Denkmäler Persischer Baukunst. Taf. I—X.

[3]) Wir werden auf dieses interessante Denkmal, das wir in Gemeinschaft mit Ernst Herzfeld im Winter 1907/08 genau aufgenommen haben, an anderem Orte ausführlich zu sprechen kommen.

[4]) Sarre, Reise S. 46. Taf. XVII. — Max van Berchem soll, wie Strzygowski (Zeitschr. f. Gesch. d. Architektur I. 1) mitteilt, der Ansicht sein, daß der Kiosk schon unter Kylydsch Arslan II. (1156—1188) gebaut sei.

breiten geometrischen Borte zeigt das Bruchstück zwei auf einander zu galoppierende Reiter, von denen der linke einen Lindwurm mit der Lanze durchbohrt, während der rechte nach rückwärts einem Löwen das Schwert durch den Kopf stößt. Den Hintergrund bilden symmetrisch angeordnete Ranken mit Palmettenblättern. Die Wiederkehr des zwischen den beiden Reitern angebrachten ornamentalen Motivs auf der rechten Seite läßt vermuten, daß es sich hier um einen fortlaufenden Fries handelt. Mit Recht weist Migeon (Manuel S. 77) auf die sassanidischen Felsreliefs mit ihren Reiterfiguren als Vorbild hin. Die Bewegung der Pferde und Figuren ist außerordentlich lebendig wiedergegeben. Im Kostüm der Reiter finden wir den langen Ärmelrock wieder, den die Figuren des Steinreliefs (Abb. 8) zeigten, auch der Vollbart und die Locken wiederholen sich hier; so ist es sehr wahrscheinlich, daß beide Denkmäler der gleichen Zeit, der Mitte des 13. Jahrhunderts, angehören.

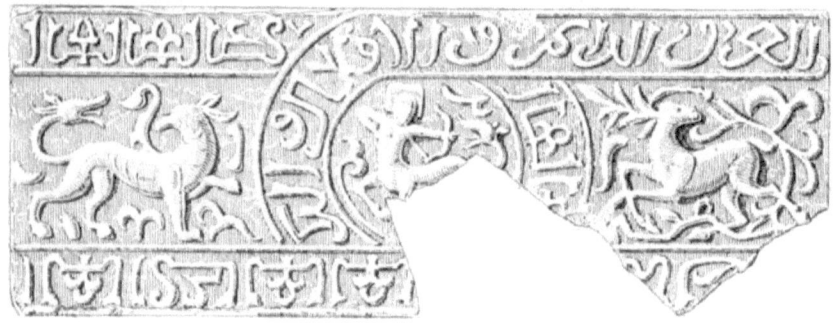

Abb. 21.

Taf. IV, V.
RELIEF-FRAGMENTE AUS GIPSSTUCK im Museum zu Konstantinopel.

Zu der gleichen Gruppe von Innendekorationen wie das Reiterrelief in Konia gehört eine Reihe von Fragmenten, die aus Diarbekr in das Museum von Konstantinopel gelangt ist.[1]) Die von van Berchem und Strzygowski vorbereitete Publikation über Diarbekr wird uns über die hier vorkommenden merkwürdigen ornamentalen und auch figürlichen Dekorationen weiteren Aufschluß geben und jedenfalls auch diese Fragmente näher beleuchten. So beschränken wir uns hier auf die Wiedergabe der bemerkenswertesten Stücke. Wiederum handelt es sich um äußerst lebendig aufgefaßte natürliche Tiere (Löwen, Gazellen, Vögel usw.) und auch Fabeltiere (Vögel mit Menschenköpfen), die auf einem Hintergrunde von Ranken angebracht sind und oft mit ihnen zusammengewachsen

---

[1]) Gütige Mitteilung von Dr. Halil Edhem Bey.

scheinen. Jene Ranken mit ihren Palmettenblättern, die ganz mit denen des Reiterreliefs von Konia übereinstimmen, laufen ihrerseits auch wiederum in figurale Formen, in Drachenköpfe, aus. Ein ovales Medaillon mit einer sitzenden Figur, die mit der Linken einen Becher emporhält, ist besonders bemerkenswert und zeigt wiederum, daß die Darstellung von menschlichen Figuren der Kunst jener Zeit ganz natürlich ist.

Bruchstücke von ganz ähnlichen Stuckreliefs befinden sich im Kaiser Friedrich-Museum zu Berlin und sollen aus Konia stammen; vielleicht handelt es sich auch bei diesen wie bei Taf. III um Teile der Dekoration des ehemaligen Palastes der seldschukischen Fürsten auf dem Burgberge.

Abb. 23.

BRUCHSTÜCK EINES STUCKFRIESES UNBEKANNTER HERKUNFT, Sammlung Sarre im Kaiser Friedrich-Museum zu Berlin. H. 0,18 m. Br. 0,46 m.

Dieser aus einer Form gepreßte Fries ist in mehreren Fragmenten erhalten; doch war es möglich, bis auf wenige Lücken, das Gesamtbild zu rekonstruieren. Zwischen zwei Schriftbändern, die den ornamentalen Schriftcharakter des 12—13. Jahrhunderts zeigen und einen Segenswunsch enthalten, sind abwechselnd ein Greif, ein Hirsch und ein in ein Rundmedaillon komponierter, bogenschießender Kentaur angebracht. Auch hier endigen bei den Tieren die Schweife in Drachenköpfen. Die Übereinstimmung mit ortokidischen Münzbildern macht die Herkunft aus derselben Gegend, aus dem ortokidischen Mesopotamien, sehr wahrscheinlich.

KUNSTWERKE AUS HOLZ

Taf. VI–XVI — Abb. 24—32

Taf. VI, VII, VIII a, b. — Abb. 24.

KANZEL (MIMBAR) in der Moschee Ala-eddin zu Konia.

Die aus Nußbaumholz hergestellte Kanzel (Taf. VI) hat die übliche Form; eine schmale Treppe von zwölf Stufen führt zu einem quadratischen Stand empor, der mit einem achtseitigen Spitzdach versehen ist. Den Eingang bildet eine portalähnliche Tür; diese sowie die ganze Außenseite des Mimbar sind mit reichen Schnitzereien versehen. Wie C. H. Becker nachgewiesen hat, ist der Mimbar aus dem Richterstuhl entstanden.[1]) Die verschiedenen Teile des Aufbaues der Kanzel sind äußerlich in der Dekoration genau kenntlich: die dreieckigen Füllungen zu beiden Seiten der Treppe, die Geländer und die rechteckigen Felder, die den Stand umgeben, in denen unten Türen angebracht sind. Alle diese Teile sind mit geometrischen Mustern bedeckt und von ornamentalen oder Schriftborten eingefaßt. Das Geländer sowie die den oberen Teil des Standes umgebenden Felder sind durchbrochen gearbeitet. Bemerkenswert ist der Umstand, daß das quadratische Muster des Geländers wagerecht zur aufsteigenden Treppe komponiert und die dadurch oben und unten entstehenden dreieckigen Leeren durch geometrisch angeordnete Füllungen angefüllt sind. Sehr reiche Dekoration zeigt die Tür. Von zwei quadratischen, oben mit durchbrochenen Knäufen gekrönten Pfeilern eingefaßt, öffnet sich unten im gezackten Kielbogen die Türöffnung, darüber befindet sich ein umrahmtes, geometrisch gemustertes Feld und das Ganze wird von einem Dreiecksdach gekrönt. Modern ist das achteckige Pyramidendach über dem Stande. Die geometrische Musterung des Körpers der Kanzel zeigt kleine polygonale Füllungen (Abb. 24) mit äußerst feinen, durchbrochenen Ornamenten versehen und von Profilleisten umgeben.

Taf. VII gibt die Leiste wieder, die über der kleinen Tür unter dem Stande angebracht ist. Das einfach komponierte Muster zeigt breite, sich durchdringende, mit Knöpfen besetzte Kielbogen, die sich von einem Hintergrunde von Palmettenranken abheben.

Taf. VIIIa gibt einen Teil der Pilasterfüllung wieder, die vertikal das Dreiecksfeld an der Treppenwange begrenzt. Dieses reiche Muster zeigt eine Weiterentwicklung der auf Taf. VII wiedergegebenen Palmetten. Diese gesprengten Palmetten, die sich lösen, aufrollen und wieder vereinigen, tragen hier eine selbständige, reichere Musterung, die, abgesehen von Einkerbungen, wie sie auch dort vorkamen, aus federartigem Schmuck besteht.

---

[1]) Die Kanzel im Kultus des alten Islam. Nöldeke-Festschrift. Gießen 1906.

Taf. VIIIb zeigt einen der Knöpfe, die die Türpfosten krönen. Die Ornamente stimmen vollständig mit den eben behandelten überein. Dr. Loytved hat (a. a. O. S. 23) die Inschriften der Kanzel behandelt. Abgesehen von verschiedenen Koran-Suren finden sich drei historische Inschriften, von denen die auf dem Pfosten des Kanzeldaches stehende die bemerkenswerteste ist: *„Werk des Meisters . . . . des Hadschi aus Achlat und hat es beendet im Redscheb des Jahres 550."* Es wird also das Datum September 1155 und ein aus Achlat in Armenien gebürtiger Künstler als Verfertiger genannt. Zwei an der Kanzeltür befindliche Inschriften nennen dann den Sultan Mesud I (1117—1156) und seinen Nachfolger Kylydsch Arslan II (1156—1192). Aus diesen drei Inschriften ergibt sich, daß der Künstler im vorletzten Jahre der Regierung des Mesud (1155), wie er angibt, das Werk doch noch nicht vollendet hat, und daß sich die Beendigung in die Regierungszeit seines Nachfolgers hineinzog, dem zu Ehren dann eine zweite Weihinschrift angebracht werden mußte, die viel umfangreicher wie die erstere ausfiel.

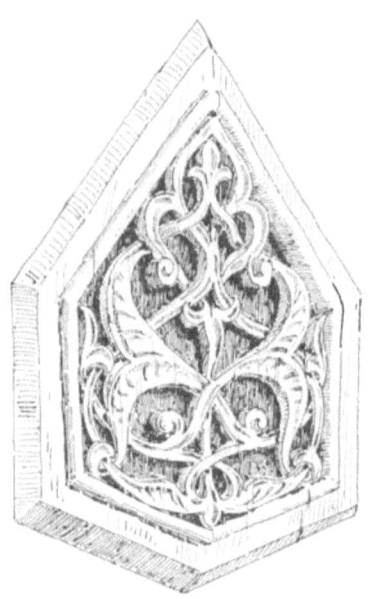

Taf. IX.

TÜR im K. Ottomanischen Museum zu Konstantinopel. H. 1,65 m. Br. 0,92 m.

Diese Tür, deren Herkunftsort mir nicht bekannt ist, gehört zu den schönsten dekorativen Schnitzarbeiten des islamischen Mittelalters. Der Aufbau des Musters ahmt durch eine umlaufende Palmettenborte ein rechteckig umrahmtes Spitzbogenportal nach. Ein wagerechter Schriftbalken trennt den Spitzbogen von der rechteckigen Fläche, die durch ein rundes Mittelfeld mit je einem runden und ovalen Anhänger oben und unten belebt ist. Das Mittelfeld ist durch ein stark vorspringendes geometrisches Muster mit kleinen Palmettenmustern als Füllungen belebt, wie wir sie am Mimbar der Moschee Ala-eddin kennengelernt haben. Gleichartiges Rankenwerk mit kleinen Blättern und Einrollungen belebt die Zwickelflächen und findet sich auch in der Reihe von sechsseitigen Sternen am

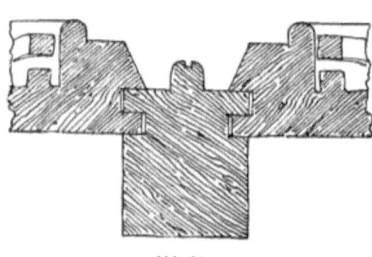

Abb. 24.

Fuß der Tür wieder. Bemerkenswert sind vor allem auch die figürlichen Motive, die man ohne Innenzeichnung, nur als Silhouette, im Ausschnitt wirkend, in den Zwickeln angebracht hat. Sie empfingen vielleicht ursprünglich durch Bemalung eine weitere Charakterisierung. Oben sehen wir zwei geflügelte Löwen, die auf dem Rande des Runds emporzuklettern scheinen, unten stehen zwei geflügelte Greifen mit umgewandtem Kopf, die eine Vordertatze erhoben. Noch zwei weitere figürliche Motive sind vorhanden: oben im Spitzbogendreieck eine sitzende Gestalt mit Nimbus, wiederum als Silhouette behandelt, und unten, im Spitzoval, eine hockende Gestalt, deren Formen vollständig ornamental behandelt sind. Der entsprechende runde Anhänger oben trägt keinen Schmuck und war, wie kleine Löcher beweisen, mit einem aufgesetzten Schmuckstück versehen.

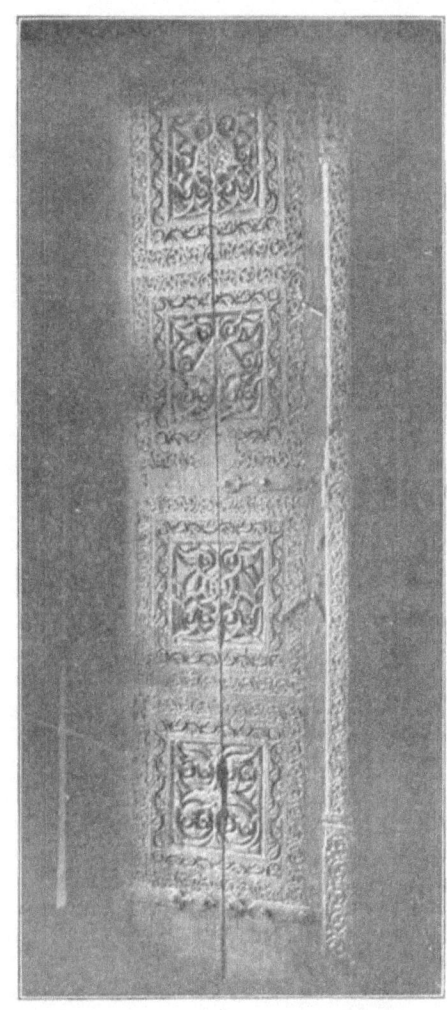

Abb. 25.

Die Formenwelt, die sowohl in den Ornamenten wie auch in den figürlichen Darstellungen der Türdekoration zum Ausdruck kommt, ist die vom Ende des 12. und dem Beginn des 13. Jahrhunderts. Wir finden sie z. B. in den Denkmälern Badr eddins Lulu von Mosul oder in dem Schmuck des Talismantores von Bagdad. Auf letzterem Denkmal sehen wir wie auf der Tür eine sitzende Figur inmitten von Rankenwerk; die Löwenfiguren sind sich hier und dort sehr ähnlich. Über den Stil jener Zeit ist von mir an anderem Ort (Jahrb. der Kgl. Preuß. Kunstsammlungen. 1905. S. 69 ff.) ausführlich gehandelt und auch auf das häufige Vorkommen von figürlichen Darstellungen hingewiesen worden.

Das Inschriftband enthält nach der Lesung von Dr. Mittwoch die Worte:
„Dauernden Sieg, Glück und Herrschaft."

Auch G. Migeon (Manuel S. 119) bildet die Tür ab und bringt sie mit den Denkmälern der Blütezeit von Konia in Verbindung. — F. R. Martin (A History of oriental Carpets. 1908. Fig. 263) weist richtig auf Nordmesopotamien um 1200 hin.

Abb. 25.

FENSTERLADEN AN DER TURBE ALA-EDDIN zu Konia.

Die Turbe mit den Sultansgräbern neben der Moschee Ala-eddin ist nach Loytved inschriftlich im Jahre 616 d. H. = 1219/20 neu errichtet worden. Aus dieser Zeit dürften die reich geschmückten Fensterladen stammen. Sie zeigen vier reich umrahmte quadratische Felder, deren Muster mit den breiten Palmettenblättern noch sehr altertümlich wirkt und einer früheren Zeit zugeschrieben werden müßte, wenn die umrahmenden Borten nicht die Entstehung im Beginn des 13. Jahrhunderts sehr glaubhaft machten.

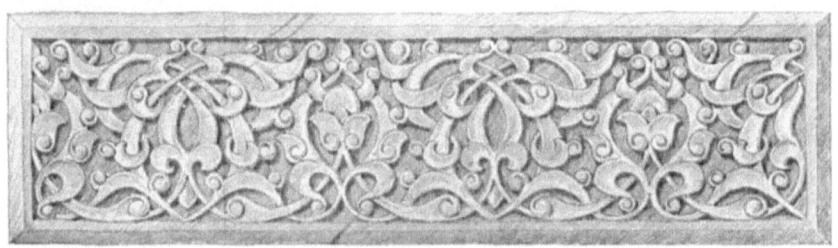

Abb. 27.

Taf. X a, b.

KORANSTÄNDER AUS DER MOSCHEE ALA-EDDIN ZU KONIA, im K. Ottomanischen Museum zu Konstantinopel. H. 0,67 m. Br. 0,29 m.

Der aus zwei sich durchdringenden Brettern bestehende Koranständer ist schon rein technisch ein Meisterstück, da das Ganze aus einem Stück gearbeitet ist. Der Fuß zeigt auf beiden Seiten das gleiche Muster: ein Gewirr von Palmettenranken, bei denen kleine, an den fleischigen Blättern sitzende Einrollungen bemerkenswert sind. Die kleinen Felder des Scharnieres sind auch gleichmäßig mit demselben Ornament geschmückt, während die beiden oberen rechteckigen Platten nur von Inschriften eingenommen werden.

In diesen Inschriften enthalten nach der Lesung von Dr. Mittwoch die Mittelfelder den frommen Spruch:

„O Gott, hilf uns durch Scharen von Engeln, wie Du geholfen hast dem Muhammed, dem Siegel der Propheten."

Die den Rand füllende historische Inschrift lautet:

„Sieg unserem Herrn, dem mächtigen Sultan, dem Schatten Gottes in der Welt, der die Nacken der Völker regiert, dem Herrn der Sultane der

Welt, dem Herrscher über die Könige der Araber und Perser, 'Izz eddunjā wad-dīn, dem Sultan des Islams und der Muslime, dem siegreichen Kāikāus, Sohne des Kāichosrū, der Leuchte des Emirs der Gläubigen."

Unter den zwei den Namen Kai Kaus, Sohn des Kai Chosro, tragenden Sultanen von Konia handelt es sich aller Wahrscheinlichkeit nach um Kai Kaus I. (1210—1219), der in seinem Sterbejahre die Mesdschid und das Mausoleum bei der Moschee Ala-eddin gebaut hat (Loytved Nr. 14).

Taf. XI, Abb. 26, 27.

TÜR IN DER LARANDA-MOSCHEE (Sahib Ata) zu Konia.

Diese Moschee ist im Jahre 656 d. H. = 1258 n. Chr. von Ali, dem mächtigen Großwesir (Sahib) der Sultane Kai Kaus II. und Kai Chosro III., erbaut worden. Dieser fast die Stellung eines Regenten einnehmende Mann hat außerdem ein Karawanserail in Akschehir (659 d. H.), die Kökmedresse in Siwas (670 d. H.), ein Karawanserail in Konia (674 d. H.) und die Indsche-Minaret-Moschee ebendort errichten lassen und empfing wegen dieser guten Werke den Namen „Sahib Ata", d. h. der schenkende Großwesir.[1]) Die Laranda-Moschee wird deshalb auch Sahib Ata-Moschee genannt. Als Baumeister der Laranda-Moschee war nach einer Inschrift Kelul bin Abdallah tätig, der außerdem die erwähnte Indsche-Minaret- und die Nalindschi-Turbe errichtet hat.

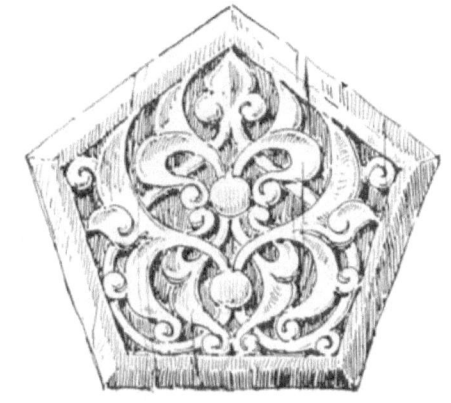

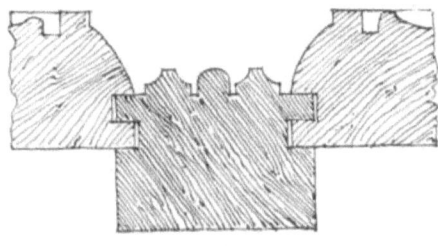

Abb. 26.

Die zweiflügelige Holztür zeigt auf jeder Türseite ein großes rechteckiges Feld in der Mitte, das oben und unten von schmalen Feldern eingefaßt wird. Die Mittelfelder enthalten ein kompliziertes geometrisches Muster, aus breiten Profilleisten zusammengesetzt, mit fünf-, drei- und rechteckigen Füllungen. Wir sehen hier fast dieselben Muster wie am Mimbar der Ala-eddin-Moschee; aber die Formen sind gedrungener, fleischiger geworden, die Palmetten entbehren der individuellen Bewegung, die wir dort beobachten konnten, und der mehr naturalistischen

---

[1]) Loytved a. a. O., S. 50, 51.

Auffassung. Der federartige Schmuck der großen Blätter ist verschwunden und nur die Einkerbungen geblieben; bewerkenswert sind auch hier die knopfartigen Aufrollungen und als etwas Neues die Kugelformen, die in der Mitte die auseinanderstrebenden Halbpalmetten zusammenhalten (Abb. 26).

Dieselbe ornamentale Auffassung zeigen die beiden unteren schmalen Leisten, von denen Abb. 27 die linke wiedergibt, während die rechte nicht mehr vorhanden ist. Ohne Rücksicht auf eine symmetrische Anordnung, ohne eine Mitte zu markieren, breitet sich hier das Muster mit seinen sich lösenden und wieder zusammenfindenden Ranken aus.

Die beiden oberen Felder enthalten nach Loytved No. 50 folgenden Ausspruch: „*Die richtigste Botschaft ist die Schrift Gottes, die festeste Stütze ist Kelimet üttekwa*" (d. h. das muhammedanische Glaubensbekenntnis: „Ich bezeuge, daß es keinen Gott, außer Gott gibt, und daß Muhammed Gottes Abgesandter"). Dr. Mittwoch übersetzt die Sprüche folgendermaßen: „Die wahrste der Erzählungen ist das Buch Gottes. Der zuverlässigste der Schätze ist das Wort der Gottesfurcht."

Der Eisenbeschlag zeigt eine häufig bei den seldschukischen Denkmälern des 13. Jahrhunderts vorkommende Form: runde Scheiben, die durch längliche, sich in der Mitte verdickende Zwischenglieder miteinander verbunden sind.

Taf. XII.

MITTLERE HOLZTÜR in der Vorhalle der Moschee Bey-Hakim zu Konia.

Diese kleine Moschee, nach einem nicht weiter bekannten Leibarzt der Seldschukensultane benannt, liegt westlich von der Kara-Tai-Medresse und unterscheidet sich außen nur durch bescheidene Sandsteinumrahmungen der Fenster von den benachbarten Wohnhäusern. Die Anlage besteht aus einer Vorhalle mit zwei seitlichen kleinen Grabräumen und mit einem größeren, quadratischen, von einer Kuppel überwölbten Moscheeraum dahinter. Die ursprünglich überwölbte Vorhalle ist bis zu einer Höhe von 2,70 m mit sechseckigen Fliesen geschmückt. Alle drei Türen, die beiden seitlichen, in die Grabkammer, und die mittlere, in den Gebetraum führenden reich geschnitzten Türen sind noch vorhanden. Taf. XII gibt die letztere wieder. Der prachtvolle, aus Fliesenmosaik zusammengesetzte Mihrab (Abb. 35) ist bemerkenswert.

Die Dekoration dieser zweiflügeligen Tür zeigt die größte Verwandtschaft mit der erwähnten Tür der Laranda-Moschee. Das Muster besteht jedoch hier jedesmal nur aus einem großen rechteckigen Feld mit geometrischem Muster und einer Schriftleiste darüber, das ganze eingerahmt von einer ornamentalen Borte. Das geometrische Feld setzt sich aus kleinen Fünf- und Sechsecken und aus sechsstrahligen Sternen zusammen, zwischen die noch kleine Dreiecke geschoben sind. Der dekorative Schmuck der Felder gleicht dem der erwähnten Tür; ist aber schematischer und auch einfacher gehalten. Das Muster der umrahmenden Borte zeigt sich durchdringende Palmettenranken, bei denen die Einrollungen, aufgesetzten Knöpfen vergleichbar, auffallen.

Die Inschriftfelder geben nach Loytved S. 87 aus der 9. Sure die Verse wieder: *„Besuchen nur soll die Moscheen Allahs, wer da glaubt an Allah und an den Jüngsten Tag."*

Abb. 28.
LINKE SEITENTÜR in der Vorhalle der Moschee Bey-Hakim zu Konia.

Die beiden Seitentüren in der Vorhalle der Moschee zeigen eine rechteckige Ziegelumrahmung, innerhalb derselben über dem spitzbogigen Eingang eine aus Fayencemosaik hergestellte Füllung angebracht ist, die über zwei ornamentalen Zwickeln ein reiches Schriftband enthält. Die Worte lauten nach der Lesung von Dr. Mittwoch: *„Sind denn gleich diejenigen, die wissend sind, und diejenigen, die nicht wissen?"*

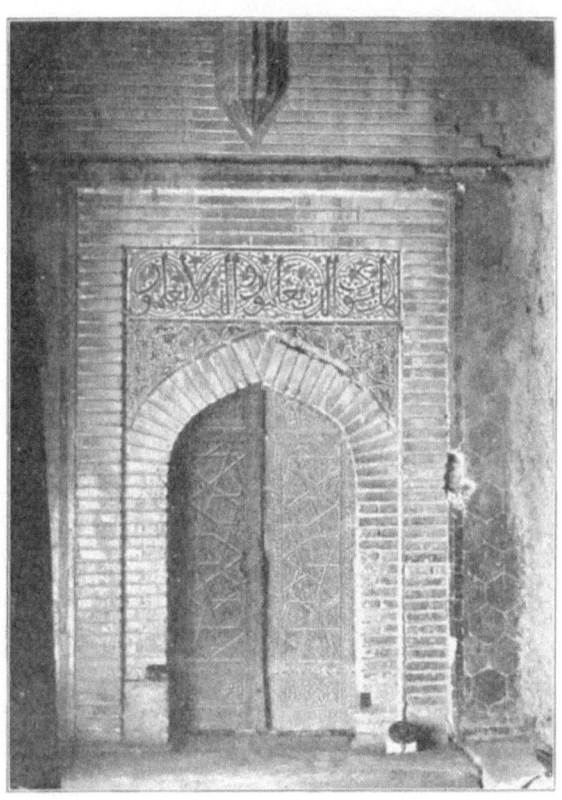

Abb. 28.

Die Holztür, die durch den Spitzbogen in ihrem oberen Teile etwas verdeckt wird, schließt sich in der Einteilung mit einem Mittelfeld und zwei kleinen Feldern oben und unten der der Sahib Ata-Moschee eng an und zeigt ein noch reicheres Muster wie die Mitteltür, deren Formensprache hier in gesteigerter Form wiederkehrt.

Die umrahmende Borte ist die gleiche wie dort, aber die Füllungen zeigen reichere Kompositionen. Der Inhalt der Schrifttafeln ist nur noch teilweise zu erkennen und gibt die Worte wieder: „ . . . *des Gebets, und das Entrichten der Almosen.."*

Bemerkenswert ist, daß sich bei dieser Tür, abgesehen von dem üblichen Eisenbeschlag, ein reich verzierter Riegelbalken in der Mitte erhalten hat.

TÜR in Akschehir.

Abb. 29.

Diese Tür, die mir aus dem Augenschein nicht bekannt ist, schließt sich in ihrem Muster der genannten Tür der Bey Hakim-Moschee (Tafel XII) eng an: ein fast gleiches geometrisches Muster im Mittelfelde, umgeben von einer umrahmenden Borte. Die Tür ist arg zerstört und ihr rechter Flügel (vom Beschauer aus) nur noch teilweise erhalten.

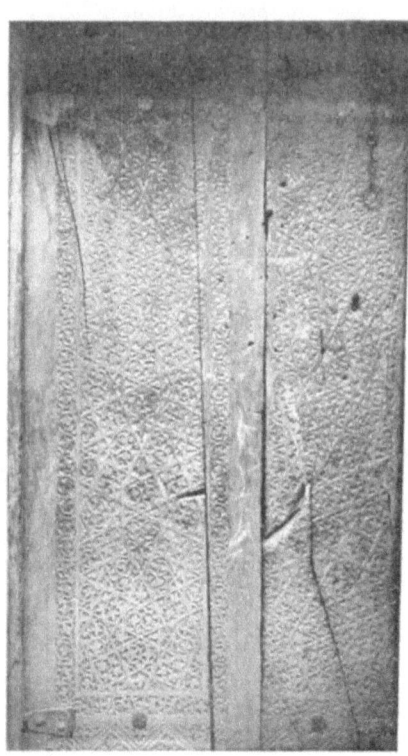

Abb. 29.

Taf. XIII.

FLÜGEL EINER TÜR im K. Ottomanischen Museum zu Konstantinopel. H. 2,90 m. Br. 1,10 m.

Die einfache Anordnung dieser Tür mit ihren beiden quadratischen Feldern in der Mitte, deren einfaches geometrisches Muster äußerst fein ausgeführtes Füllwerk aufweist, erinnert im allgemeinen an den Fensterladen der Turbe Ala-eddin in Konia (Abb. 25). Bemerkenswert sind die umrahmende Borte und die schmaleren Leisten, die die Felder trennen; hier reihen sich abwechselnd runde und ovale Medaillons aneinander, von einer Perlenborte eingefaßt und mit fein ausgeführtem Palmettenmuster gefüllt. Gefiederte Halbpalmetten sind auch hier wieder charakteristisch und ferner knotenbildende Bandverschlingungen. Von den kleinen Füllungen ist die untere ergänzt, während die obere die Worte enthält: *„Unser Vermögen ist des Königs"*. Die Tür dürfte aus der ersten Hälfte des 13. Jahrhunderts stammen. Erwähnt und abgebildet bei G. Migeon: Manuel S. 121.

Abb. 30.

ZWEI HOLZPANEELE im Museum zu Konia.

Dem Stilcharakter der eben erwähnten Tür schließen sich ungefähr zwei im Museum von Konia aufbewahrte Holzpaneele an.

Taf. XIV.

HOLZSARKOPHAGE in der Turbe des Seijid Machmud Hairani zu Akschehir.

Diese prachtvollen Holzdenkmäler sind mir nicht aus dem Augenschein bekannt.¹) Es handelt sich um rechteckige, auf Füßen ruhende Gestelle, die als Unterlage für die eigentlichen, mit Giebeldach versehenen Särge dienen. Sowohl in den umrahmenden Borten wie auf den Füllflächen sind Inschriften auf Rankenhintergrund angebracht; diese Ranken zeigen die uns schon bekannten Einrollungen und gefiederten Halbpalmetten, deren Formen auf die erste Hälfte des 13. Jahrhunderts schließen lassen.

Das Mausoleum ist nach Huart (a. a. O. p. 112) im Jahre 1224 errichtet worden.

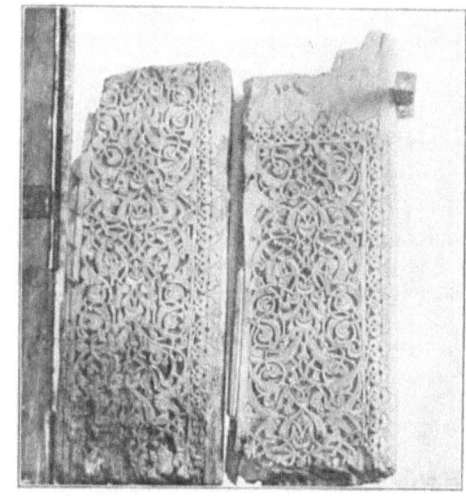

Abb. 30.

Taf. XV, Abb. 31.

SEITENWAND EINES MIMBAR im K. Ottomanischen Museum zu Konstantinopel. Br. 2,20 m. H. 2,59 m.

Im Vergleich zu dem oben behandelten Mimbar der Moschee Ala-eddin zu Konia sehen wir hier eine einfachere Dekoration. Das geometrische Muster, das aus profilierten Leisten zusammengesetzt, spinnwebartig die Fläche der Wandung überzieht, zeigt als Grundschema zwölfeckige Sterne, zwischen die kleine Achtecke gestellt sind. Sehr wirkungsvoll ist das Geländer behandelt, das sich aus zwei ungleichmäßigen rechteckigen Feldern und aus zwei dreieckigen Füllungen zusammensetzt. Das kleinere Feld zeigt ein halbes Zwölfeck der Wandung, während das andere größere Feld und die Dreiecke mit durchbrochenen geometrischen Mustern angefüllt sind.

Sehr reizvoll ist der Bronzebeschlag auf dem Geländerstück (Abb. 31).

Für die Zeitbestimmung dieses nicht datierten Mimbars dient die Formgebung der geometrischen Muster als Anhalt, die wir an seldschukischen Denkmälern aus der ersten Hälfte des 13. Jahrhunderts

Abb. 31.

---

¹) Erwähnt bei Huart (Konia p. 113): „Dans l'intérieur du mausolée, il y a quatre sarcophages en bois noir brillant qui doit être de l'ébène ou du teck, ornés d'arabesques et d'inscriptions persanes."

finden. Ganz ähnliche Muster, in Stein ausgeführt, zeigt das Hauptportal des im Jahre 1229 erbauten Sultan Han (Sarre: Reise in Kleinasien S. 87); auch die Dekoration des Portals der Sirtscheli-Medresse in Konia vom Jahre 1242/43 dürfte zum Vergleich herangezogen werden können (ebendort Taf. XXII, Denkmäler Abb. 181).

Taf. XVI.
FENSTERFLÜGEL AUS DEM MAUSOLEUM DES SADREDDIN-I-KONEWI
im Museum zu Konia. H. 1,67 m. Br. 0,65 m.

Über den gelehrten Schech Sadreddin, den Freund des großen Mystikers und Gründers des Ordens der tanzenden Derwische Dschelaleddin Rumi, hat Loytved (S. 59 ff.) berichtet. Von seinen Anhängern wurde ihm im Jahre 1274/75 ein mit Garküche und Bibliothek verbundenes Mausoleum errichtet. Ein schöner, aus Fayencemosaik hergestellter Mihrab findet sich noch an Ort und Stelle, während prachtvolle, aus Holz geschnitzte Fensterflügel im Museum zu Konia Aufstellung gefunden haben.

Die wohlgelungene Abbildung überhebt uns einer eingehenden Beschreibung der Anordnung des Musters. Was hier besonders bemerkenswert und hervorzuheben ist, besteht in dem Eindringen des Vegetabilischen. Während in den früher behandelten Mustern nur geometrische Anordnungen und ornamentale Dekorationsmotive vorkommen, findet sich hier ein reiches Blumen- und Blattwerk, das den Hintergrund der Felder bedeckt, und von dem sich die Rankenmuster und Inschriften abheben. Die umrahmenden Borten sind vollständig mit Blumen- und Blattgirlanden gefüllt. Es sind kleine Sternblumen und Blüten oder größere päonienartige Blumen in Verbindung mit lanzettförmigen Blättern. Zu den das Muster bildenden ornamentalen Bändern, die mit ihren Durchschlingungen verschieden gestaltete Medaillons hervorbringen und selbst wieder auf ihrer Oberfläche ornamentiert sind, gesellen sich hier in einem zweiten Reliefgrunde leichter bewegte, doppelt gekerbte Volutenranken, die in gefiederte Palmettenblüten auslaufen und mit den erwähnten Blumen- und Blattformen besetzt sind. Den Mittelpunkt der Schmuckflächen und auch des reich profilierten und gemusterten Vertikalbalkens nimmt eine Chrysanthemumrosette mit verschiedenen konzentrischen Blattkränzen ein.

Die Formen, die uns in dem Muster dieser Türflügel entgegentreten, weichen vollständig von der strengen ornamentalen Gestaltung der aus der ersten Hälfte des 13. Jahrhunderts stammenden Holzschnitzereien ab. Wir sehen hier die Umwandlung erfüllt, die sich durch den ostasiatischen Einfluß vollzogen, und die in die Dekoration mit der Auflösung der strengen geometrischen Muster vor allem auch vegetabilische Elemente, jene Blumen- und Blattformen gebracht hat, die wir als chinesisch kennen, und die in der Formenwelt von Zentralasien (Turfan usw.) eine so große Rolle spielen. Daß die Übermittler jener Formen die Mongolen gewesen sind, braucht nicht näher ausgeführt zu werden.

Die Inschriften in den oberen Feldern enthalten nach Loytved (No. 55) die Worte: *„Es gibt keine höhere Ehre, als das Schlechte zu vermeiden, und keine größere Vollkommenheit, als sich selbst zu überwinden."*

Abb. 32.
TÜR IM MEWLEWIKLOSTER zu Konia.

Ganz der gleichen Formenwelt und der gleichen, vielleicht einer noch etwas jüngeren Zeit gehört eine Holztür an, die sich im Kloster der Derwische befindet. Die heutige Anlage des Klosters stammt teilweise erst aus der Zeit Sultans Selim I. (1512—20), enthält aber auch ältere Teile, die auf den Gründer des Ordens Dschelaleddin Rumi († 1274) und seine nächsten Nachkommen zurück gehen. Die Tür dürfte um 1300 entstanden sein.

Die Anordnung ist ungefähr die gleiche wie bei der Tür von der Sadreddin-Turbe, aber die Blumenranken spielen hier noch eine größere, freiere Rolle wie dort; im Mittelfelde sehen wir symmetrisch angeordnete Palmettenranken, deren Mitte von einem übereckgestellten Quadrat mit kufischen Schriftzeichen eingenommen wird.

Die oberen und unteren Schriftmedaillons enthalten auf jeder Seite nach Dr. Mittwoch die gleichen Verse: links: *„O Eröffner der Tore"*; rechts: *„O Verursacher der Ursachen"* (= erste Ursache, Gott).

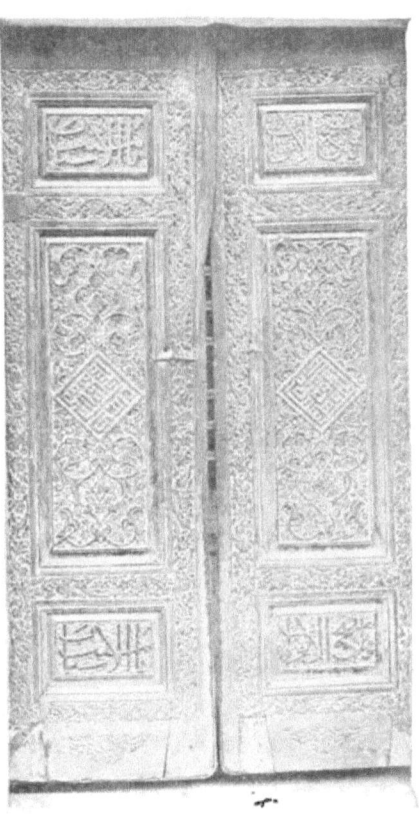

Abb. 32.

KUNSTWERKE AUS FAYENCE

Taf. XVII—XXI — Abb. 33—36

Taf. XVII.

BORTEN AUS FAYENCEMOSAIK von Bauten aus der Mitte des 13. Jahrhunderts in Konia.

Daß der schönste Schmuck der seldschukischen Architektur in der Verwendung der farbig glasierten Ziegel besteht, ist bekannt. In diesem Zusammenhange können wir nicht auf die Baudenkmäler als solche eingehen, die an anderer Stelle eingehend von uns behandelt worden sind; wir beschränken uns darauf, einige Einzelobjekte, z. B. Gebetnischen, als Beispiele der keramischen Kunstfertigkeit der Seldschukenzeit zu publizieren. Neben dem Ziegelmosaik, bei dem geometrische Muster aus regelmäßig geformten, verschiedenfarbig glasierten oder aus glasierten und unglasierten Ziegeln zusammengesetzt sind, beansprucht unter den verschiedenen keramischen Dekorationsverfahren das Fayencemosaik die größte Beachtung. Es ist eine der schwierigsten und kompliziertesten Techniken, die die Geschichte der Keramik kennt. Aus großen, einfarbig glasierten Tonplatten werden vorgezeichnete Stücke herausgeschnitten; diese sodann, zusammen mit andersfarbigen Stückchen, auf der glasierten Seite zu dem gewünschten Muster mosaikartig zusammengefügt, und das Ganze dann mit flüssigem Mörtel übergossen, der in die Zwischenräume zwischen die einzelnen Mosaikstückchen eindringt — letztere sind deshalb sich nach oben verjüngend zugeschnitten — und nun das ganze zusammenhält. Auf diese Weise gewinnt man einzelne Platten, mit denen die Wände bekleidet werden. Als Farben kommen vor allem hell(türkis)- und dunkel(kobalt)-blau in Betracht, dann manganviolett, weiß, gelb und schwarz. Die weiße Farbe wird auch dadurch gewonnen, daß man den weißen Mörtel, vor allem als Grund für farbige Glasurstücke, benutzt.

Wir geben als Beispiele drei ornamentale Borten, die sich in der Fayencedekoration von seldschukischen Bauten in Konia aus der Mitte des 13. Jahrhunderts finden. Die Sicherheit, mit der die Konturen der Ranken gezeichnet und ausgeschnitten, dann mosaikartig mit andersfarbigen, den Grund bildenden Stückchen vereinigt oder in den weißen Mörtelgrund gebettet sind, kommt in diesen Borten gut zur Anschauung.

Abb. 33.

GEBETNISCHE AUS FAYENCEMOSAIK, in der Laranda-Moschee zu Konia, 1258 n. Chr.

Abb. 34.

GEBETNISCHE AUS FAYENCEMOSAIK, in der Sirtscheli-Mesdschid zu Konia.

Abb. 35.
GEBETNISCHE AUS FAYENCEMOSAIK, in der Moschee Bey-Hakim zu Konia.

Aus den drei publizierten Gebetnischen ist ersichtlich, mit welcher Mannigfaltigkeit die seldschukische Kunst es verstanden hat, den sich stets in der Form gleich bleibenden Aufbau der Gebetnische dekorativ und ornamental zu gestalten. Die den rechteckigen Aufbau umrahmende breite Borte, von schmäleren Borten umsäumt, enthält gewöhnlich eine aus großen Buchstaben zusammengesetzte wirkungsvolle Inschrift. Primitive kleine Säulen mit Würfelkapitellen flankieren die rechteckige Nische, deren Sockelmuster stets geometrisch gestaltet ist; darüber steigen in hoher Spitzbogenwölbung Stalaktiten empor; sie zeigen mannigfache minutiöse Muster geometrischer Art und lassen manchmal in der Mitte eine größere oder kleinere Fläche frei, deren Rankenfüllung bei dem Mihrab der Laranda-Moschee, dunkelblau auf hellblauem Grunde, besonders reizvoll gestaltet ist. Die Zwickel der treppenartig konturierten Nische füllen wiederum meist geometrische Muster, doch werden auch sie manchmal durch Rankenwerk belebt, in deren Mitte runde Scheiben oder in Relief vorspringende Sternknöpfe angebracht sind. Oft findet sich als oberer Abschluß der Nischenfläche ein rechteckiges, horizontal gestelltes Feld mit geometrischem oder Schriftmuster. Die harmonische Farbenzusammenstellung, in der neben Schwarz vor allem Hell-

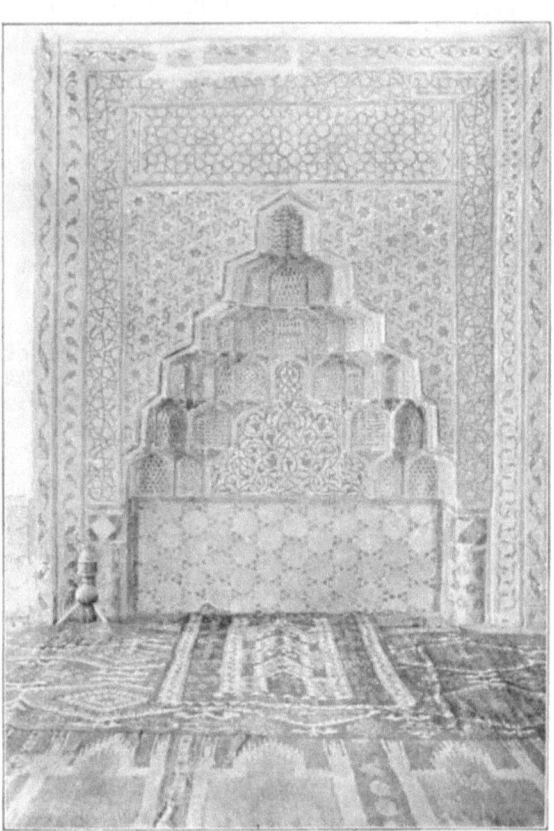

Abb. 33.

und Dunkelblau vorherrschen, kommt natürlich in den hier gegebenen Abbildungen nicht zur Geltung.

Das Schriftband des Mihrab Abb. 34 enthält Koran III v. 16 und das des Mihrab Abb. 35 Koran II v. 256, den Thronvers. Im Innern des Mihrab finden sich die Worte: *Es sprach der Prophet, dem sei Gruß: wenn der Betende weiß, an wen er sich wendet, wird er nicht nach beiden Seiten blicken* (Loytved S. 88).

Taf. XVIII.

GEBETNISCHE, aus Fliesen zusammengesetzt, ursprünglich in der Hatunije-Medresse zu Karaman, jetzt im K. Ottomanischen Museum zu Konstantinopel.

Die Hatunije-Medresse, eins der bemerkenswertesten Bauwerke Karamans, ist laut der innerhalb des prachtvollen Marmorportals angebrachten Inschrift von Nefise, der Tochter des Osmanen-Sultans Murad I. und Gattin des seldschukischen Karamanen-Fürsten Alaeddin, im Jahre 783 d. H. = 1381/82 errichtet worden. Als Architekten nennt sich Numan Hodscha, der Sohn des Muhammed.

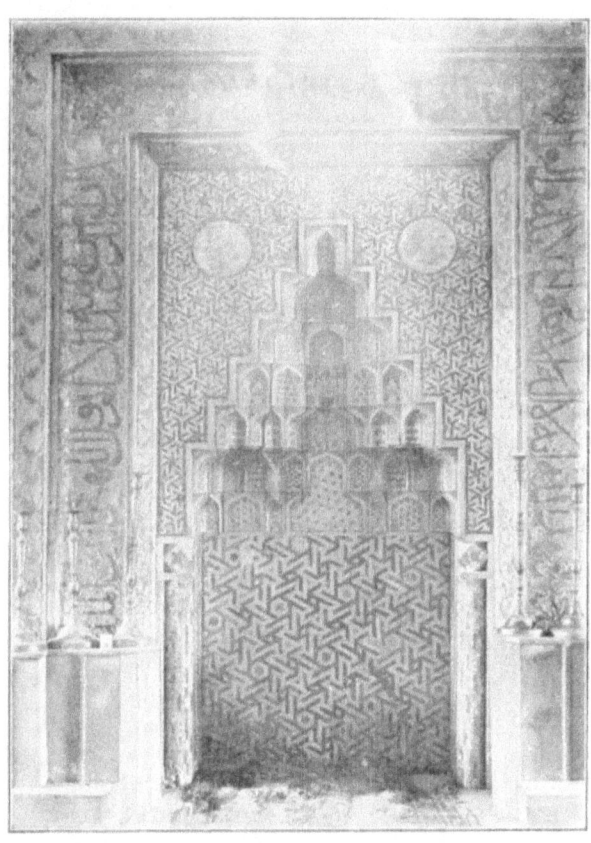

Abb. 34.

Das Baudenkmal als solches ist von mir in den „Denkmälern Persischer Baukunst (Abb. 195—199)" veröffentlicht worden.

In dem dem Eingang gegenüberliegenden Liwan, der noch jetzt Reste von der ehemaligen, aus hellblauen Achtecks-Fliesen zusammengesetzten Sockeldekoration aufweist, befand sich ein prachtvoller Mihrab, der im Kaiserlichen Museum zu Konstantinopel Aufstellung gefunden hat.

Handelte es sich bei den keramischen Dekorationen früherer Zeit um die Verwendung von Fayencemosaik, so finden wir hier eine andere Technik, die der toten Ränder. Man verwendet nicht mehr einzelne, mosaikartig dem Muster folgende Stückchen, sondern quadratische Fliesen, bei denen dickflüssige Schmelzfarben, durch Schutzränder von einander getrennt, auf den Scherben gesetzt werden und nach dem Brande emailartig schimmernde Relieferhöhungen bilden. Die schönste Ausbildung und die reichste Verwendung hat diese Technik bei den Bauten der osmanischen Sultane, vor allem in Brussa, im Laufe des 15. Jahrhunderts gefunden. Es scheint, als wenn diese Technik durch die Mutter Murads I., die Künstler und Handwerker aus dem Osten in das Osmanenreich verpflanzte, aus Persien eingeführt worden ist. Bemerkenswert ist es, daß sich die in Frage kommende Gebetnische in einer Medresse findet, die ihre Gründung wiederum einer Fürstin aus dem Osmanenstamme, einer Tochter Murads I. verdankt. Es scheint also die sonst in den seldschukischen Bauten von Konia und Karaman nicht vorkommende Technik aus dem Osmanenreich hierher gebracht worden zu sein.

Die Gebetnische zeigt den üblichen Aufbau. Die beiden kleinen Säulchen, die die rechteckige Innennische flankieren, diese selbst und der sich in Stalaktiten aufbauende Wölbungsabschluß zeigen gleichmäßig dunkelblaue Glasur, während in der übrigen Schmuckfläche die verschiedensten Emailfarben Verwendung gefunden haben. Das Muster erhält durch das Vorkommen naturalistischer Blumenranken, die sich mit Palmettenranken durchflechten, sein Gepräge; vor allem macht sich in den Zwickelfüllungen dieses Muster geltend, während in den einfassenden Borten mehr ornamentale Formen zur Verwendung kommen. Die Inschrift enthält Koran II v. 256.

Taf. XIX.

FLIESEN AUS KONIA, im Kaiser Friedrich-Museum zu Berlin. Oberes Fliesenpanneau 19 cm. Untere Fliese 11,5 cm im Durchmesser.

Das obere Fliesenfeld setzt sich aus einem sechsstrahligen Mittelstern und aus sechs rautenförmigen, ihn umgebenden Füllungen zusammen. Diese Fliesenkomposition, die jedenfalls zu einer keramischen Wandbekleidung gehört, soll aus dem seldschukischen Kiosk des Burgberges von Konia stammen und bei dem teilweisen Zusammenbruch des Gebäudes zum Vorschein gekomen sein. Dieser Kiosk ist inschriftlich von einem Sultan Kylydj Arslan, wahrscheinlich dem 4. Herrscher dieses Namens (1246—1264, vgl. oben S. 21) errichtet worden; aus dieser Zeit dürften demnach auch diese Fliesen stammen, die den Charakter der persischen Kunst aus der ersten Hälfte des 13. Jahrhunderts tragen. Wir gehen wohl nicht fehl, wenn wir in diesen Fliesen kleinasiatische Nachbildungen von persischen Fliesen erblicken. Dafür spricht die Auffassung der Figur des Lautenspielers, der ganz den Charakter der figürlichen Darstellungen auf persischen Lüsterfliesen trägt, wie sie vor allem in Rhages zutage gekommen sind. Die impressionistische Zeichnung, das Graziöse der Bewegung, das für die persische

KUNSTWERKE AUS FAYENCE 45

Fliesen-Malerei des 12.—13. Jahrhunderts charakteristisch ist, findet sich auch hier. Der mit einer weißen Engobe versehene Scherben des Mittelsternes ist unter und über der Glasur bemalt. Unter der Glasur ist die dunkelblaue Farbe des Gewandes, über der Glasur das Grün der Schärpe und Mütze angebracht. Die beiden flankierenden Zweige tragen grüne, blaue und rote Blumen. Schließlich ist der Tiraz, die Binde am Oberarm, in Blattgold aufgetragen. Die hellblau glasierten Rhomben-Fliesen tragen ein ornamentales Muster in rotbraun, weiß und gold.

Der unten abgebildete achteckige Fliesenstern schließt sich technisch und künstlerisch dem oberen Felde an und dürfte derselben Herkunft sein. Wir sehen hier zwei zu den Seiten einer stilisierten Palme sitzende Figuren, deren Köpfe, wie üblich, von einem Nimbus umgeben sind. Der Grund ist hellblau glasiert und sowohl die Zwickelfüllungen wie die Figuren in dunkelblau, grün, rotbraun und gold ausgeführt.

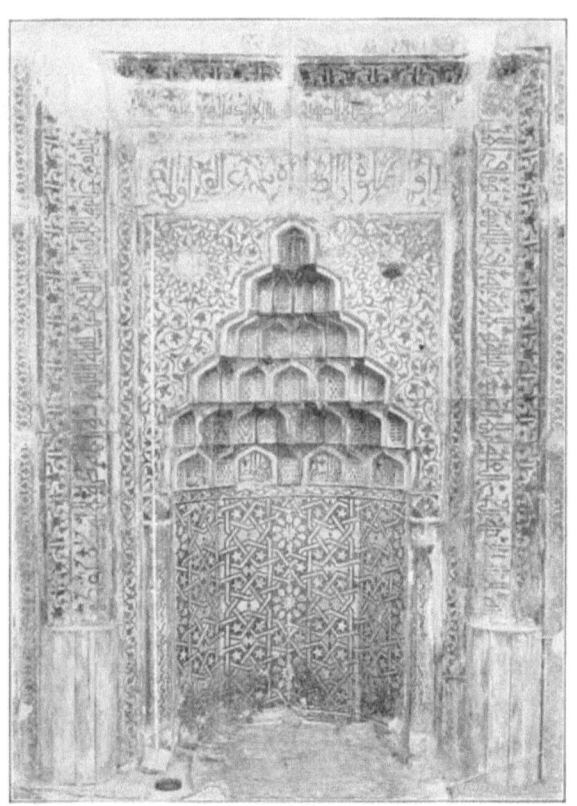

Abb. 35.

Taf. XX.
FAYENCEVASE AUS KONIA, im Kaiser Friedrich-Museum zu Berlin. H. 15,5 cm.

Der weißliche, poröse Scherben der Vase ist innen und außen mit einer durchsichtigen hellblauen Glasur bedeckt, die den unteren Teil des Gefäßes nicht ganz deckt, hier in Tropfen ausläuft und netzartig gesprungen ist. Die Bemalung ist in schwarzer Farbe unter der Glasur angebracht und zeigt um den Hals ein primitives Flechtband, während auf dem Vasenbauch eine breite Borte mit einem sich in der Mitte dreimal wiederholenden Schriftmedaillon angebracht ist. Derartige blaue Fayencen mit schwarzer Unterglasurmalerei finden sich besonders häufig in Syrien während des 13. bis 14. Jahrhunderts; ihre Herstellung an dem Fundorte selbst, in Konia, dürfte wegen ähnlicher, dort zu Tage gekommenen Scherben nicht ausgeschlossen sein.

Die Schriftzüge, die sich in den Medaillons der Borte dreimal wiederholen, sind nach Dr. Mittwoch rein dekorativ behandelt.

Taf. XXI.

BRUCHSTÜCKE VON FAYENCEGEFÄSSEN AUS KONIA im Kaiser Friedrich-Museum zu Berlin.

Die Tafel vereinigt eine Reihe von Gefäß-Bruchstücken, die in Konia zum Vorschein gekommen sind.

No. 1. Teil einer bauchigen unglasierten Vase. H. 12 cm.
Der sehr hart gebrannte und dickwandige Scherben ist mit aufgepreßten tropfenartigen Verzierungen bedeckt und zeigt als Hauptschmuck einen streng stilisierten Reliefkopf. Eine intakte derartige Vase, mit den gleichen tropfenartigen Verzierungen und zwei ähnlich gestalteten Reliefköpfen geschmückt, die gleichsam Henkelansätze bilden, befindet sich im Museum zu Konia (Abb. 36).

No. 2. Bruchstück eines dünnwandigen unglasierten Gefäßes. Br. 0,4 cm.
Der Scherben gehört zu einem bauchigen Gefäße, dessen Masse sehr fein geschlemmt, hart und von rötlicher Färbung ist. Der Schmuck besteht aus einer Inschrift mit Reliefbuchstaben, deren Hintergrund mit kleinen gekerbten Perlen besetzt ist.

No. 3. Randstück eines becherartigen Gefäßes. Br. 7,5 cm.
Der dicke, weißliche, poröse Scherben, der für die Konia-Keramik charakteristisch, ist mit gedrehten Reliefbändern und mit Rosetten belegt und mit einer hellblauen durchsichtigen Glasur überzogen.

No. 4. Schulterstück einer hellblauen Vase mit schwarzer Malerei unter der Glasur. Br. 12 cm.
Das Gefäß stimmt technisch mit der Taf. XX abgebildeten Vase überein.

No. 5. Halsstück einer hellblauen Vase mit schwarzer Malerei unter der Glasur. Br. 9 cm. Wie No. 4.

No. 6. Fragment eines lüstrierten Gefäßes. Br. 5 cm.
Der brüchige, dicke, für die Konia-Keramik charakteristische Scherben zeigt blau gefärbte Reliefranken auf lüstriertem Grunde, in dem das Muster, ein menschlicher Kopf, weiß ausgespart ist. Das Bruchstück zeigt, daß auch in Konia die Lüstertechnik bekannt war.

KUNSTWERKE AUS FAYENCE

No. 7. **Randstück einer lüstrierten Schale.** Br. 7 cm.
Der dünne, harte Scherben und der rötliche Lüster ist für die in Syrien, vor allem in Raqqa vorkommende Lüsterkeramik charakteristisch. Vielleicht handelt es sich um ein von dort importiertes Stück.

No. 8. **Randstück eines günen Gefäßes mit schwarzer Malerei unter der Glasur.** Br. 0,5 cm.
Scherben und Malerei wie No. 4.

No. 9. **Bodenfragment einer Schale mit dunkelblauer Malerei auf weißem Grunde.** Br. 11 cm.
Der harte Scherben ist auf einer weißen Malschicht dunkelblau gemalt. Wir sehen hier ein frühes Beispiel der später, im 16. Jahrhundert, in Nachahmung des chinesischen Blauporzellans der Mingperiode in Kleinasien, vor allem in Kutahia hergestellten Fayencen. Das Muster ist aus der Abbildung kenntlich.

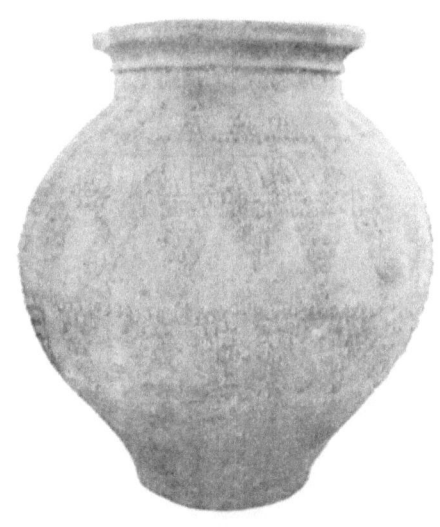

Abb. 36.

KNÜPFTEPPICHE

Taf. XXII—XXV — Abb. 37, 38

Taf. XXII—XXIV
DREI MITTELALTERLICHE TEPPICHE in der Moschee Ala-eddin zu Konia.

Als Marco Polo am Ende des 13. Jahrhunderts Kleinasien und das Seldschukenreich von Konia besuchte, erwähnt er, daß hier von der seßhaften griechischen und armenischen Bevölkerung die schönsten und feinsten Teppiche der Welt gefertigt würden.[1]) In jene Zeit, vielleicht erst in das 14. Jahrhundert, gehören drei Teppiche[2]), die sich noch unter der großen Anzahl von Teppichen befinden, die den Boden des prächtigen Säulensaales der Moschee Ala-eddin in Konia bedecken (Abb. 37).[3])

Diese drei Teppiche sind deshalb von der größten Wichtigkeit, weil sie das geometrische Muster, das ja in allen älteren kleinasiatischen Teppichen vorherrschend ist und ihren Charakter bestimmt, in Verbindung mit arabischen Buchstaben und ihnen entlehnten Formen als den einzigen Dekorationsmotiven in einer bisher nicht wahrgenommenen Deutlichkeit zeigen. Sie veranschaulichen ferner, was in dem bisher vorliegenden Material nicht klar zutage trat, daß wir es bei dem Muster der frühen kleinasiatischen Teppiche nicht mit erstarrten Pflanzenformen, sondern allein mit diesen geometrischen und mit Schriftmotiven zu tun haben.

Taf. XXII

veranschaulicht den größten Teil eines langgestreckten Teppichs. Die breite, rotumrandete Borte zeigt in graublauer Farbe auf dunkelblauem Grunde einen Schriftfries mit geradlinigen kufischen Buchstaben. Diese sind so aneinander-

---

[1]) Ramusio: Delle navigationi et viaggi. II. Venetia 1559, pag. 4: „l'altre genti sono Armeni e Greci que stanno nelle città e castelli e vivono di mercantie e arti, e quivi si lavorano tapedi ottimi e li più belli del mondo".

[2]) Diese drei Teppiche, deren Abbildungen ich dem früheren deutschen Konsul in Konia, Herrn Dr. Loytved, verdanke, sind von mir in der Wiener Zeitschrift „Kunst und Kunsthandwerk" (1907, Heft 10) veröffentlicht worden. Aus dem im folgenden Jahre erschienenen Teppichwerk von F. R. Martin (A History of oriental Carpets before 1900, London 1908) erfuhr ich dann zuerst, daß Herr Martin die Teppiche in der Moschee von Konia entdeckt und sie für sein Werk hat photographieren lassen. Ich stehe davon ab, auf die Herrn Loytved und mich betreffenden Ausführung in dem Martinschen Werke einzugehen und verweise in diesem Fall auf Wilhelm Bodes Rezension in den Monatsheften für Kunstwissenschaft (Oktober 1908). Ich möchte aber nicht verfehlen, meiner Freude darüber Ausdruck zu geben, daß ich in der Wertschätzung und ungefähren Datierung der drei Teppiche mit einem so vorzüglichen Kenner, wie Herr Martin auf diesem Gebiete ist, vollkommen übereinstimme.

[3]) Vergl. über die Moschee und den Säulensaal: Reise in Kleinasien. S. 47 ff. Taf. XVI, XVIII; Denkmäler persischer Baukunst Abb. 166—171.

gereiht, daß von einem horizontalen, hie und da abgestumpften Balken aus die gleichen, an kurzen Stielen sitzenden, dreieckigen Bekrönungen der Buchstaben, bald nach rechts, bald nach links gewendet, emporragen und eine fortlaufende, sich in ihrer Form wiederholende Borte bilden. Die Längsborten sind etwas anders gestaltet. Die Form der Buchstabenköpfe ist die eines einseitigen Giebeldaches, dem unten ein Haken angefügt ist. Das hellrot und dunkelrot gefärbte Innenmuster zeigt ein Rautenmuster, dessen einzelne Formen wiederum auf Buchstaben zurückzuführen sind. Dem geometrischen Muster des Teppichs sind also stilisierte Schriftborten und dieser Schrift entlehnte Elemente als Schmuck hinzugefügt.

Taf. XXIII.

Das zweite Teppichfragment zeigt ein noch einfacheres Muster. Die Stilisierung der gelben Buchstaben in der roten Borte ist noch weiter fortgeschritten. Das Innenfeld gleicht einem Fliesenmuster mit symmetrisch verteilten roten Achtecken auf gelblichem Grunde. Die Innenzeichnung dieser Achtecke ist wiederum auf Buchstabenformen zurückzuführen, wie sie in der Längsborte von Taf. XXII vorkommen. Es wiederholt sich hier das Giebeldach mit den zwei nach innen gekrümmten Haken.

Taf. XXIV.

Auch das Muster dieses Teppichs kann auf die gleichen Dekorationselemente wie die beiden anderen zurückgeführt werden. Umrahmt von zwei schmalen gelblichen Borten mit undeutlicher Zeichnung setzt sich der Innenstreifen des Randes aus aneinandergereihten hellroten Quadraten auf dunkelrotem Grunde zusammen. Diese Quadrate zeigen ihrerseits wiederum quadratische Schilder in der Mitte, von denen aus an jeder Seite flügelartige Gebilde emporsteigen, die nichts anderes sind, als jene bekannten dachähnlichen Buchstabenköpfe. Das Muster des Innenfeldes zeigt auf dunkelblauem Grunde kleine rote Sterne, die durch hellblaue Doppelbänder miteinander verbunden sind. Auch an diesen Verbindungsstegen sind wiederum Zierformen angebracht, die auf Buchstaben zurückgeführt werden können.

Abb. 38.

FRAGMENT EINES KLEINASIATISCHEN TEPPICHS aus der ersten Hälfte des 15. Jahrhunderts, im Kaiser Friedrich-Museum zu Berlin.

Die auf den italienischen Gemälden des Trecento und Quattrocento vorkommenden Teppiche zeigen im großen und ganzen ein einheitliches Gepräge: streng geometrische Musterung des von Borten umgebenen Mittelfeldes, das in wenige oder in eine Reihe von Quadraten oder in Vielecke geteilt ist. Auf den frühesten, noch dem 14. Jahrhundert angehörenden Gemälden bilden den Schmuck dieser Vielecke streng stilisierte Tierfiguren, meist Vögel, die einzeln oder auch wappenmäßig zu zweien angebracht sind. Der Zwischenraum zwischen diesen Feldern wird durch Borten primitiver geometrischer Form, an den Kreuzungspunkten etwa mit dem Hakenkreuz angefüllt, während der umrahmende Rand wiederum geometrische Borten, einen mehr oder weniger stilisierten Fries aus geradlinigen (kufischen) Buchstaben aufweist. Die Farben sind gelb, blau, rot, weiß und schwarz. Abb. 38 ist der einzige, bisher zum Vorschein gekommene Teppich dieser Art, er wurde von W. Bode in Rom erworben. In der oben angeführten Weise sind hier in die Achtecke zwei Tierkompositionen

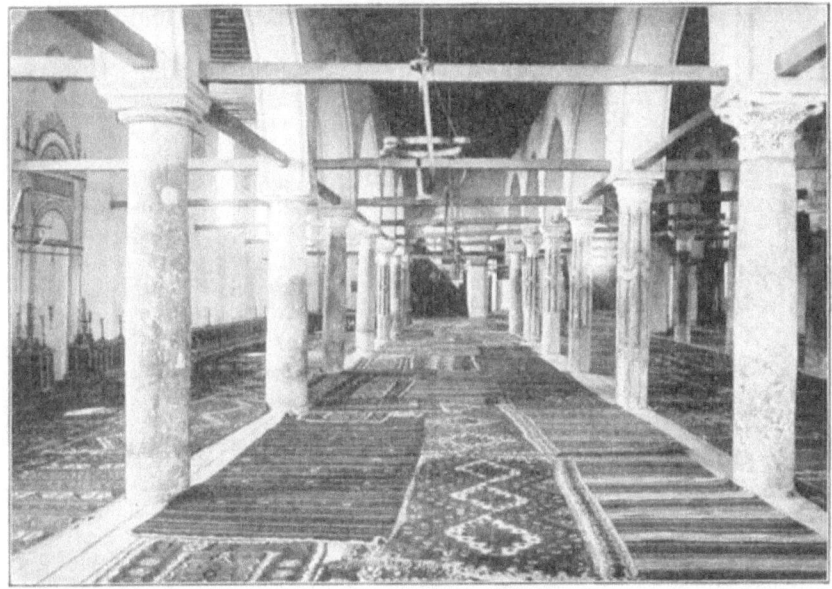

Abb. 37.

gestellt, die in strenger Stilisierung das altchinesische Motiv des Kampfes zwischen Drachen und Phönix wiedergeben. Bode hat in einem zwischen 1440 und 1444 entstandenen Fresko des Domeniko di Bartolo in Siena einen ähnlich gezeichneten Teppich gefunden; auch auf einem gleichzeitigen Florentiner Cassone-Gemälde, ein Turnier darstellend, bedeckt ein solcher Teppich in zwei Exemplaren die Fensterbrüstungen.[1]

Für die kleinasiatische Herkunft spricht vor allem auch die Knüpfung dieses interessanten Teppichs. Das chinesische Motiv hat nach der Mongoleninvasion im 13. Jahrhundert nichts Auffälliges.

---

[1] The Burlington Magazine, August 1907, p. 339.

Taf. XXV.
KLEINASIATISCHER TEPPICH des 15. bis 16. Jahrhunderts im Kaiser Friedrich-Museum zu Berlin. H. 2 m. Br. 1,17 cm.

Dieser streng geometrische Teppich steht in Knüpfung und Farbenstimmung dem in Abb. 38 wiedergegebenen sehr nahe; auch hier spielt das charakteristische Gelb neben Rot, Violett, Blau und Weiß eine große Rolle. Das Muster als ganzes knüpft wohl an die geometrischen Muster der Mosaikfußböden des Altertums an; ist aber trotzdem nichts anderes, als die Nachahmung eines Gewand-Musters, das sich auf dem hettitischen Monument von Jvriz findet. Hier ist die Königsfigur mit einem Gewand bekleidet, das quadratisch gemustert und unten von einer breiten Borte eingefaßt ist, die aus großen Quadraten mit den gleichgestalteten, ungewöhnlichen Hakenkreuzen als Innenmuster besteht. Diese auffallende Übereinstimmung ist keine zufällige; sie erklärt sich dadurch, daß der Teppich nicht weit von dem Felsrelief, in Konia, zum Vorschein gekommen und wohl auch dort, d. h. in der die Stadt umgebenden lykaonischen Ebene, deren Bevölkerung seit alters Teppiche geknüpft hat, entstanden ist. Das Monument von Jvriz findet sich an einer Felswand des die lykaonische Ebene im Süden begrenzenden Gebirgszugs des Taurus.[1])

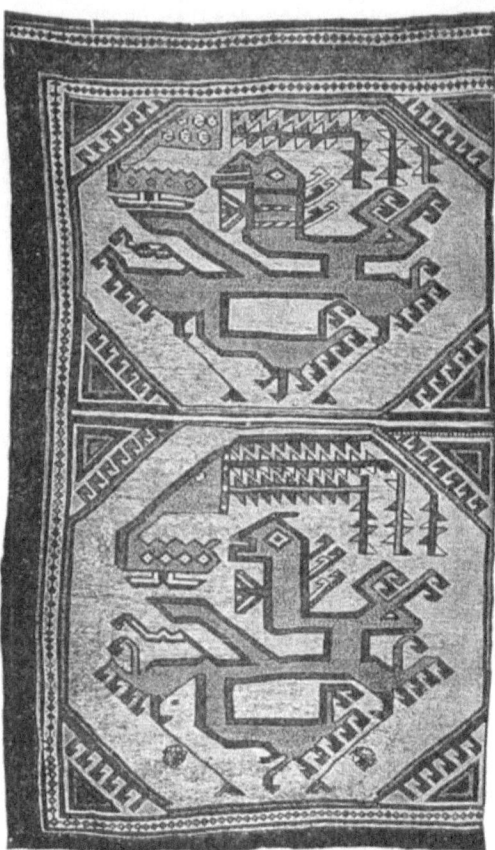

Abb. 38.

Aus Bode, Vorderasiatische Knüpfteppiche (Verlag Klinkhardt & Biermann, Leipzig).

---

[1]) Vgl. The Hittite Monument of Jvriz and a Carpet Design in Asia Minor. By F. Sarre. Burlington Magazine December 1908.

Früher erschien:

Sammlung F. Sarre
Erzeugnisse islamischer Kunst

Teil I

METALL

Bearbeitet von **Friedrich Sarre**

Mit epigraphischen Beiträgen von Eugen Mittwoch

Quartformat. VIII, 82 Seiten Text mit 10 Tafeln und 54 Textabbildungen

Preis 12 Mark

Dieses Werk, der erste Teil der Serien-Publikation „Erzeugnisse islamischer Kunst", behandelt und beschreibt eine Sammlung orientalisch-islamischer Metallobjekte, die einzige derartige Sammlung, die sich in deutschem Privatbesitz befindet; sie ist leihweise im Kaiser Friedrich-Museum zu Berlin aufgestellt und darf den Anspruch erheben, die Entwicklung eines Hauptzweiges des orientalischen Kunstgewerbes in besonders charakteristischen Exemplaren vor Augen zu führen. Im Text wird das Material nach zeitlich und örtlich getrennten Gruppen eingehend behandelt. Die Inschriften sind von Dr. Eugen Mittwoch entziffert und in einem Anhange mit Berücksichtigung des sonstigen epigraphischen Materials näher erläutert worden.

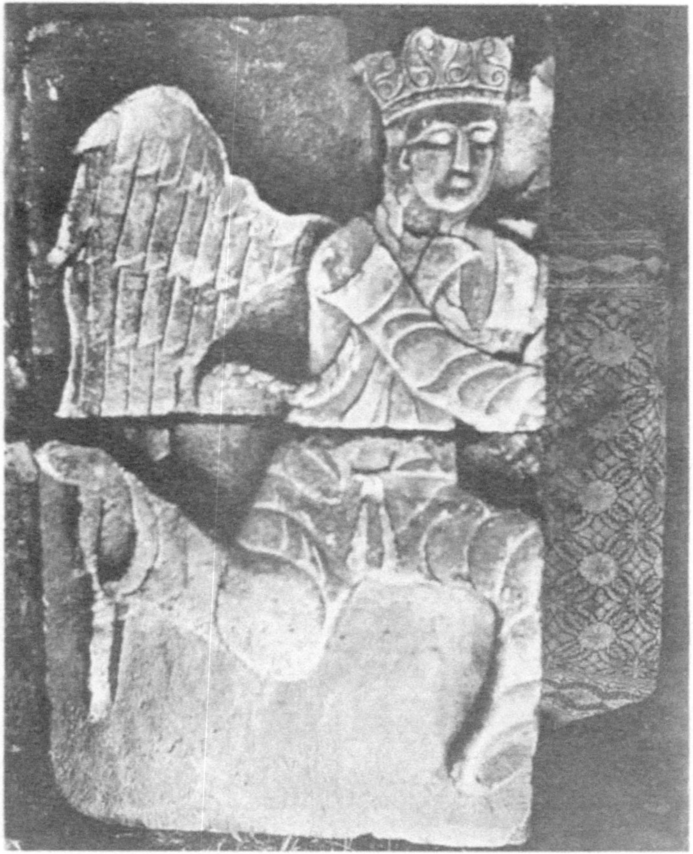

a 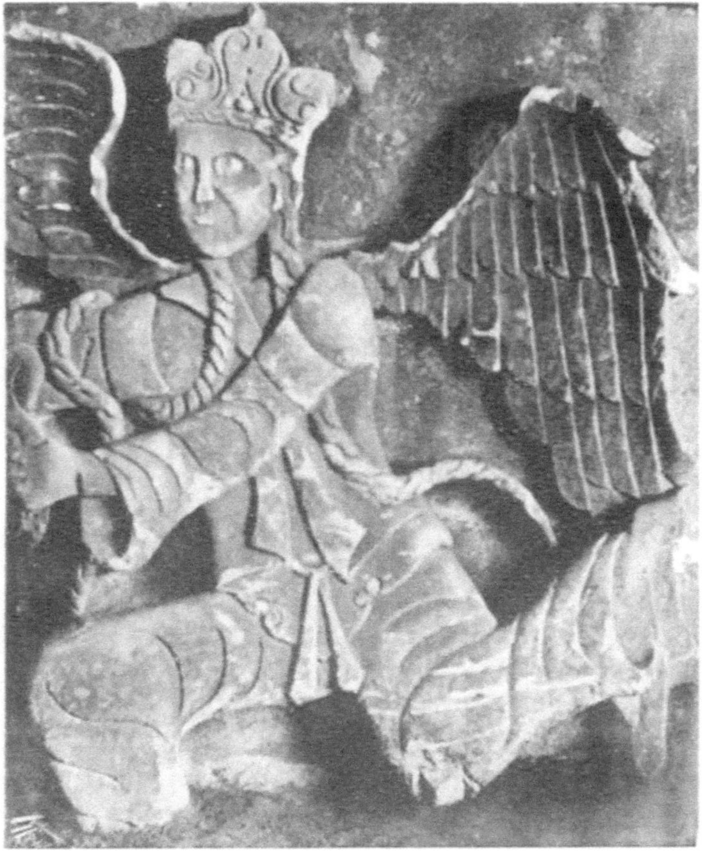 b

Geflügelte Genien, Steinreliefs im Museum zu Konia

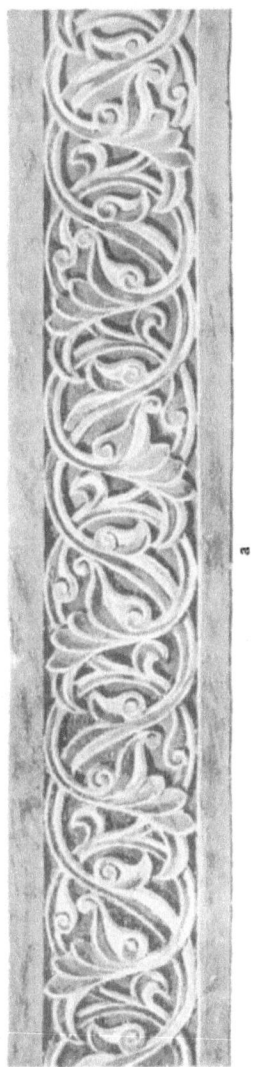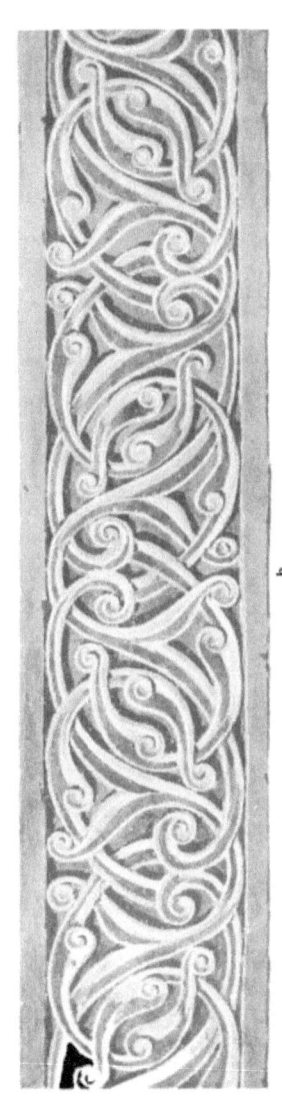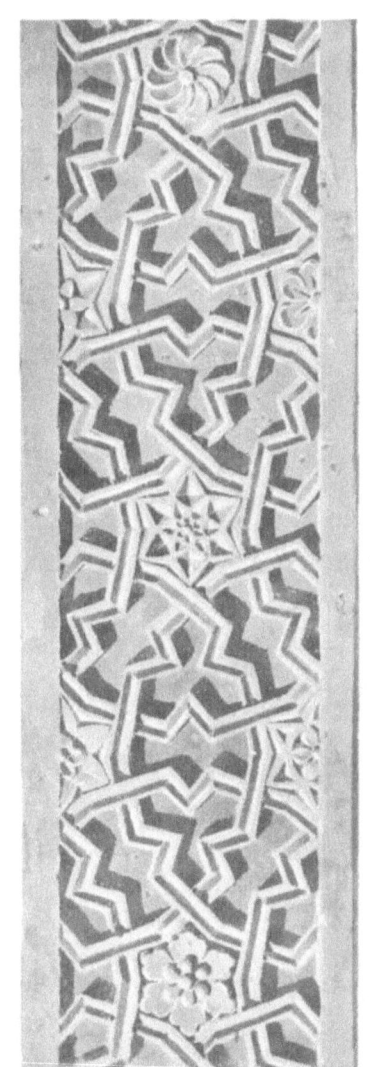

Borten vom Portal der Laranda-Moschee (a, b) und von der Fassade der Moschee Aja Sofia (c) zu Konia
(aufgenommen und gezeichnet von Georg Krecker)

Tafel III

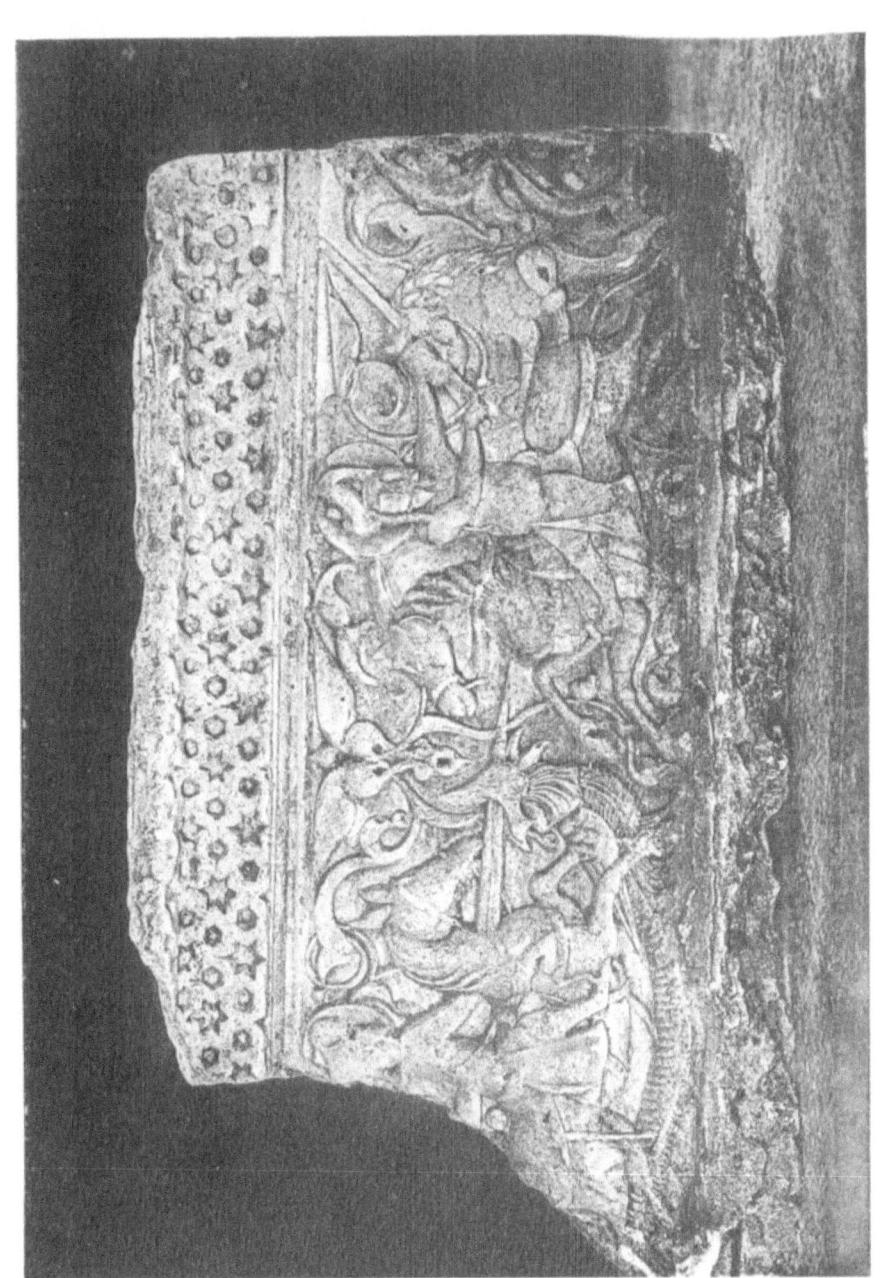

Stuckrelief mit Reiterfiguren im Museum zu Konia

Tafel IV

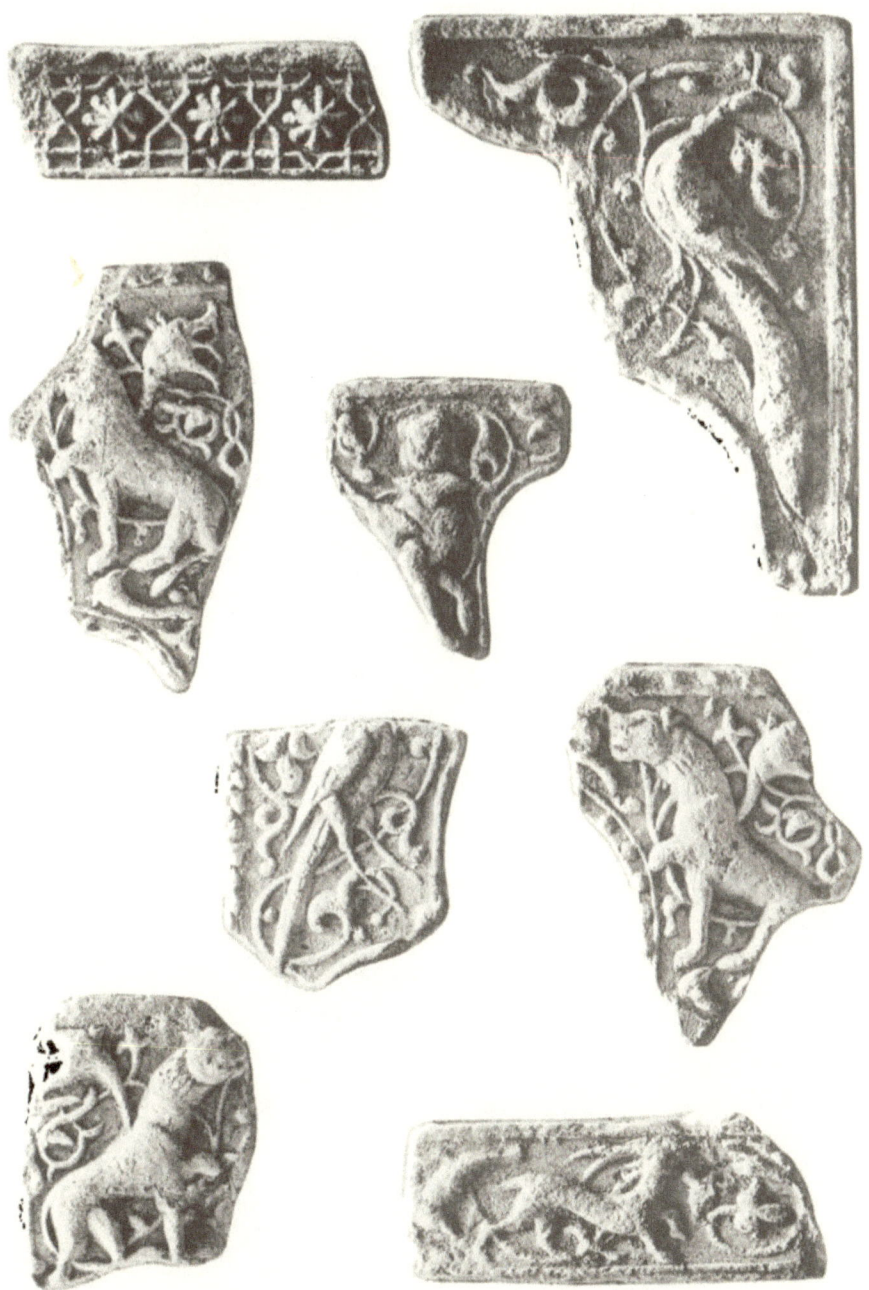

Reliefs aus Gipsstuck im K. Ottomanischen Museum zu Konstantinopel

Tafel V

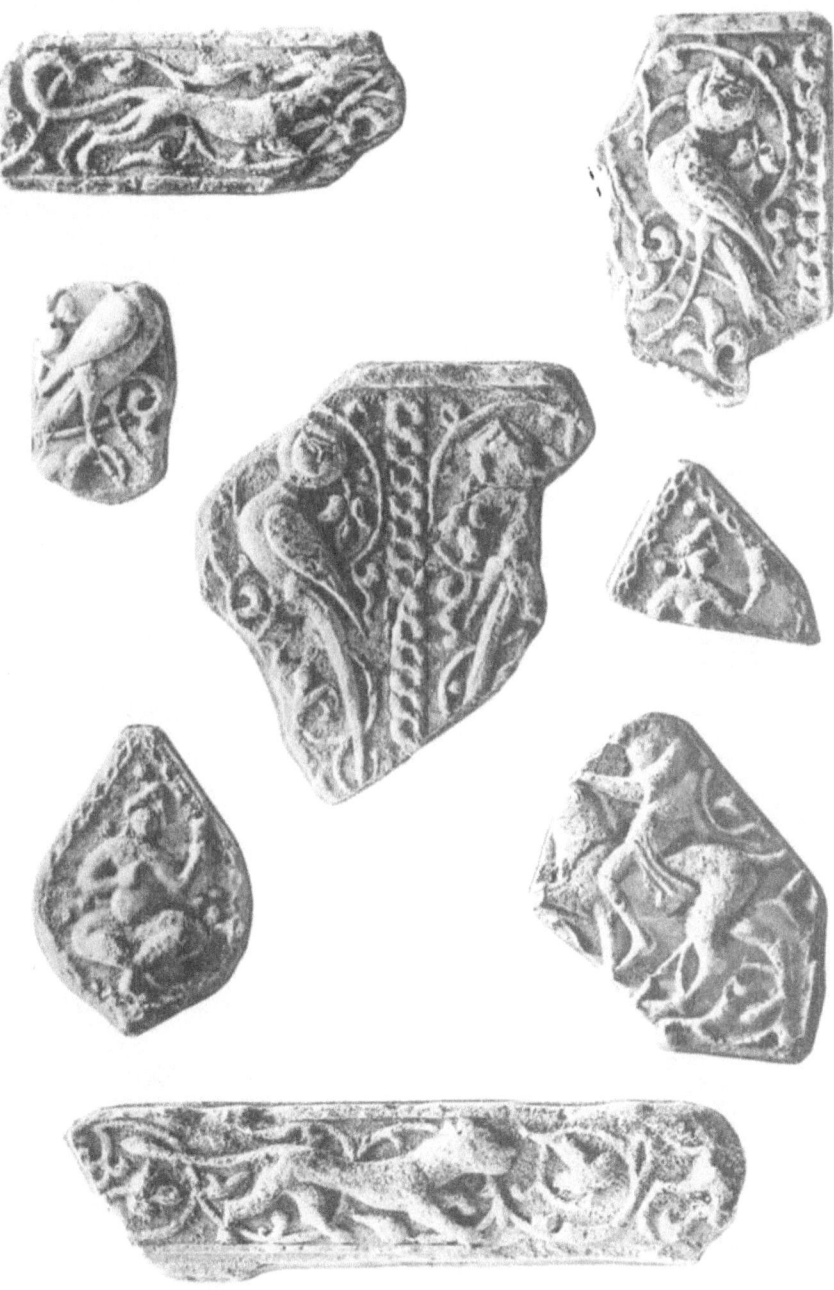

Reliefs aus Gipsstuck im K. Ottomanischen Museum zu Konstantinopel

Tafel VI

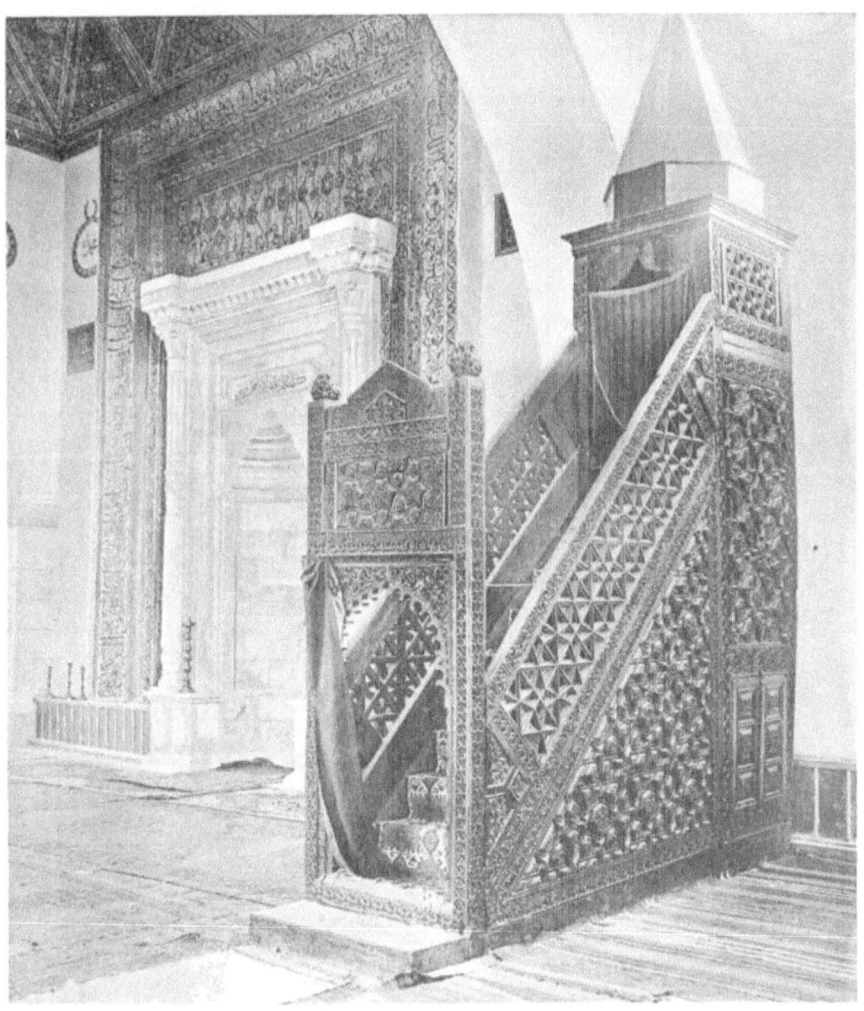

Mimbar in der Moschee Ala-eddin zu Konia

Tafel VII

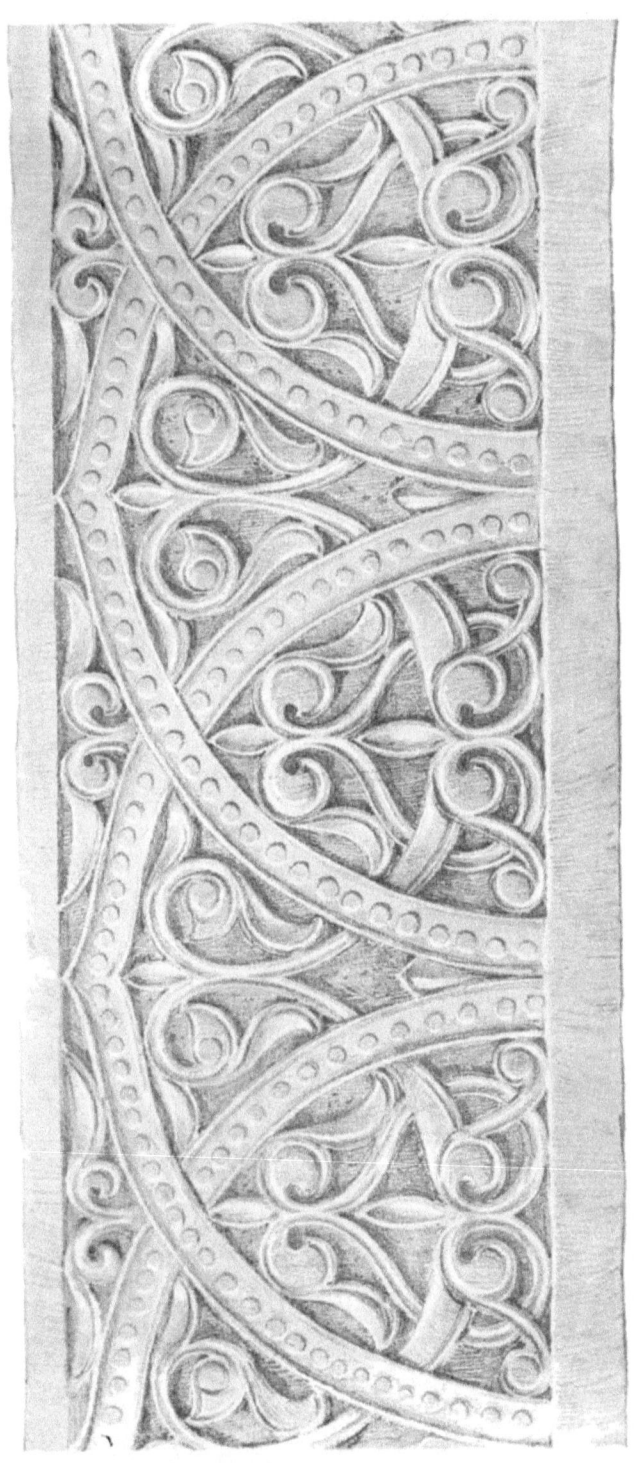

Profilleiste am Mimbar in der Moschee Ala-eddin zu Konia
(aufgenommen und gezeichnet von Georg Krecker)

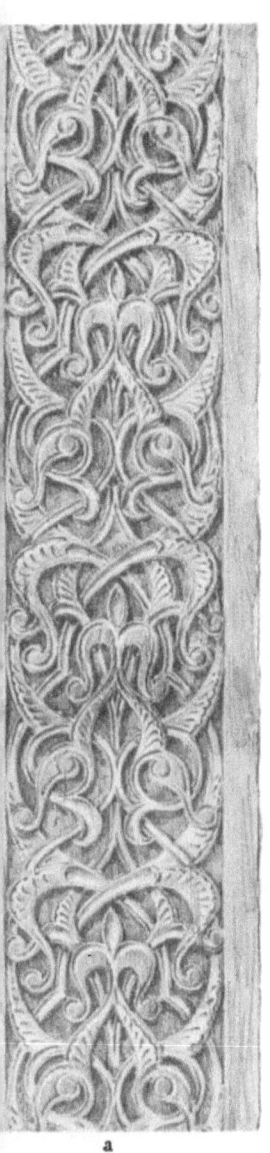

Tafel VIII

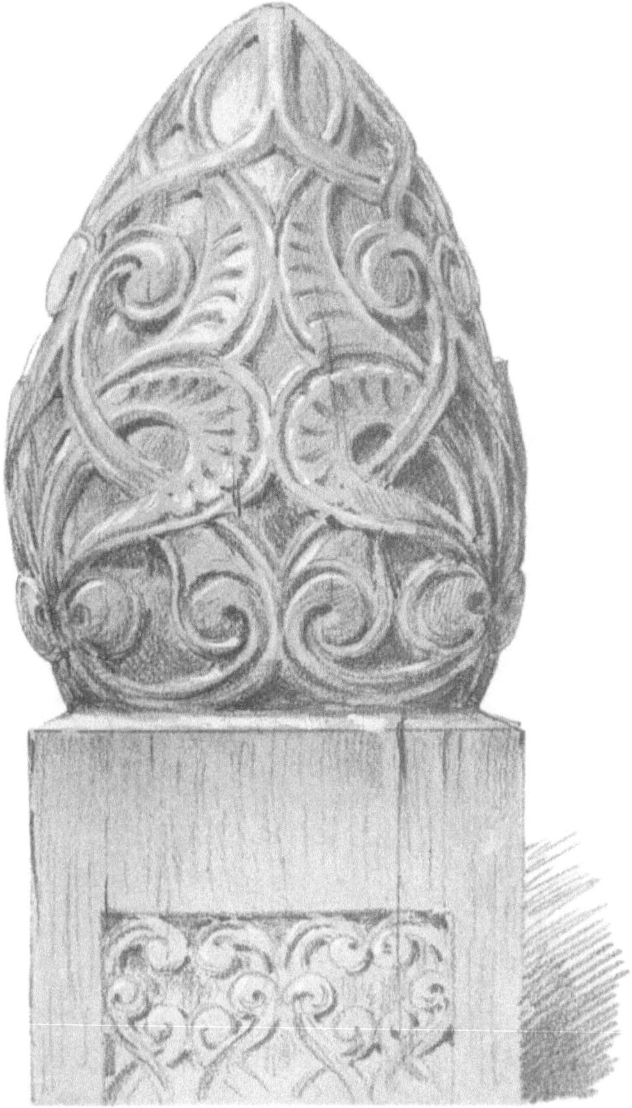

Mimbar in der Moschee Ala-eddin zu Konia

a) Pilasterfüllung b) Bekrönung eines der Türpfosten
(aufgenommen und gezeichnet von Georg Krecker)

Tafel IX

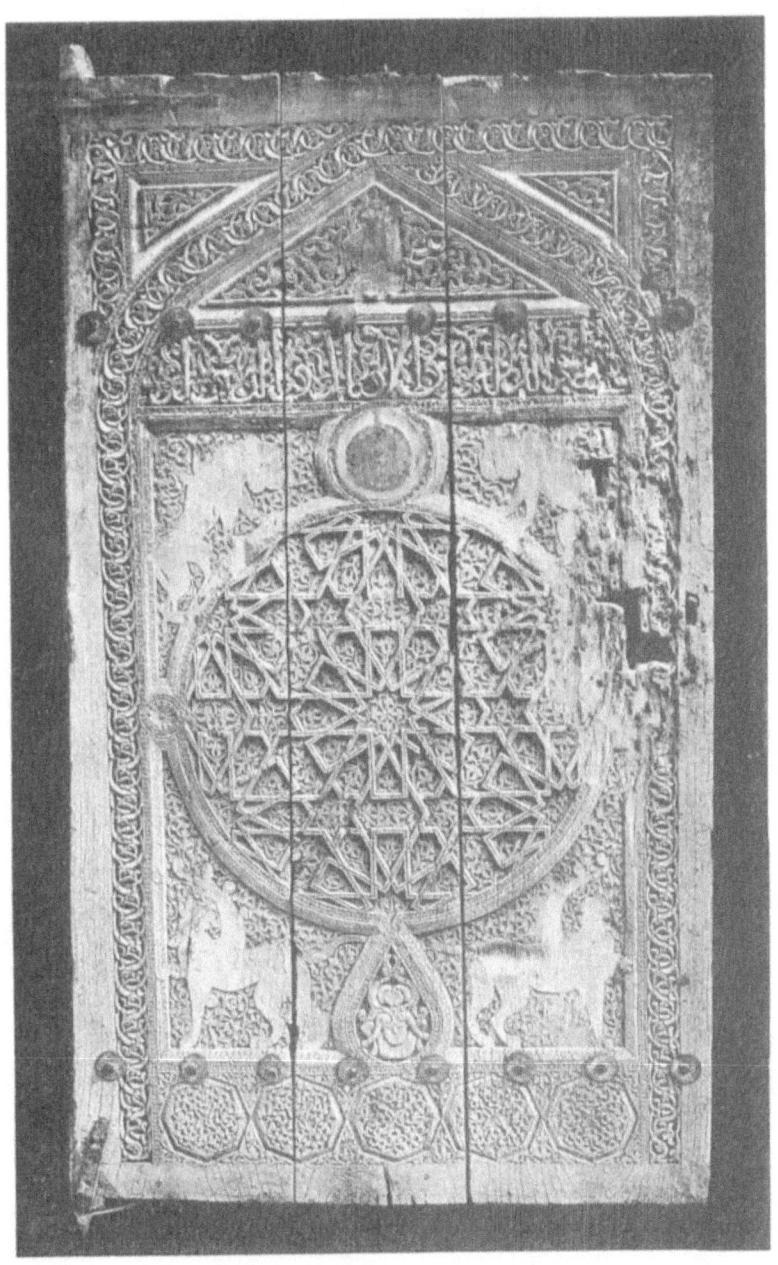

Holztür im K. Ottomanischen Museum zu Konstantinopel

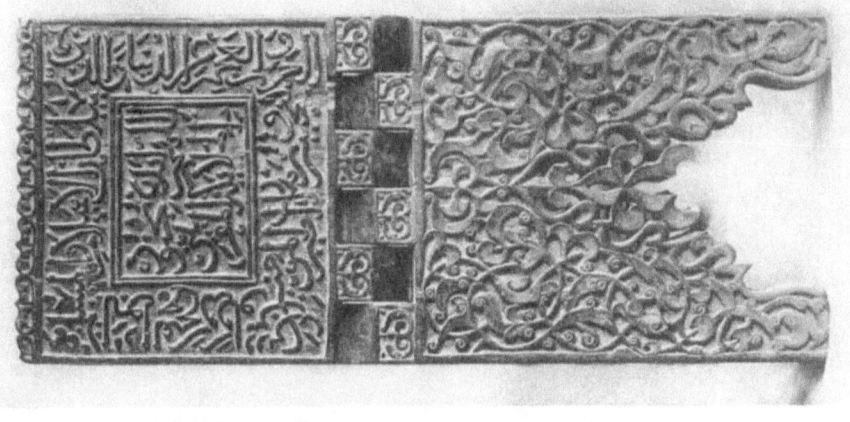

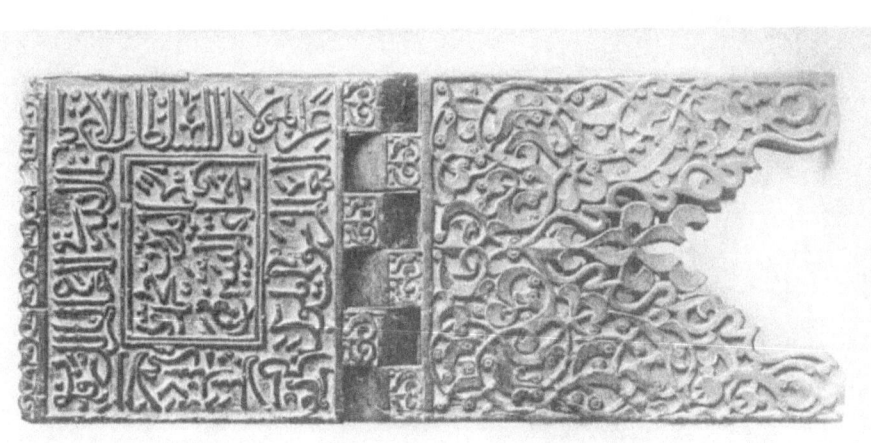

a

b

Koranständer aus der Moschee Ala-eddin zu Konia, im K. Ottomanischen Museum zu Konstantinopel

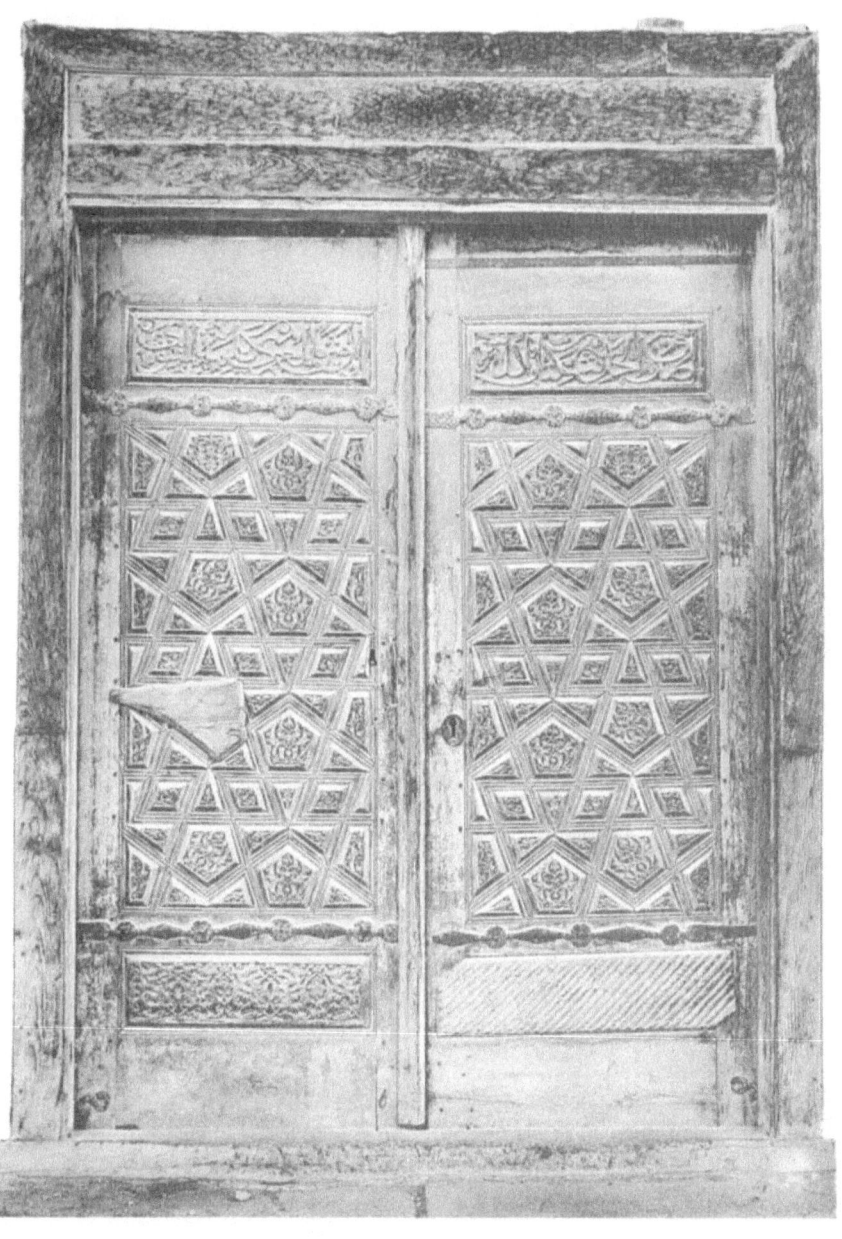

Holztür in der Laranda-Moschee zu Konia

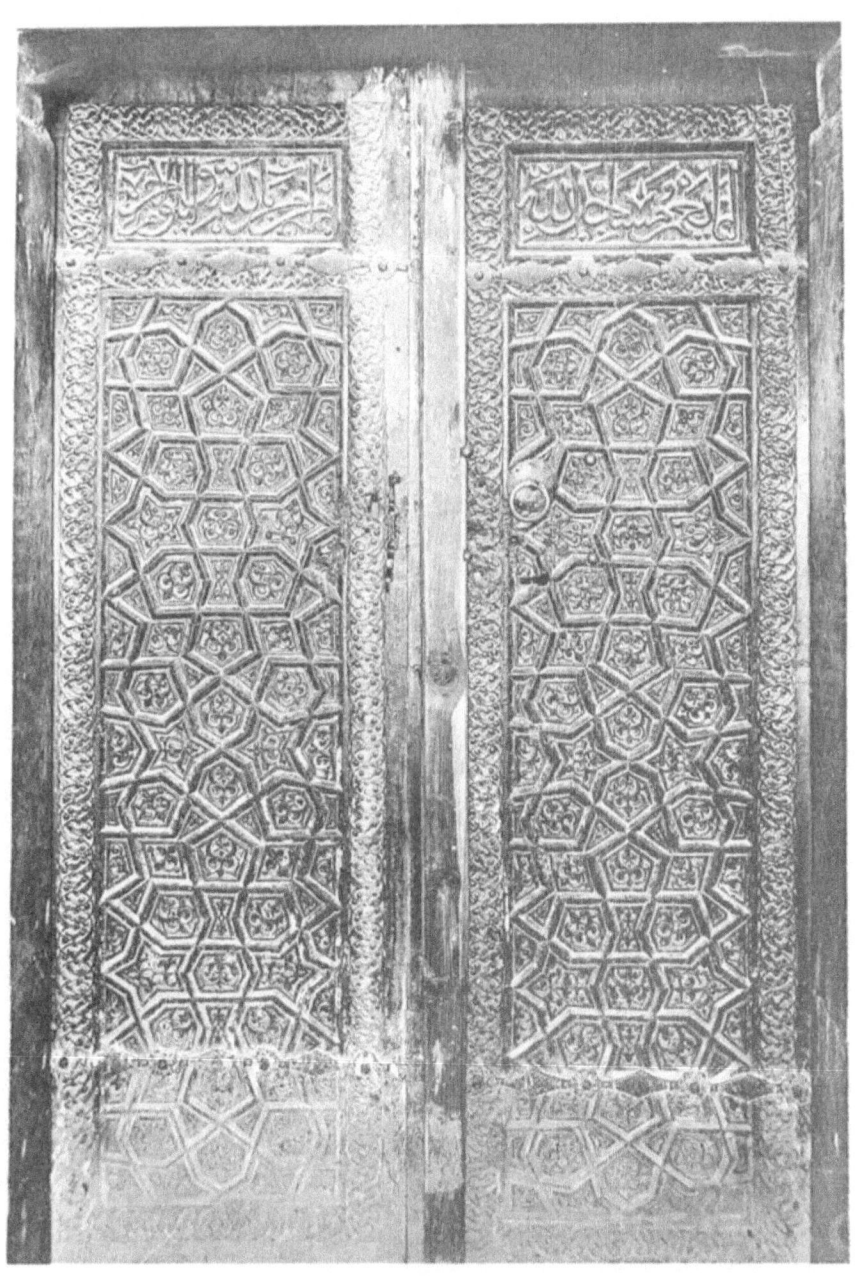

Holztür in der Vorhalle der Moschee Bey Hakim zu Konia

Tafel XIII

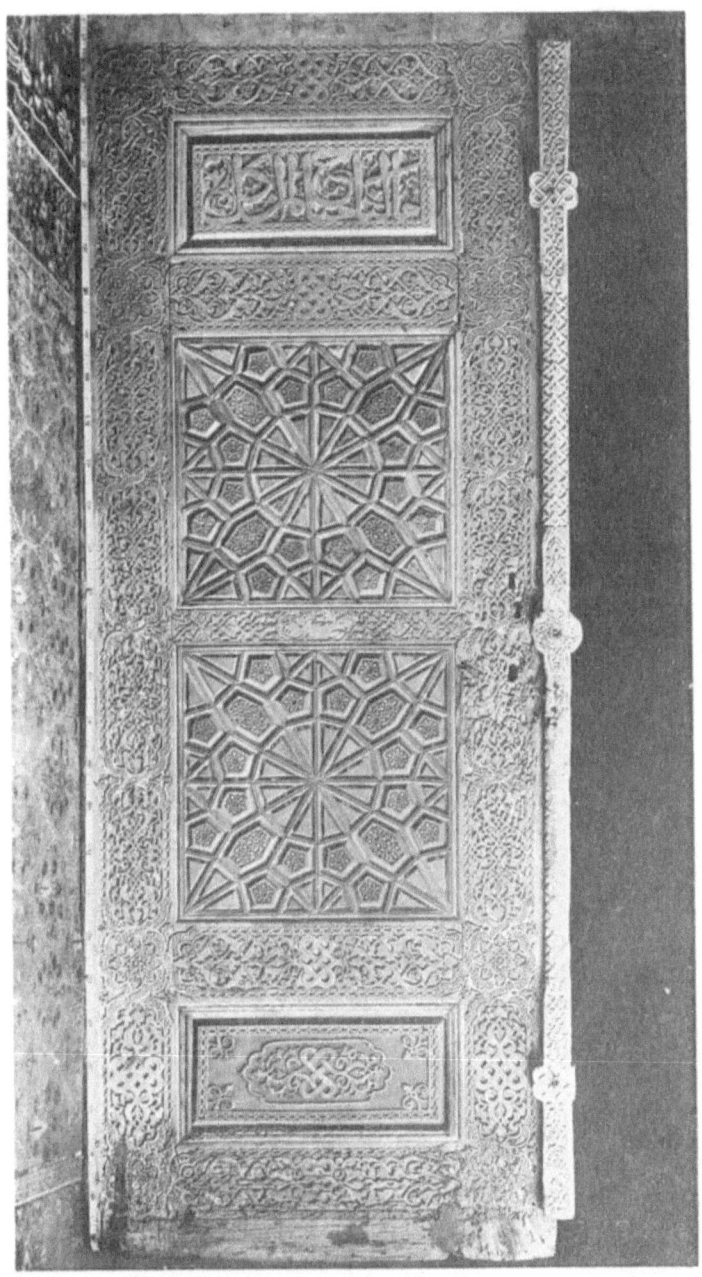

Flügel einer Holztür im K. Ottomanischen Museum zu Konstantinopel

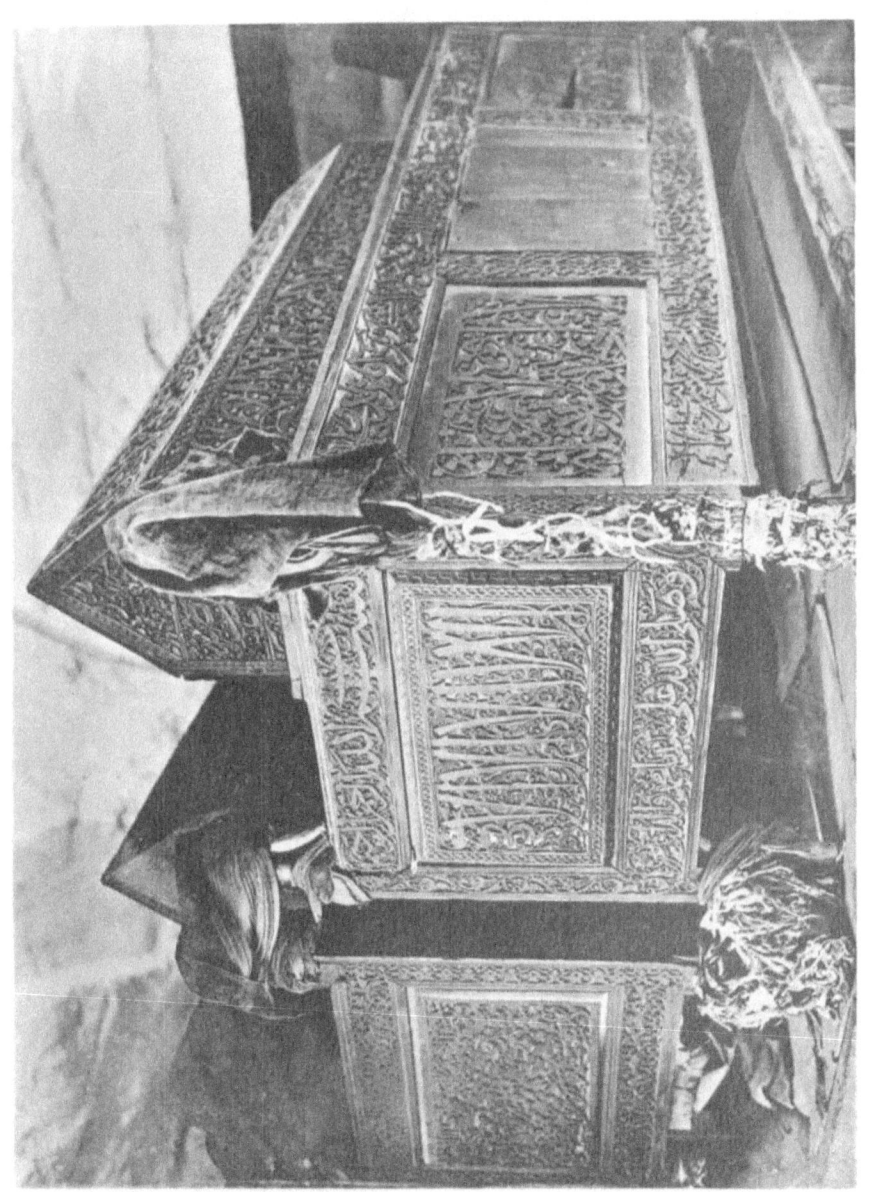

Holzsarkophage in der Turbe des Seijid Machmud Hairani zu Akschehir

Tafel XV

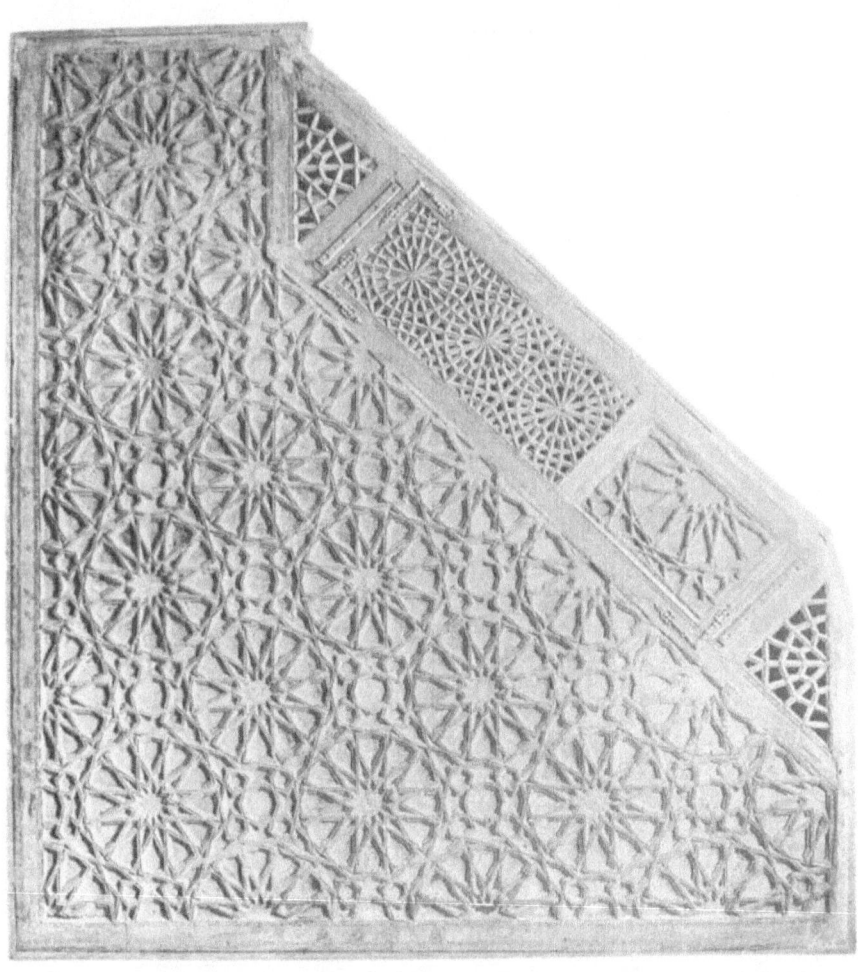

Seitenwand eines Mimbar im K. Ottomanischen Museum zu Konstantinopel

Tafel XVI

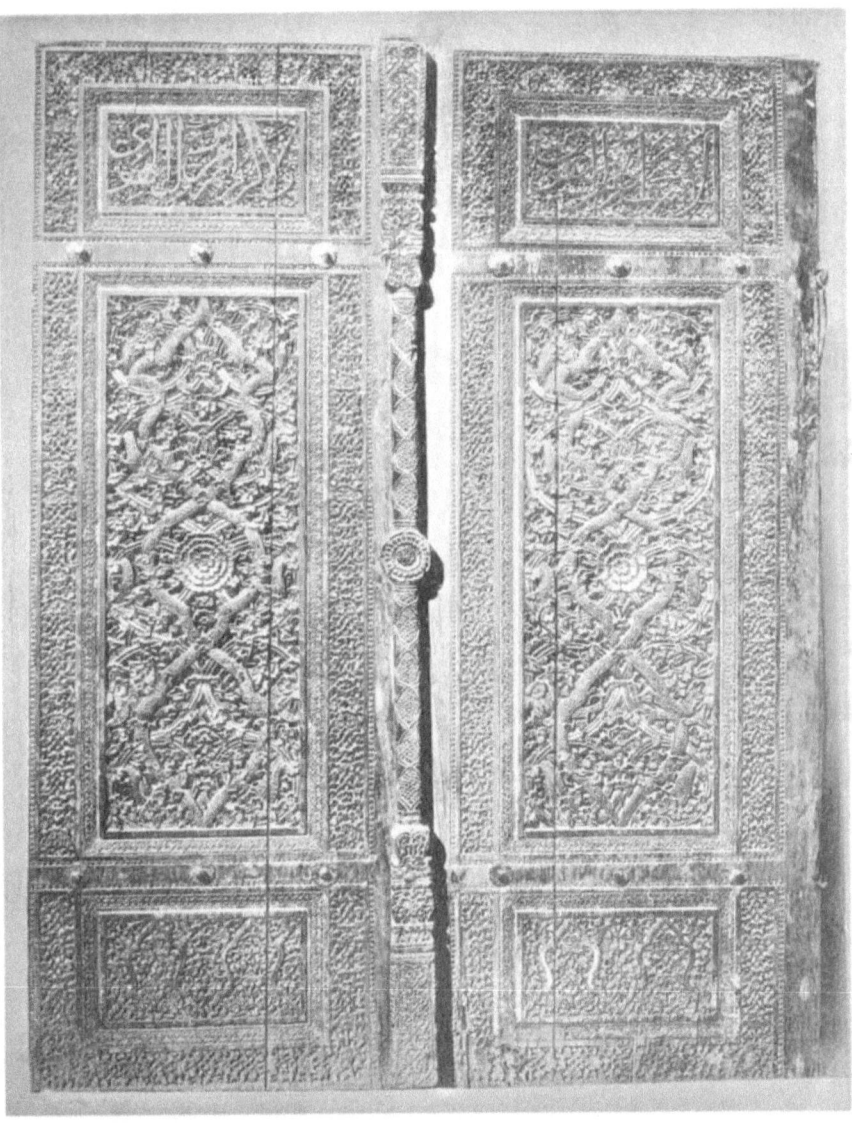

Fensterflügel aus dem Mausoleum des Sadreddin-i-Konewi, im Museum zu Konia

Tafel XVII

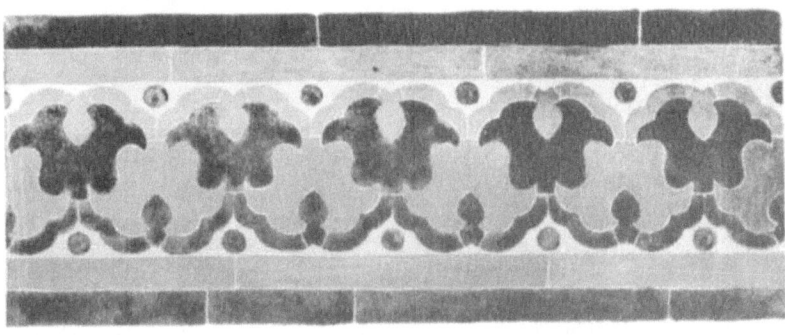

Borten aus Fayencemosaik von Bauten aus der Mitte des 13. Jahrhunderts in Konia
(aufgenommen und gezeichnet von Georg Krecker)

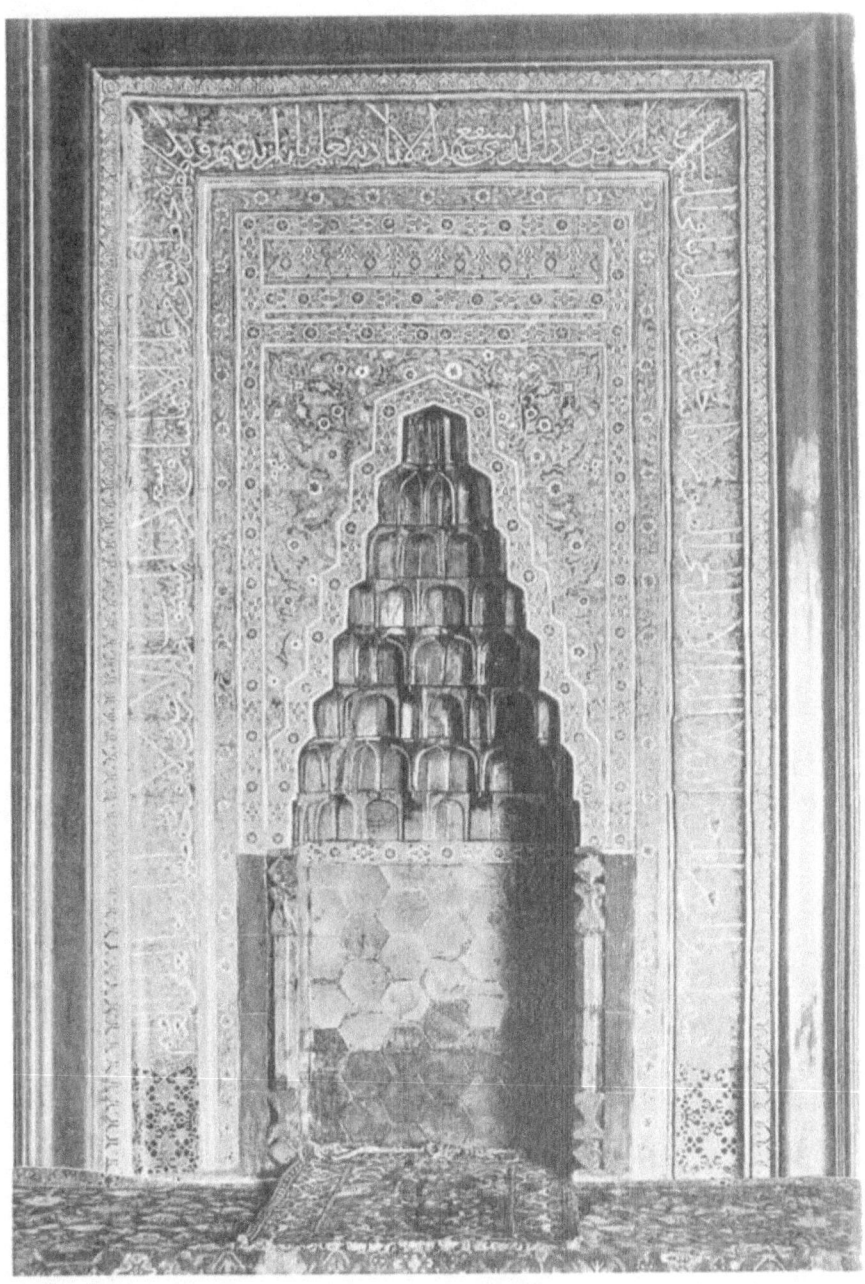

Mihrab aus der Hatunije-Medresse zu Karaman, im K. Ottomanischen Museum zu Konstantinopel

Tafel XIX

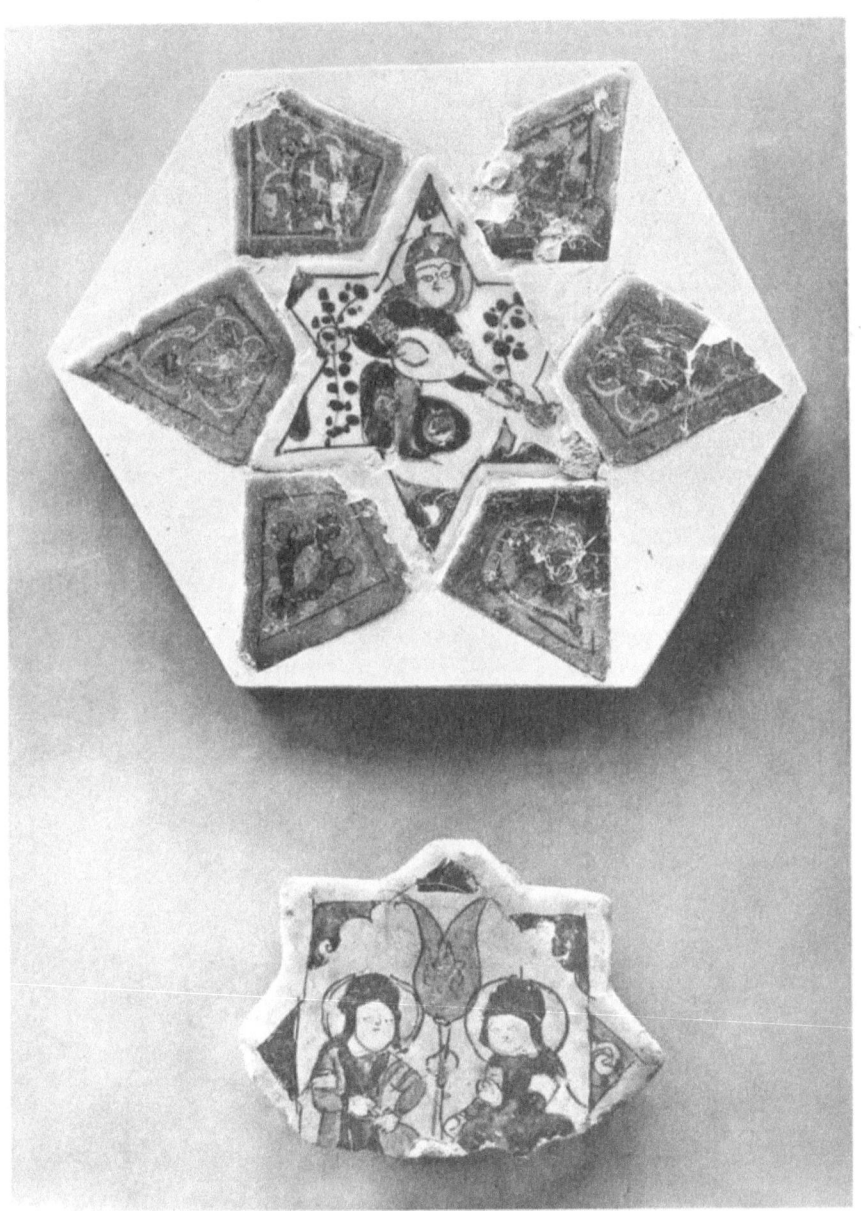

Bemalte Fliesen aus Konia, im Kaiser Friedrich-Museum zu Berlin

Tafel XX

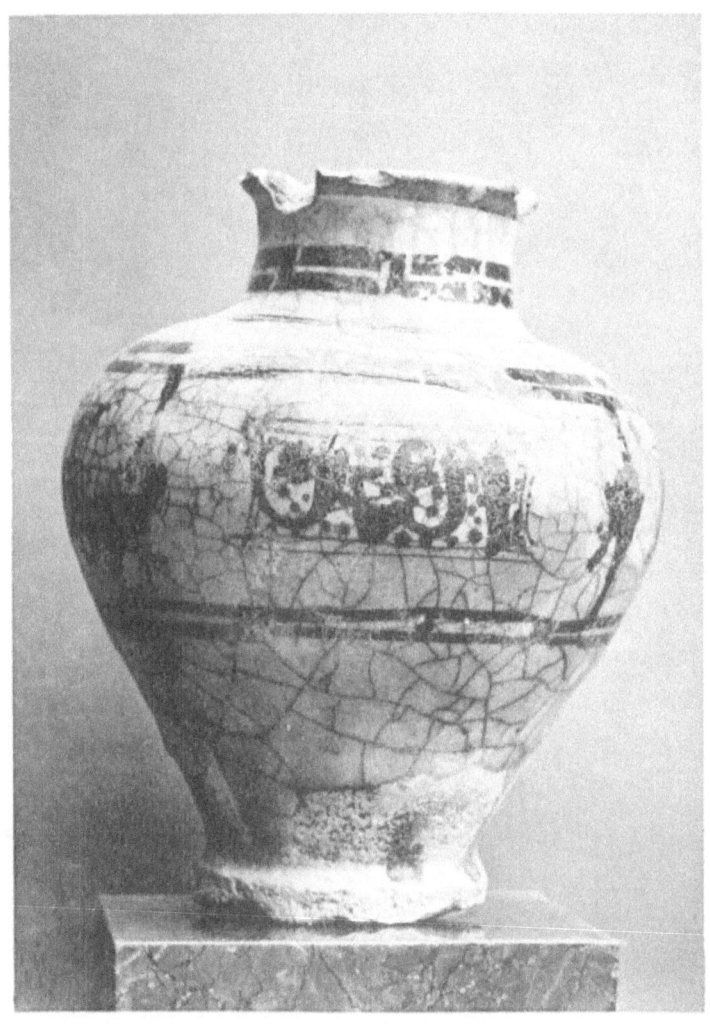

Fayencevase aus Konia, im Kaiser Friedrich-Museum zu Berlin

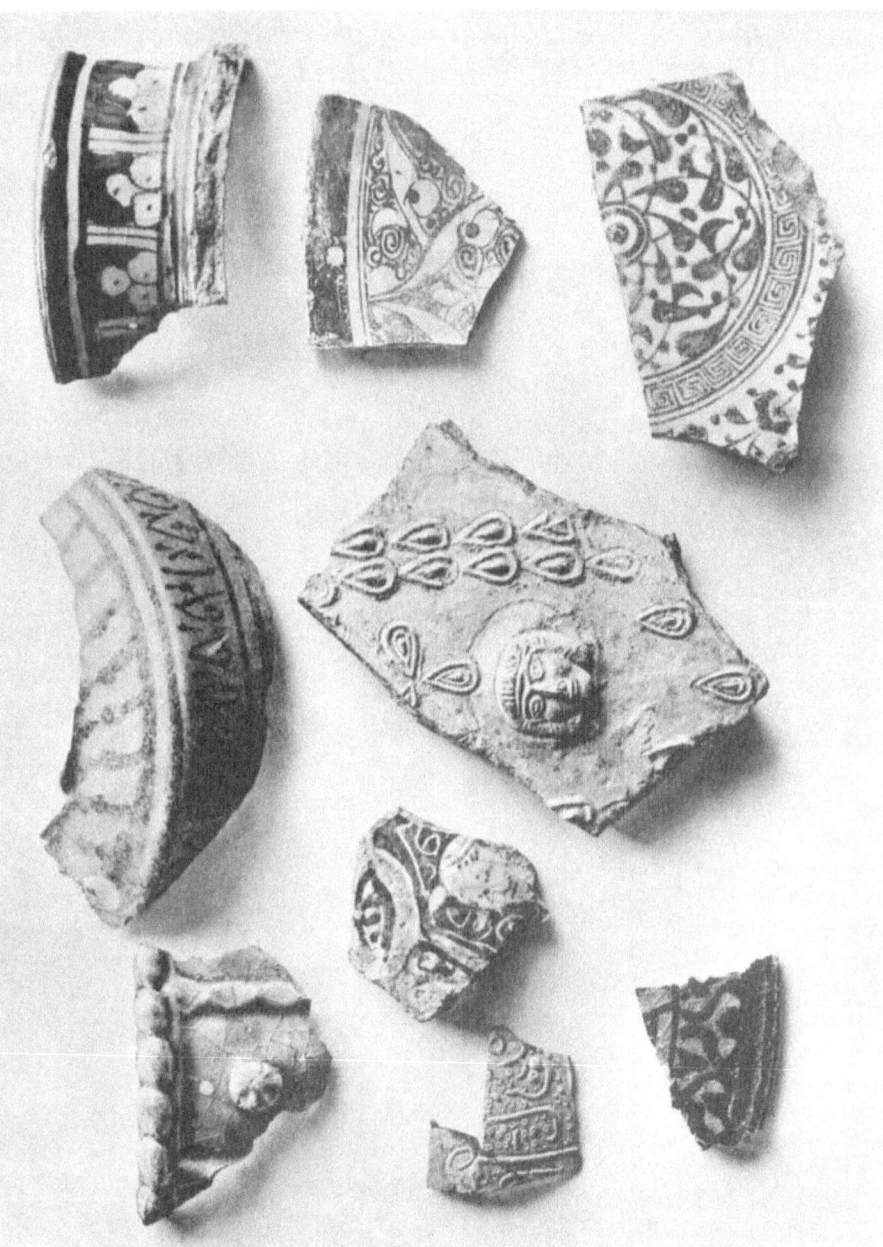

Bruchstücke von Fayencegefäßen aus Konia, im Kaiser Friedrich-Museum zu Berlin

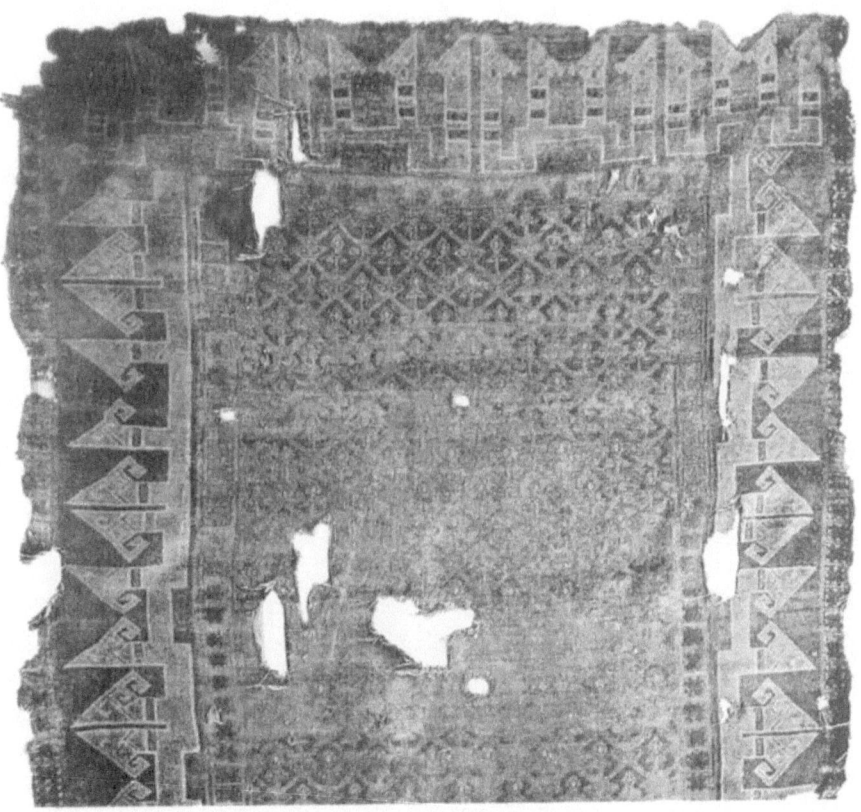

Bruchstück eines mittelalterlichen Teppichs in der Moschee Ala-eddin zu Konia

Tafel XXIII

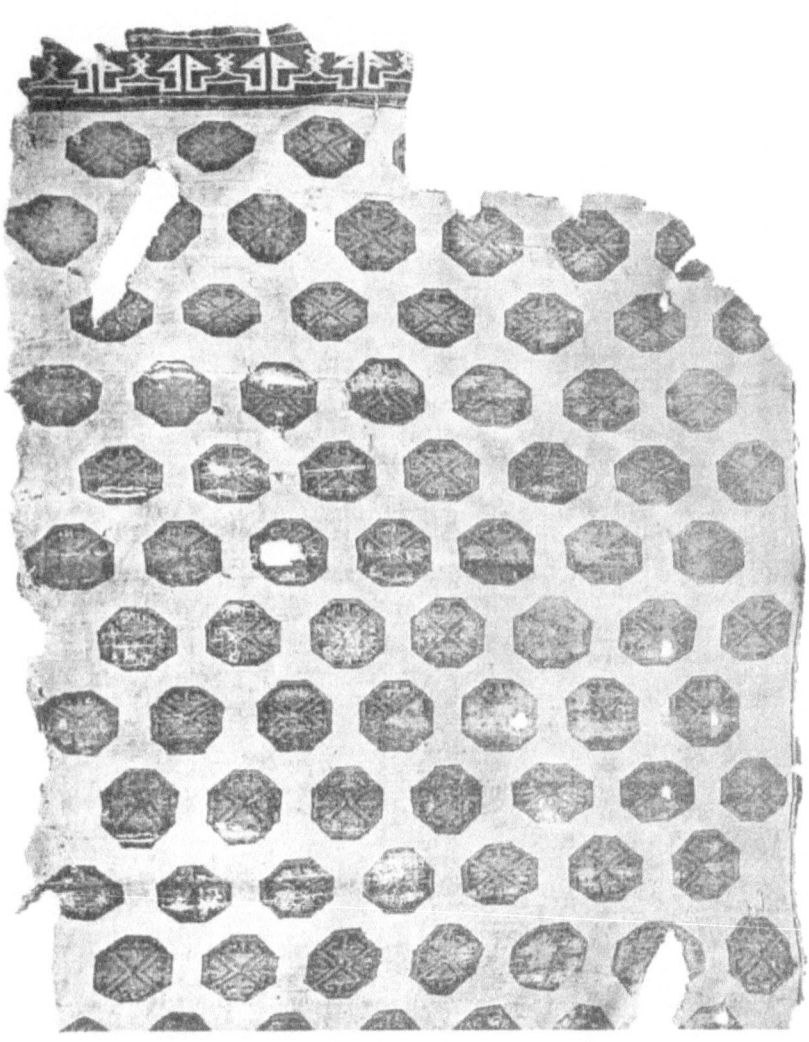

Bruchstück eines mittelalterlichen Teppichs in der Moschee Ala-eddin zu Konia

Tafel XXIV

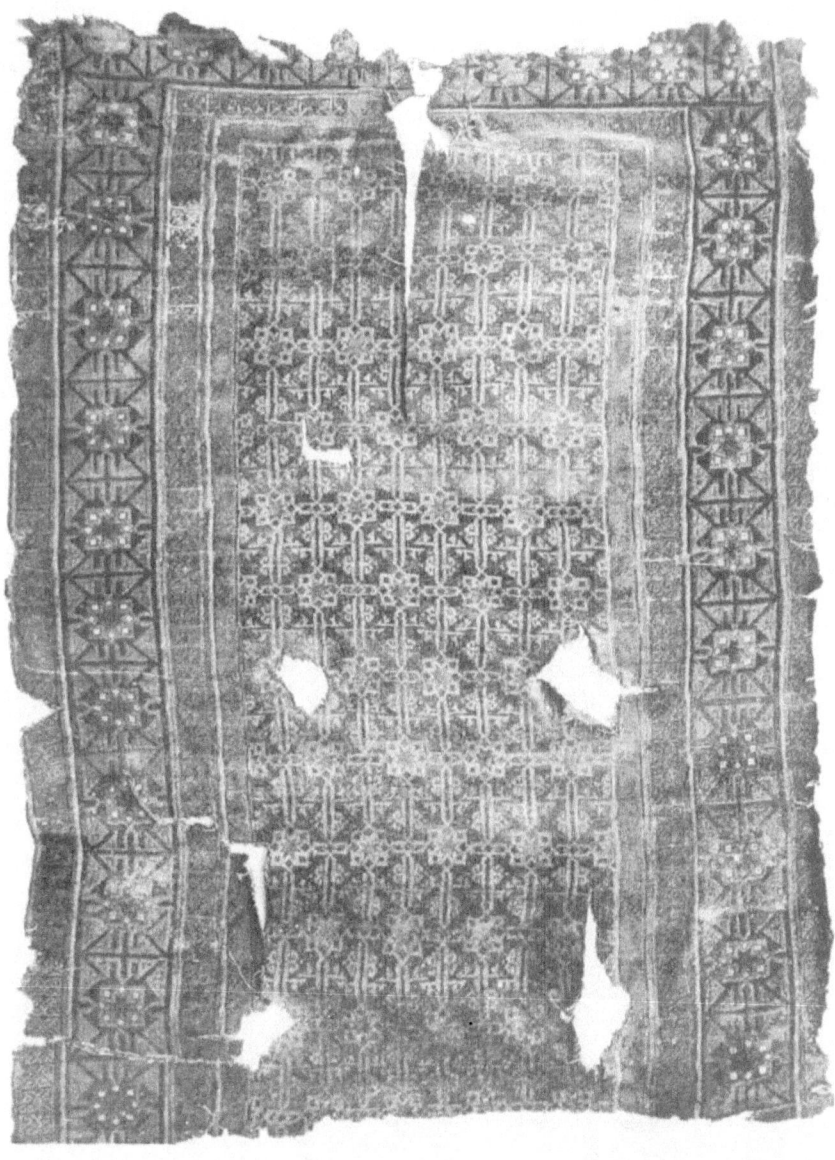

Bruchstück eines mittelalterlichen Teppichs in der Moschee Ala-eddin zu Konia

Tafel XXV

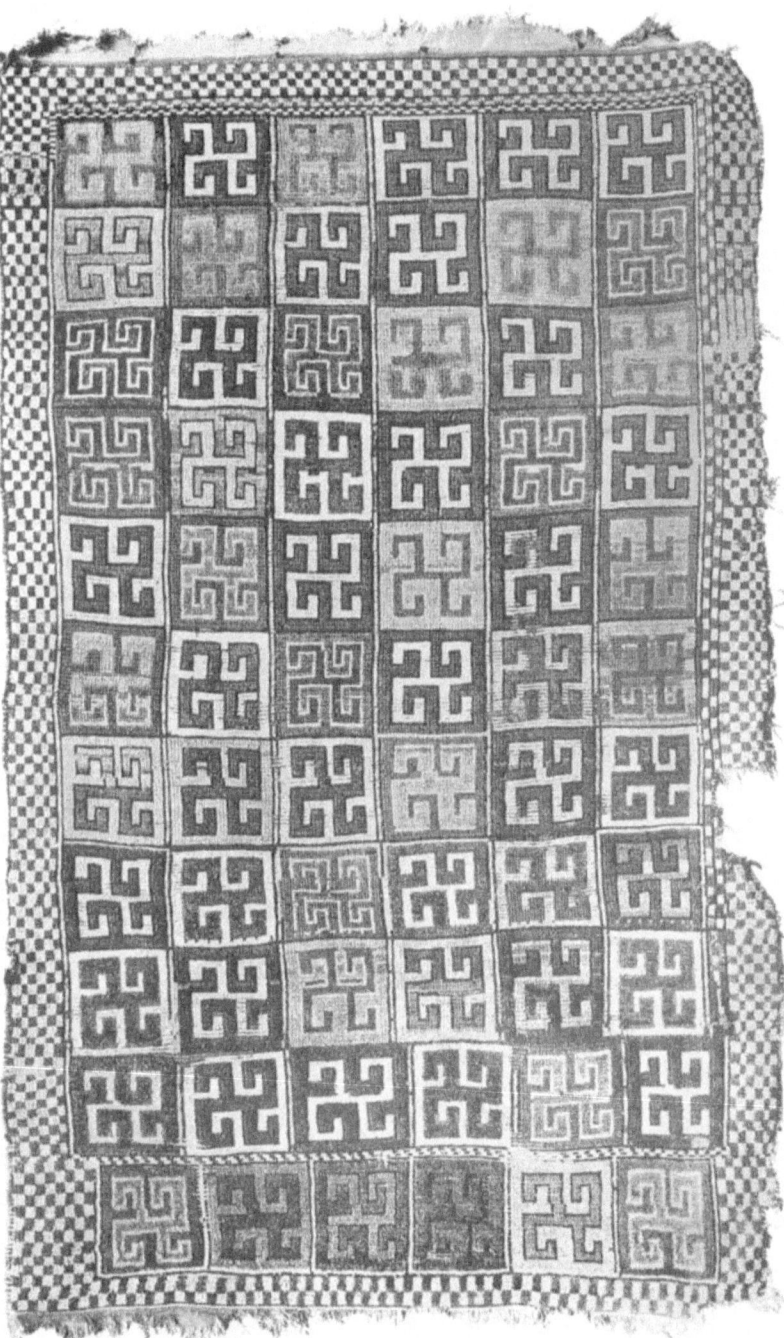

Kleinasiatischer Teppich im Kaiser Friedrich-Museum zu Berlin

www.ingramcontent.com/pod-product-compliance
Lightning Source LLC
Chambersburg PA
CBHW031617210526
45464CB00004B/1617